# “传媒新工科”思政育人探索与实践

主编 ◎ 金立标　刘剑波
执行主编 ◎ 罗莉梅

中国传媒大学出版社
·北京·

**图书在版编目（CIP）数据**

"传媒新工科"思政育人探索与实践 / 金立标, 刘剑波主编 ; 罗莉梅执行主编. -- 北京 : 中国传媒大学出版社, 2024.3

ISBN 978-7-5657-3634-6

Ⅰ. ①传… Ⅱ. ①金… ②刘… ③罗… Ⅲ. ①高等学校—思想政治教育—研究—中国 Ⅳ. ①G641

中国国家版本馆 CIP 数据核字 (2024) 第 063691 号

**"传媒新工科"思政育人探索与实践**

**"CHUANMEI XIN GONGKE" SIZHENG YUREN TANSUO YU SHIJIAN**

**主　　编**　金立标　刘剑波
**执行主编**　罗莉梅
**责任编辑**　欧丽娜
**责任印制**　李志鹏
**封面设计**　拓美设计

**出版发行**　中国传媒大学出版社
**社　　址**　北京市朝阳区定福庄东街 1 号　　**邮　　编**　100024
**电　　话**　86-10-65450528　65450532　　**传　　真**　65779405
**网　　址**　http://cucp.cuc.edu.cn
**经　　销**　全国新华书店

**印　　刷**　唐山玺诚印务有限公司
**开　　本**　787mm × 1092mm　1/16
**印　　张**　16.5
**字　　数**　322 千字
**版　　次**　2024 年 3 月第 1 版
**印　　次**　2024 年 3 月第 1 次印刷

**书　　号**　ISBN 978-7-5657-3634-6/G · 3634　　**定　　价**　78.00 元

**本社法律顾问：北京嘉润律师事务所　郭建平**

# 序

习近平总书记在全国高校思想政治工作会议上指出:“要坚持把立德树人作为中心环节，把思想政治工作贯穿教育教学全过程，实现全程育人、全方位育人，努力开创我国高等教育事业发展新局面。”立德树人是高校素质教育的核心教学理念，也是思政工作的根本目标。在新时代下，以创新的思维和方式构建高校思政工作体系是完善立德树人教育机制、实现素质教育的客观需求。

中国传媒大学信息与通信工程学院的前身是1954年设立的广播技术培训班，1959年成立无线电系，1995年组建北京广播学院工学院。1998年，工学院更名为信息工程学院。2013年，学校理工学科全部合并在一起，成立了理工学部。2018年7月，学校进行了机构调整，理工学部相应地根据教育教学需要，重新按照学院的模式来独立运行，学院也更名信息与通信工程学院。我院传承了学校近70年办学历史，长期致力于培养智慧广电、智能传媒、文化科技等领域的战略科技人才。历年来，学院党委始终把立德树人作为根本任务，以习近平新时代中国特色社会主义思想为指导，紧密围绕学校党委提出的“系统治理、创新图强、交叉融合、特色发展”的发展理念，在“三根支柱立党建”“百根柱子固党建”的工作格局下，以党建引领为核心，以服务国家重大战略需求为目标，秉持“严谨求实、追求卓越”的理工精神，确立党政协同、同向发力的思想政治工作机制，不断提升思政教育成效。

高校立德树人的核心教学理念包括课程、科研、实践、文化、心理、管理、服务、资助、组织、活动等各方面，覆盖范围广、涉及领域多。以创新的思维、工作方法和技术构建高校思政工作体系，要求基层党组织对思政工作进行顶层设计和全面布局，实现全员思政、全过程思政、全方位思政的立体式思政工作体系，让思政工作形成文化、形成制度、形成体系。

本书力图从“点”到“面”，全方位展现中国传媒大学信息与通信工程学院教职员工在思政工作方面形成的新理念、新成果、新实践。全书涵盖了学院在文化建设、人才培养、课程思政、科研育人、活动思政、课堂教学改革、党团支部建设、实践育人、队伍建设等方面的建设思路，立足于工作实际，从不同的角度反映出“传媒新工科”领域推动思想政治工作理论与实践的相互促进，对做好新形势下大学生思想政治工作具有一定的借鉴价值和现实意义。

本书分四部分内容。

第一部分内容是思政教育理念：主要展现构建“大思政”格局的方式方法，解决思政教育理念、内容与形式、阵地与渠道等问题，包括党团建设、活动思政、资助育人、学业帮扶等。

第二部分内容是人才培养模式创新：主要展现人才培养过程中培养思路和培养模式的创新，以及新工科建设背景下培养高素质交叉复合型人才培养模式的探索和思考。

第三部分内容是课程思政：主要展示课程思政思考与改革的具体形式。以构建全员、全程、全方位育人格局的形式，探索在传媒新工科各类课程中融入思政元素，引导学生沿着正确的方向发展。

第四部分内容是教学改革创新：主要展示对教学内容、方法、制度等方面进行的改革，旨在促进教育进步，提高教学质量和效果。包括跨学科教学模式创新、研究生教学改革、实践课程体系改革、教育教学管理创新等方面。

作为中国传媒大学信息与通信工程学院思政工作的阶段性成果，本书凝结了学院教师在思政育人探索与实践过程中的心血与智慧。希望本书的出版能够为广大思政教育工作者及研究者提供有益的参考和启示，共同为完善高校思想政治工作体系贡献力量。

金立标

2024 年 3 月 26 日

# 目　录

## 人才培养模式创新



## 课程思政建设

# 思政教育理念

# 新时代高校学生基层党团组织协同融合提升对策*

◎杨 莉 王雨晨

**摘 要：**新时代高校学生基层党团组织协同融合是落实立德树人的根本任务、深化“三全育人”育人实效、推动高校党团工作高质量发展的必然要求。高校应从加强思想引领、强化共建意识，完善制度建设、构建联动机制，丰富活动形式、组织共建活动，结合专业学习、建立特色品牌等方面协同发力，不断加强和提升学生基层党团组织的协同融合，真正把高校学生基层党团组织建设成宣传党的主张、贯彻党的决定、引领大学生成长成才的阵地。

**关键词：**新时代；学生基层党团组织；立德树人

中共中央国务院《关于进一步加强和改进大学生思想政治教育的意见》中指出，大学生是十分宝贵的人才资源，要加强和改进大学生思想政治教育，提高思想政治素质。文件中强调要做好高校的党团共建工作，坚持党建带团建、团建促党建。高校学生基层党团组织是在大学生中开展思想政治教育工作的最基本单位。学生党支部是党在高校的基层组织，是党联系广大青年学生的桥梁和纽带。学生党支部对于抓好大学生的党建工作和促进高校德育工作都起着至关重要的作用。高校共青团工作是高校党的建设和思想政治工作的重要组成部分。关于共青团工作，习近平总书记多次在讲话中提到“中国共青团是党的助手和后备军”，“共青团要毫不动摇坚定党的领导”，“要加强对青年的政治引领，要明确党旗所指就是团旗所向”。因此，正确认识新时代高校学生基层党团组织协同融合的重要意义，切实提升高校学生基层党团组织协同融合，是高校党建和思想政治工作的重要课题。

* 高校党建引领“科研思政”育人模式路径探索研究，北京高校党建研究会 2023 年度研究课题立项。

## 一、新时代高校学生基层党团组织协同融合的重要意义

高校学生基层党团组织建设工作紧密相依、不可分割。新时代做好高校学生基层党团组织之间的协同融合不仅可以加强党组织在思想政治方面的引领，而且可以提高团组织的先进性，增强青年团员的凝聚力和战斗力。新时代高校学生基层党团组织协同融合具备以下三方面意义：

### （一）落实立德树人的根本任务

立德树人是高校的立身之本，关系“培养什么人，怎样培养人、为谁培养人”这一根本问题。立德树人的本质是坚持德育为先、以人为本。通过学生基层党团组织的协同融合，高校可以更好地加强对学生的思想教育，培养学生的责任感、荣誉感和协作力，引领学生在各类活动、实践中展现自我，引导学生明大德、守公德、严私德，培养担当民族复兴大任的时代新人。与此同时，党团协同融合、共同发展也能够促进人才培养，党组织通过对党员和团员的培养影响到更多的大学生，使其提高政治觉悟，坚定理想信念，立志成为有理想、有信念的青年。

### （二）深化“三全育人”育人实效

深化“三全育人”综合改革，实现全员全过程全方位育人，是新时代深入实施高校思想政治工作质量提升工程的重大举措。学生基层党团组织之间的协同融合加强了党组织与团组织的联动，通过顶层架构与设计，挖掘整合育人项目、载体、资源等，将协同融合、共建共促的范围覆盖学生思想、学习、生活等各方面，将思想政治工作贯通融入学生培养的各环节，将青年学生紧密团结在党组织周围，积极引导学生成长成才。

### （三）推动高校党团工作高质量发展

学生基层党团组织协同融合有利于提升高校党团组织的组织建设工作。通过党组织直接领导推进团组织工作，明确党团组织的职责，改进和创新学生党支部、团支部建设的方式方法，加强高校思政工作者与学生之间的联系，发挥大学生党员的先锋模范和骨干带头作用，促进学生对党团工作的理解与认同，引领青年学生培养创新思维，

增强政治参与意识，推动高校党团工作发展的科学性、积极性和创新性。

## 二、新时代高校学生基层党团组织协同融合的现状分析

为了解当前学生基层党团组织之间协同融合的现状，我们采用问卷调查、交流座谈、个别访谈以及文献检索、实地走访等方式进行了专题调研工作：通过网络面向学生党员、共青团员发放并回收有效问卷 399 份；对学生党支部书记、团委学生会骨干以及其他二级学院的党组织书记、团委书记进行了交流座谈和个别访谈；通过文献检索、实地走访的形式，了解学习其他高校的经验做法。调研发现，当前高校学生基层党团组织协同融合、共建共促存在一些薄弱环节，主要表现在以下五个方面：

### （一）学生党员和团学骨干先锋模范作用发挥不充分

调查显示，66.92% 的学生认为学生党员和团学骨干在发挥桥梁作用方面存在不足，群众基础较为薄弱，须进一步加强纽带作用。有 50.63% 的学生认为带头作用发挥不充分，学生党支部把主要的工作精力集中在发展党员工作上，对学生入党后的教育、监督和管理力度有所减弱，学生党员入党之后放松了对自己的要求，因此，表率作用未能得到充分发挥，须不断加强理想信念教育。还有 40.10% 的学生认为骨干作用意识较薄弱，工作担当意识不强，组织领导能力较弱。调研结果充分反映了学生党员和团学骨干在发扬先锋模范作用方面存在不足，这也是需要及时改善、解决的重要问题之一。

### （二）党团组织协同融合共建意识薄弱，缺少协同互动

调查显示，有 52.88% 的学生认为目前党团组织工作存在壁垒，协同融合共建共促的意识教为薄弱，在思想教育和活动组织方面协同互动较少，在开展工作时“党建带团建、团建促党建”的整体意识欠缺，导致党团组织之间沟通协作交流较少。

### （三）党组织引领作用和团组织活力不足

调查显示，有 51.13% 的学生认为党组织引领作用和团组织活力有待进一步提升，学生党团组织普遍存在工作形式较单调、号召力不足的问题。个别学生党支部开展活动以思想政治理论学习为主，简单传达上级文件精神，按部就班地执行落实党委要求，

支部活动形式创新性较弱。

### （四）党团组织相对独立，缺乏协同融合系统性

调查显示，有 54.64% 的学生认为学院学生基层党团组织相对独立，缺乏协同融合的系统性。目前，学生基层党组织和团组织相对而言较为独立，开展合作较少，这也就导致了学生党员和团员联动不足、交流较少，在此情况下，党团共建共促的积极性无法充分发挥。

### （五）品牌党团主题活动有待丰富

调查显示，大部分学生都知道并了解学院特色活动，其中了解“学霸直播”学业辅导的学生达到了 88.97%，这表明学院在党团主题活动的建设方面取得了一定效果。但同时，也有部分学生反馈党团主题活动形式较少，有 74.19% 的学生希望能够更多开展相关主题活动，部分学生希望开展企业探访等与就业相关的活动，另有部分学生建议开展与学业相关的专业知识类活动。

## 三、新时代高校学生基层党团组织协同融合的提升对策

新时代高校学生基层党团组织协同融合，需要从强化意识、完善制度、开展活动、打造品牌等方面协同发力，不断加强学生基层党团组织共建共促，真正把高校学生基层党团组织建设成宣传党的主张，贯彻党的决定，引领大学生团结进步、健康成长的阵地。

### （一）加强思想引领，强化共建意识

要提升学生基层党团组织的协同融合，关键是加强政治建设，注重思想引领。一是要对学生基层党团组织思想建设工作进行统一部署、统一推进。在落实党支部“三会一课”和团支部“三会两制一课”制度的过程中，统一提前部署，协商交流工作内容，共同制订工作计划。在常态化开展主题党日、主题团日等活动中，积极落实党团共同发展的理念。二是要对党团干部持续教育引导，不断强化党团协同融合、共建共促意识，在推进工作的节奏上尽量同频同步。如学生党支部开展“生逢其时，强国有我”主题教育学习会，团学干部开展“党的二十大精神领学”活动。这种同步学习可

以帮助党员和团员提升自身的综合素质，确保在思想上、政治上、行动上与党中央保持一致，成长为对党忠诚、为党分忧、为党尽责、为党奉献的优秀人才。

### （二）完善制度建设，构建联动机制

一是进一步规范推优入党流程和入党积极分子培养，提升学生党员发展质量。团组织通过推荐优秀团员成为党组织的发展对象，为党组织吸纳优秀人才，充实新生党员力量。学校党支部以团支部作为联动起点，重视对团干部的教育和培养，规范选拔流程环节，从思想、态度、实践做法等各方面考察学生，为党组织吸纳优秀人才、更好地建设党组织做出贡献。

二是实行学生党员联系团支部机制，促进党团组织协同联动。加强党支部对入党积极分子的教育和管理；选派高年级优秀学生党员指导、帮助和支持低年级团支部建设，在团支部建设中强化大学生党员的身份认同，不断扩大党组织的影响力和覆盖面。

三是注重党团工作宣传手段，搭建党团一体化宣传平台。学院积极打造党团建设宣传新媒体，运营“中国传媒大学信通学院”和“信通团青”两个微信公众号，学院党组织、团组织通过平台进行思想宣传工作。对党团重要活动进行实时推送，把握舆论导向，强化学院党团组织建设，增强党团凝聚力。

### （三）丰富活动形式，组织共建活动

党团组织开展共建活动可以通过寓教于乐的方式，帮助学生了解党的路线、方针、政策，把握正确的政治路线，营造基层党团组织的良好氛围。

一是组织开展“党团共读一本书”读书活动。各学生党支部及团支部共同阅读指定书目《习近平新时代中国特色社会主义思想的世界观和方法论专题摘编》，通过班级流动的方式传阅书籍，并以读书报告、理论文章、绘图、海报等形式展现学习成果。通过本次活动，同学们加深了党团支部沟通，提高了思想水平和党性修养。

二是组织开展“我和我的学院”文创设计大赛。将文创大赛分为党支部文化建设、学院特色文化建设两个赛道。围绕党支部建设、学院团委建设开展文化创意作品设计活动，发挥学院特色，增强党团组织联动，推动学院党团组织共同发展。

三是组织开展“扎根奋斗沃土，厚植红色根脉”劳动实践教育活动。学院党员、团员骨干集体参观全景农业时代农场，了解我国农业发展新趋势，感受农场产业化、农场社区化、农场职业化的发展变化，亲身参与到植树活动中，在弘扬劳动精神、深入基层进行社会实践的同时，也加深了党团组织的凝聚力。

### （四）结合专业学习，建立特色品牌

学生基层党团组织还需结合学生的专业学习特点，在学生专业教育、社会实践、科学研究、就业创业等方面不断丰富活动内容，创新活动形式，建立特色品牌。目前已开展的品牌活动主要有朋辈学业辅导“学霸直播”系列活动、“菁英杯”科技节学科竞赛、“红色影像修复”科研活动等。其中，“学霸直播”主要选拔成绩优异、乐于奉献的学生党员和团员青年进行直播授课，通过朋辈教育帮助学生进行期中期末课程复习，提升学习效率；“菁英杯”科技节通过学科竞赛提高学生的创新实践能力和综合素质，激发学生对科技创新的热情，培养学生的团队协作精神，为优秀人才的脱颖而出创造条件；在“红色影像修复”科研活动中，师生党支部利用 AI 算法进行了《雷锋》《永不消逝的电波》等红色经典电影 4K 修复工作，使学生无形中接受了爱国主义教育，传承了红色基因，打造了具有学科特色的红色“科研思政”。特色品牌活动的开展，将思想引领有效融入校园文化生活中，促进了学生基层党团组织之间的协同融合、开放共享、互惠共赢。

**参考文献：**

[1] 中共中央、国务院最近发出《关于进一步加强和改进大学生思想政治教育的意见》[EB/OL].（2004-10-15）[2023-08-30]. www.moe.gov.cn/jyb_xwfb/gzdt_gzdt/moe_1485/tnull_3939.html.

[2] 李洪波，董秀娜. 协同 · 贯通 · 融合：构建一体化“三全育人”新格局[J]. 中国高等教育，2021（21）：36-38.

[3] 杨爱华. 新时代高校学生党支部组织力提升策略[J]. 中国高等教育，2021（18）：37-39.

（杨莉，博士，副教授，中国传媒大学信息与通信工程学院党委副书记；
王雨晨，讲师，中国传媒大学信息与通信工程学院团委书记）

# “活动思政”的内涵、体系构建与实践 *

◎罗莉梅　金立标　杨　莉

**摘　要**：“活动思政”是在“大思政课”改革创新背景下提出的，以党建和活动思政工作一体化推进为理念，创建“红色主题＋支部党建立项＋活动思政”模式的高校思政育人模式。本文系统阐释了“活动思政”的定义、内涵和体系架构，并以中国传媒大学信息与通信工程学院为例对具体实践途径展开了深入的探讨。

**关键词**：活动思政；思政育人模式；“大思政课”改革创新

## 一、“活动思政”的定义

“活动思政”，即以活动作为载体，充分挖掘新时代大学生的学习动力、情感需求等，在活动中有意识地融入思政育人资源，与思政课程、课程思政紧密结合，构筑同向同行的育人格局。

高校学生党支部活动是“活动思政”的天然平台，它把红色文化中的核心元素、丰富的资源以及深厚的历史传承融入高校思政教学中的“三全育人”机制体系中，更好地唤醒活动主体的政治认同意识；其全方位的思政育人过程，构筑起同向同行的思政育人格局。作为党支部活动的形式、“活动思政”的载体，“党建立项”活动将红色主题与支部党建立项相结合，不仅激发了党组织的活力和广大师生的动力，在春风化雨、润物无声中起到“活动思政”的作用，同时，支部党员和群众的思想素质和业务能力也得到了显著提高，形成了凝聚人心、文化创新、服务师生、推动发展的良好局面，切实解决了党建“下凉”问题，真正达到了“在活动中学习，在活动中提高”的效果。

* 本文系 2023 年度北京高校党建研究会研究课题“高校党建引领‘科研思政’育人模式路径探索研究”的阶段性成果。

## 二、“活动思政”的内涵

2021年3月，习近平总书记作出了“‘大思政课’我们要善用之”的重要指示①，这是继思政课程、课程思政、“三全育人”“五育并举”之后，习近平总书记围绕新时代思政课改革创新所提出的新论题。党的二十大报告提出“完善思想政治工作体系”。2022年8月，教育部等十部门印发了《全面推进“大思政课”建设的工作方案》②，提出要坚持开门办思政课，强化问题意识、突出实践导向，充分调动全社会力量和资源，建设“大课堂”、搭建“大平台”、建好“大师资”。

所谓“大思政课”，是指要在“推动思政课建设内涵式发展”的同时，围绕“三全育人”总体布局，实现“五育并举”的合力育人格局。“大思政课”之大，大在是一门社会大课、一项系统工程，要求善用“大”的资源、汇聚“大”的合力。③一方面，把思政课堂搬出教室，让学生到更多的现实场景中接受锻炼，在社会实践、科研实践、活动实践中锻炼意志力，在多元文化碰撞交融中提升社会认知、积累经验，构筑精神基石、夯实人生根基；另一方面，构建由课堂、校园、社会形成的“点线面”一体的思政大课堂，汇聚全社会的育人力量，形成整体育人氛围，提升思政教育的亲和力和针对性。

“活动思政”的思政育人模式，即以红色为主题，以党支部“党建立项”活动为载体，探析“活动思政”的活动模式和运行机制，包括对“党建立项”活动的立项引导、过程监督管理、成果总结、凝练转化等环节。如图1所示，以提高思政质量为核心目标，以党支部“党建立项”活动为平台，通过活动模式和运行机制的探索，形成有效经验，建立“活动思政”的常态化、长效化机制。

① 陈明清．牢记嘱托，上好“大思政课”[J]．人民教育，2022（17）．
② 杨芳，姚志敏．高校全面推进“大思政课”建设的实践构建[N]．人民日报，2022-09-06.
③ 赵婀娜．讲好用好新时代“大思政课”[N]．人民日报，2022-09-19.

图 1　“活动思政”育人模式研究的主要内容

## 三、“活动思政”的体系构建

### （一）“活动思政”的内容体系

以“红色主题”为活动项目内容，将红色资源融入“活动思政”工作中，保证了活动主题的思想正确性和活动内容的丰富性，确保实现思政育人的最终目标，内容包含但不限于图 2 所示。

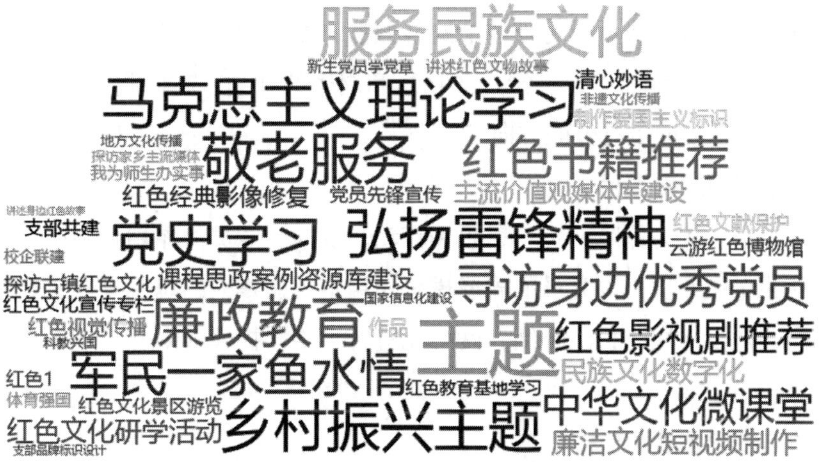


图 2　红色主题活动内容词云图

红色文化是思想政治教育的助推器，不仅包含遗物、遗址等革命历史遗存和纪念场所，也表现为包括井冈山精神、延安精神、长征精神等构筑起的共产党人的精神谱系，是大学生进行思想政治教育的重要资源。通过播放红色电影、传唱红色歌谣、阅读红色书籍以及实地参观红色博物馆、纪念馆等方式，传递崇高的理想信念、坚定的政治方向、深厚的人民情怀，为新时代青年确立正确的理论认识、提振信心、增添力量提供了动力源泉；将红色文化与专业学习相结合，组织符合大学生特点的红色活动，例如制作廉洁文化短视频、开展“红色经典影像基因库”党建科研项目、开设“红色文化宣传专栏”，引导学生党员发挥自身的专业优势，以学促干，做到知信行统一，把爱国情、强国志、报国行融入科教兴国、人才强国的奋斗之中；大学求学阶段是新时代青年培养的关键时期，我们相继开展了敬老服务，组织了“我为师生党员办实事”“中华文化微课堂”以及制作爱国主义标识等活动，以文育人，引导学生在社会实践、志愿服务、宣传传统文化的同时牢记红色政权是从哪里来的、新中国是怎么建立起来的，增强“四个意识”，坚定“四个自信”，做到“两个维护”。

### （二）“活动思政”管理保障体系

为创新课程思政教育模式，推动“活动思政”科学化、制度化、规范化，学校需要加强对“活动思政”各个环节的领导和指导，认真落实活动的“立项、实施、总结”等环节，加强顶层设计，在具体实施过程中强化对学生的教育、管理和监督，做到阶段性有分析、过程性有保障。

**1. 活动开展指导规范化**

活动管理科借鉴科研项目管理的形式与做法，填写翔实的项目申报书，保证整个活动的开展经过了详细的讨论、清楚的构思和周密的计划，高校党委加强统筹协调、统一规范，引导活动向更有效的方向发展。

**2. 活动过程跟踪常态化**

以强化思想引领为保障，统一思想和行动；以提升党员的作用为指引，积极发挥党支部的战斗堡垒作用；以党员的先锋模范作用带动朋辈人的思想导向；以整个支部建设带动团群建设。同时，注重结合网络化进行宣传，扩大效果和影响力，确保正确导向。

**3. 活动总结凝练品牌化**

活动实施过程应以“党员画像”作为考核激励机制，开展多层次、多样化的跟踪与评估。活动结束后，应认真总结经验，深入挖掘活动的内涵，使具有连续性和传承性的优质活动得以保存下来。一轮建设周期完成后，应发挥高校在科学研究上的特长，形成基层党建工作的理论成果。

### （三）“活动思政”工作实施体系

本文创新性地提出了“三五七”活动思政工作法，即以“三求”“五有”“七个一”作为“活动思政”全过程管理的基本原则，推动基层党组织党建工作与活动思政工作有机结合，从而保障“活动思政”常态化、长效化机制的建立。

**1.“三求”**

“三求”为确保“活动思政”成为优质思政教育工作载体所应遵循的基本原则。

（1）求“本”：坚持以习近平新时代中国特色社会主义思想为指引，高举思想旗帜，以党支部活动为载体，以“红色”为活动主题，引导广大青年“品尝真理的味道”。

（2）求“活”：坚持问题导向，突出创意策划、创新表达，坚持采用大学生喜闻乐见的形式，坚持结合学生的群体特性和专业特色，突出学生设计的自主性。

（3）求“质”：坚持价值导向，密切关注活动动态，在提升活动实际效果的同时注重正确价值观的引入。在活动中，引导学生树立正确的价值观，密切关注学生的成长动态，帮助学生党员和入党积极分子明辨是非、分清善恶、鉴别真伪，坚决批驳各种错误思想观点，自觉抵制消极观念，摒弃不良行为①，针对高校学生的专业特点，注重将思政教育与专业相结合，培养专业能力强、价值观正确的高素质人才。

**2.“五有”**

“五有”为确保“活动思政”具备可复制性和可推广性所应遵循的基本原则。

一是政治监督有保障。在党委的领导下，以学生党支部为主体开展活动更有助于发挥党组织的政治核心作用和保障监督作用。

二是契合实际有实效。由学生党支部围绕支部建设科学设计活动主题，能够展现出独有的活动功能和实践价值，更加契合学生的实际需求，有助于发挥基层党支部的战斗堡垒作用，提升活动育人实效。

三是资源丰富有传承。“党建立项”主题围绕红色文化，其中蕴含的红色基因、红色资源以及红色传统，与高校思想政治教学中的“三全育人”机制有机结合，更有利于激发全员的政治认同意识，激活全程的铸魂育人力量，激励构建全方位的思政育人

① “把青春华章写在祖国大地上”大思政课网络主题宣传和互动引导活动在厦大举行［N］. 人民日报，2022-11-26.

格局。[①]

四是形式多样有动力。以“立项”形式确定的活动内容和活动事项，能够根据不同党支部特定阶段的工作重点和专业特色制定不同的活动内容，从根本上保证了广大学生参与活动的积极性。

五是纵横推广有价值。党支部“党建立项”活动具有在不同高校、不同党组织同时开展的能力，适合不同的工作主体、形式和措施，具有高度灵活的复制功能以及纵横方向上的评比、总结、交流和推广的功能，具备形成常态化、长效化机制的特征，具有很高的研究价值。

**3.“七个一”**

“七个一”为党支部“党建立项”活动结项验收时所采用的成果提交形式，即以撰写一部党支部工作手册、设计一份党支部建设文创产品、录制一部成果展示视频、举办一回现场展示、策划一轮线上宣传推广、开展一次师生思政交流、汇编一本成果文集来进行阶段品牌化凝练。

## 四、“活动思政”的实践途径

中国传媒大学全面深化思政课教学改革，着力构建“大课程思政”教育体系，力争形成“课程思政 + 实践思政 + 作品思政 + 活动思政”的课程思政教育模式。中国传媒大学信息与通信工程学院坚持以持续创新推动高质量党建，以高质量党建引领学院事业高质量发展，努力使学院党建工作取得新成效、展现新作为、实现新突破、呈现新气象。在“教育强国，中传何为”的大命题下，我们牢牢把握“示范创建和质量创优”这一根基，探索“大思政课”改革创新背景下“活动思政”高校思政育人模式，在“大思政课”改革创新的体制机制建设研究上交出了一份令人满意的时代答卷。

中国传媒大学信息与通信工程学院的 12 个学生党支部开展了形式多样的“党建立项”活动，包括党建宣传类、社会服务类、理论研究类及科研实践类四个类型，建设周期为一年。参与活动的主体包含学生党支部的全体党员、入党积极分子及其所在团组织。

① 管建莉．新时代高校红色文化育人的“微”实践研究［J］．文教资料，2022（15）：94-97.

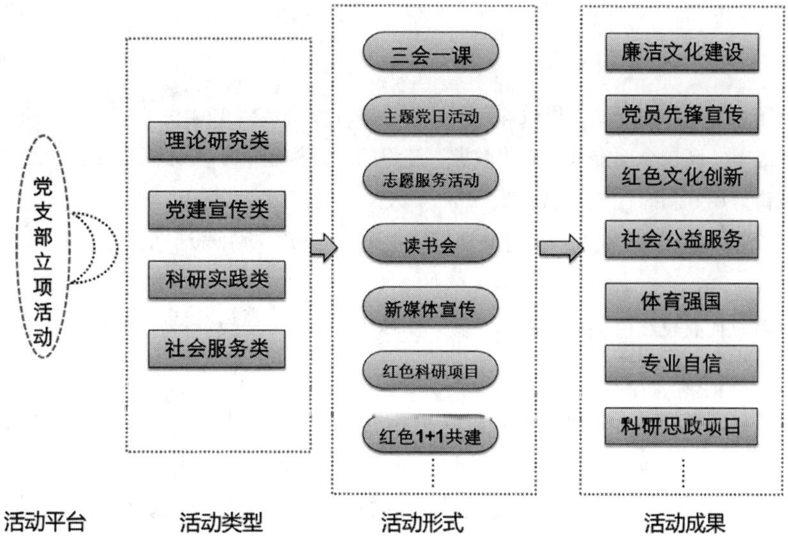


**图 3 “活动思政”的活动模式**

如图 3 所示，党支部“党建立项”活动是借鉴科研项目管理的形式与做法，由学生党支部根据自身支部建设的实际情况，找准切入点，围绕一个主题科学设计项目环节，在群体充分讨论的基础上，自主选择围绕主题开展活动的形式和内容，并制订计划和实施方案。以党支部为单位开展“党建立项”活动，有益于促进党员从被动接受教育转变为主动参与实践，以“一个支部一个主题”为起点，为创建“一个支部一个品牌”提供引导和帮助。

活动形式丰富多彩，包含党支部“三会一课”、主题党日活动以及开展红色科研项目、举办读书会、与其他支部进行“红色 1+1”支部共建等。党支部可以按照活动主题，结合专业特色和学生特点，积极探索党支部工作思路，在活跃党支部组织生活的同时，提升党支部工作质量。

## 五、结语

“活动思政”是构建“大思政课”育人体系的有效方式之一，也是基层党组织党建工作与思政工作“一盘棋”考虑的重要抓手，有利于基层党组织推动党建工作与业务工作的深度融合、相互促进，以党建工作引领党支部建设，以党支部建设促进“活动思政”，以“活动思政”成效体现党建工作水平，推动建成整体联动的党建工作格局。

**参考文献：**

［1］陈明清．牢记嘱托，上好“大思政课”［J］．人民教育，2022（17）．

［2］杨芳，姚志敏．高校全面推进“大思政课”建设的实践构建［N］．人民日报，2022-09-06.

［3］赵婀娜．讲好用好新时代“大思政课”［N］．人民日报，2022-09-19.

［4］“把青春华章写在祖国大地上”大思政课网络主题宣传和互动引导活动在厦大举行［N］．人民日报，2022-11-26.

［5］管建莉．新时代高校红色文化育人的“微”实践研究［J］．文教资料，2022（15）：94-97.

（罗莉梅，助理研究员，中国传媒大学信息与通信工程学院六级组织员；
金立标，博士，教授，中国传媒大学信息与通信工程学院党委书记；
杨莉，博士，副教授，中国传媒大学信息与通信工程学院党委副书记）

# 媒介情境论下的高校“大思政课”建设

◎刘明君

**摘　要：**媒介融合产生了新的媒介情境，同时使得思政教育过程中师生的角色与行为发生了变化，为高校思政育人工作带来了新的挑战和要求。本文从媒介情境论角度出发，沿着“新的传播媒介—新的思政情境—新的教育角色—新的互动行为”的思考路径，考察媒介融合时代高校思政育人环境的转变及育人过程的升级，探讨“大场景”与“微情境”的并存、教育主客体角色的重置，并提出通过搭建高校融媒体中心、适度展现“中区行为”、建设课程思政案例资源库、开展特色科研思政的方式，实现“大思政课”创新。

**关键词：**思政育人；媒介情境；媒介融合

媒介融合时代带来了全新的信息传播方式，对人们的认知、社交、行为、日常生活等各方面产生了深刻影响，同时也给高校思政育人工作带来了新的挑战。如何在新的媒介情境下加强和创新思政工作，成为当前亟待解决的问题。大思政课是破解这一难题的有效路径。习近平总书记指出：“‘大思政课’我们要善用之，一定要跟现实结合起来。”为贯彻落实习近平总书记关于“大思政课”重要指示精神和党中央决策部署，教育部等十部门于 2022 年 7 月联合印发《全面推进“大思政课”建设的工作方案》，充分强调了调动全社会力量和资源，建设“大课堂”、搭建“大平台”、建好“大师资”。[①] 在媒介融合的背景下，高校思想政治教育话语传播的阵地不再局限于课堂与传统媒体，“大课堂”与“大平台”需要突破课程载体、课程时空等局限，把思政课置于广阔的物理空间、社会空间、虚拟空间之中，充分发挥智能媒体时代的传播特点，增强思想政治教育的吸引力和时代感，在当前媒介融合情境下探索思政育人实践的新路径。

---

① 教育部等十部门关于印发《全面推进“大思政课”建设的工作方案》的通知［EB/OL］.（2022-07-25）［2023-03-26］. http://www.gov.cn/zhengce/zhengceku/2022-08/24/content_5706623.htm.

## 一、媒介融合情境下思政教育面临的挑战

### （一）媒介融合的传播方式

我们正处于一个全新的媒介融合时代。不同的媒介形式不再孤立存在，而是通过深度融合，形成了一种全新的信息传播方式。目前，元宇宙可能接替移动互联网开启下一个新的互联网时代，它整合了扩展现实、数字孪生等多种新技术而产生，创建了现实世界的镜像，为人们提供沉浸式体验，带来“虚实相融”的新型社会形态。虚拟世界与现实世界在经济系统、社交系统、身份系统上密切融合，在虚拟的交互场景中，每个用户都可以进行内容生产和编辑[①]，人的社会关系由线下延展至线上。微博、微信、抖音、B站等，一系列新媒体的出现使得媒介融合情境下的大思政课比传统思政课堂更具有自由度、灵活性和体验性。媒介拓宽了人的社会关系，技术改变了信息传播的外在形态。只有着眼于媒介发展的新特点、思政教育的新要求，构建符合时代要求的思政育人情境，才能够不断提升思政教育的整体质量和育人水平。

### （二）媒介情境的理论观照

20世纪60年代，随着媒介作为“中介”对现实社会的介入程度逐渐加深，英尼斯、麦克卢汉等相继提出“媒介的偏向性”“媒介即人的延伸”“媒介即讯息”等媒介观。[②] 20世纪80年代，美国传播学者梅罗维茨在其著作《消失的地域》一书中将麦克卢汉“媒介即讯息”的观点和社会学家戈夫曼的“拟剧论”结合起来，形成新的理论视角——媒介情境论，认为电子媒介尤其是电视的使用打破了传统的情境定义，带来了新的情境变化[③]，而情境就是信息系统，强调“媒介—情境—行为”的互动过程。这一系统模糊了私人情境和公共场所之间的界线，情境的变化影响着人们的社会行为和角色扮演，使人们的角色和社会行为发生了深刻变化。随着互联网进入人们的日常生活，20世纪后期，梅罗维茨对情境理论做了新的发展和阐释：网络突破了空间对人们的限制，物质距离已经不能再限定社会交往，人与人的交流在更大范围内产生。随

① 戴斌，熊雄，孙浩．揭开“元宇宙”面纱［N］．解放军报，2021-11-26（11）．

②③ 韩文静，喻馨君．从“场景”到“情境”：智能媒介研究的新视角［J］．新闻爱好者，2023（6）：30-33.

着人们行为的改变，情境应运而生。[①] 根据媒介情境理论，电子媒介对人类社会行为的影响产生于电子媒介对人们进行表演的社会场景的重新组合，通过情境重组创造新的信息环境。同时，社会场景的变化也促进了人们在相应场景中所扮演的社会角色及人们对角色所应采取行为的认知观念的转变。在私下的“后区”与公开的“前区”相混合的新情境中，人们的行为发展成为“中区”行为。新媒体所带来的信息流动模式作为连接媒介环境与面对面场景的“公共基础”，使思政课原本有形的行为场景挣脱了时空的限制，突破了传统课堂对师生角色行为的束缚，媒介、情境、行为三者的交互并非单向，从而产生了“新的传播媒介—新的思政情境—新的教育角色—新的互动行为”的思考路径。

### （三）“信息茧房”与情感缺失

在当今这个媒介融合时代，学生更多是以个人偏好获取信息，从而产生了“信息茧房”。思政教育的权威性一定程度上被瓦解。同时，在媒介融合情境下进行的思政教育，也面临着过于依赖虚拟现实技术、过分关注知识掌握程度、冲击自我情感认知、忽视师生情感交流等问题。教师缺乏对学生的了解，话语主体间的共情效应较为离散，双方情感互动的良性机制有待建立。在虚实相生的情境下，越来越多的后台信息涌向前台，容易造成安全隐患乃至情感迷失，也可能促使教育偏离主流价值观。

## 二、媒介融合情境下思政育人模式的转变

### （一）育人环境的转变：“大场景”与“微情境”

大思政课的场景联通家庭、学校、社会、网络，在这样的全方位大场景下，学生在接受思政教育时却往往身处一个“微情境”之中。电子媒介的信息流动突破了传统时空概念上的“地域”，实现了信息意义上社会情境的融合，场景不再依赖于物质地点而存在，而是通过大数据、移动设备、社交媒体、传感器和定位系统[②] 等建立在各种数据传播之上。然而，情境大过场景，场景往往忽视人的主体性和能动性，并不能提供情境全貌。场景指向一种基于位置的传播实践，情境则关涉与人相关的所有传播

---

①② 韩文静，喻馨君. 从“场景”到“情境”：智能媒介研究的新视角［J］. 新闻爱好者，2023（6）：30–33.

因素[①]，是由媒介信息所营造的行为与心理的环境氛围。施教者突破传统教学限制，以微博、微信、抖音等“微细化”的新媒体平台为主要载体开展思政教育，带来了“微情境”。

随着网络使用载体的增多，同一个班级、宿舍的学生因为使用载体的不同，也会在同一个空间建立不同的信息系统。例如，同一个宿舍的三名学生可以分别使用智能手机、平板电脑或者笔记本电脑上网，每一个网络载体都成就了一个新的信息系统。高校利用各种网络平台或者新媒体手段实施的“微思政”，不仅形式细腻、精简，同时，因为具有私密性，个人聊天和通信工具也成为分割情境的关键因素。

在“微情境”中，群体不再按照物理距离、社会阶层、民族、职业等传统标准进行划分，而是根据相同的兴趣爱好和媒介趣味等因素自由选择而形成[②]，“迷群”成为媒介研究中不可忽视的对象。媒介形式的多样选择为“迷群”的交流聚集提供了独立的场景空间，“这一空间不仅是物理意义上借助电缆和数字化信息流动而形成的空间，更是与人们的各种文化实践、身份表达和建构密切相关的空间”[③]。“微情境”中的学生以其在社会场景中“共享且特殊”的社会经历组成一个个社会群体，媒介提供的“共享且特殊”的社会场景信息越多，这种群体关系就越牢靠。

### （二）育人过程的升级：主客体角色的重置

在传统的高校思政教育中，教师作为施教者，学生作为受教者，有着明确的主客体区分，两者之间是传播者与接受者的关系，信息是单向传输；而在媒介融合情境下，传统的思政教育主客体之间“传播者与接受者”的关系不再适用，主客体的边界逐渐被打破，教育角色被重置，学校、家庭、社会与学生成为同向同行的共同体，每个角色都可以传送信息给对方，符号与情感处于流动的状态。

智媒时代，高校师生均是思政教育的“新型主体”。在智媒体技术的加持下，高校话语主体间更多以互联网为沟通纽带、以网络空间为话语场域，在复杂开放的网络空间，面对耗散式信息结构和多维度信息交互，话语主客体之间的双向、多向以及叠加互动增加[④]，给高校思政工作带来了挑战。

---

① 韩文静，喻馨君．从“场景”到“情境”：智能媒介研究的新视角［J］．新闻爱好者，2023（6）：30-33.

②③ 黎川茜．基于媒介情境理论的弹幕研究［D］．桂林：广西师范大学，2021.

④ 张琦．智媒时代高校思想政治教育话语体系建构研究［D］．兰州：兰州理工大学，2023.

## 三、媒介融合情境下大思政课的创新策略

### （一）搭建高校融媒体中心

为塑造健康的媒介生态系统，高校应当建立融媒体中心，通过建设全媒体内容管理系统打通校内媒体间壁，深度整合新闻网站、微博以及微信公众号、视频号资源，建立共享平台，增强思政教育的吸引力和时代感，提升思政教育效果。通过搭建融媒体安全平台，确保思政育人过程安全，排除危险链接，防止暗链跳转，避免不规范用词表述，防范个人信息泄漏。在信息流动过程中，主动监测，持续扫描，加强内容校验，对敏感词、隐私等信息提前识别，维护意识形态安全。

### （二）适度展现“中区行为”

传统的思政教育，施教者一方处于高位，以权威的姿态展现“前台行为”，很少展现出与私人生活有关的“后台行为”。而在媒介融合情境下，越来越多的“后台行为”被前置，与“前区”进行融合，产生了更为人性化、更具生活氛围感的“中区”。不论是授课教师还是作为课程思政元素的科学家等榜样人物，都有可能在社交媒体中展示更加鲜活的后台活动，让学生了解到更多的“幕后故事”。多所高校在微信公众号上用漫画人物作为拟人形象，结合轻松幽默的口吻“曝光”学校各项工作的“后台信息”，打造出亲切、自然的“中区”风格。高校应该充分运用好中区融合，适度调控距离感，摒弃“灌输式”教学方法，重视与学生互动，拉近与学生的距离，切实提升课程思政育人质量，在知识传授中实现价值引领。

### （三）建设课程思政案例资源库

推进课程思政建设，是贯彻落实习近平总书记在全国高校思想政治工作会议上强调的“守好一段渠、种好责任田，使各类课程与思政课同向同行、形成协同效应”的重要举措，旨在使德育与智育相统一，推动实现全员全过程全方位育人。[①] 媒介融合时代，高校应积极组织教学团队，建立与专业相关的可量化评价并推广、可全员参与、可持续建设的共享“课程思政案例库”，将专业发展与课程内容有机结合，让思政元

① 魏瑞花．高职院校思政课程与“课程思政”协同育人的几点思考［J］．教育教学论坛，2020（39）．

素融入专业课堂教学，用媒体智库的智慧、智能助力提升思政育人成效。

### （四）开展特色科研思政

在媒介融合情境下，高校需要引入智能媒体这一新工具，将移动互联网、大数据、虚拟现实、人机交互等新技术与思政教育结合起来，更好地落实立德树人的根本任务。高校可以组织学生开展红色经典影像修复等活动，利用人工智能技术完成对经典电影的彩色修复和增强工作，让学生们在参与活动的同时，接受红色爱国主义教育。媒体平台的快速发展与应用，不仅丰富了媒体内容的表现形式，也对主流价值观传播提出了更高的要求。积极推进以技术为依托、以项目为载体、以实践为特色的科研思政活动，成为探索“大思政课”育人创新的有效路径。

**参考文献：**


[1] 教育部等十部门关于印发《全面推进“大思政课”建设的工作方案》的通知［EB/OL］.（2022-07-25）［2023-03-26］. http://www.gov.cn/zhengce/zhengceku/2022-08/24/content_5706623.htm.

[2] 戴斌，熊雄，孙浩 . 揭开“元宇宙”面纱［N］. 解放军报，2021-11-26（11）.

[3] 韩文静，喻馨君 . 从“场景”到“情境”：智能媒介研究的新视角［J］. 新闻爱好者，2023（6）：30-33.

[4] 黎川茜 . 基于媒介情境理论的弹幕研究［D］. 桂林：广西师范大学，2021.

[5] 张琦 . 智媒时代高校思想政治教育话语体系建构研究［D］. 兰州：兰州理工大学，2023.

[6] 魏瑞花 . 高职院校思政课程与“课程思政”协同育人的几点思考［J］. 教育教学论坛，2020（9）.


（刘明君，博士，助理研究员，
中国传媒大学信息与通信工程学院党政办公室副主任）

# “新工科”背景下思政教育研究

## ——以人工智能专业为例

◎王　爽　殷复莲　刘京宇

**摘　要：**习近平总书记在全国高校思想政治工作会议上提出“要使各类课程与思想政治理论课同向同行，形成协同效应”。在此大背景下，“新工科”建设对思政教育提出了新的要求。本文以人工智能专业为例，对“新工科”背景下的思政教育开展研究。首先，本文总结了“新工科”背景下思政教育的不足；其次，分析了将“新工科”专业课程与思政教育融合的重点与难点；在此基础上，进一步提出了“新工科”背景下“专业＋思政”教育的融合策略。

**关键词：**新工科；思政教育；人工智能；融合

## 一、引言

为应对新经济的挑战，从服务国家战略、满足产业需求和面向未来发展的高度出发，自2017年2月以来，教育部积极推动新工科建设，深化工程教育改革与发展。所谓新工科专业，就是利用人工智能、云计算、物联网等新一轮科技革命与产业变革中应运而生的新技术对传统的工科专业进行升级改造，从而培养满足未来新兴产业需求和新经济需要，实践能力强、创新能力强、具备国际竞争力的高素质复合型人才。[①②]

传统工科教育由于其教学内容的特点，在教学过程中较少涉及与人文相关的思政内容，人才培养往往只重视专业技能传授而忽视了个人道德素养和思想政治方面的教育，而树立正确的价值观和政治方向，拥有良好的道德素养，是大学生学有所成继而服务社会的根本前提。在全国高校思想政治工作会议上，习近平总书记提出：“要用好课堂教学

① 于莉莉，张磊，孟凡波．新工科背景下高校创新人才能力培养［J］．科技创业月刊，2018，31（1）：87-89.
② 顾佩华．新工科与新范式：概念、框架和实施路径［J］．高等工程教育研究，2017（6）：1-3.

这个主渠道，提升思想政治亲和力和针对性，使各类课程与思想政治理论课同向同行，形成协同效应。”这为将思政教育融入专业课程指明了方向。

在此大背景下，“新工科”建设对思政教育提出了新的要求：高校在专业课程的教学过程中都需要融入思政元素，让学生在掌握专业知识的同时，增强“四个意识”，坚定“四个自信”，做好职业生涯规划，树立正确的价值观，进而推动高校立德树人工作纵深式发展。①

## 二、“新工科”背景下思政教育存在的问题

### （一）“专业 + 思政”教育师资力量不足

当前，高校开展思政教育普遍依托于通识教育课和专业课的任课教师队伍，这两支队伍存在知识壁垒，无法将专业课程与思政教育很好地融合，做到协同互补。以人工智能专业为例，很多高校刚刚开设人工智能专业，任课教师以电子信息类、计算机类专业教师为主，人工智能专业科班出身的教师十分匮乏，在教学过程中会面临一系列问题需要深入研究，因此，在将思政教育融入专业课程方面显得力不从心，无法在完成专业知识教学任务的同时兼顾思政。而通识教育课的任课教师又缺乏人工智能的专业知识，在教学中容易重理论轻实践，影响了思政教育的效果和认可度。

### （二）专业课程体系构建不完善

以人工智能专业为例，其课程体系尚未完善，很多教学问题不够明确，例如，人才培养方案的制定、教学模式的探索、“人工智能 +X”特色教学的创新等，使得该专业思政教育无法与专业课程相融合，实现协同育人的目标。此外，人工智能专业教育中思政元素的缺失也使得专业教育本身的教学质量难以达到预期的效果，无法满足教学需求。

### （三）仍有“重专业轻思政”现象存在

在当前的社会大环境下，面对应试教育及就业压力，传统高校更注重对学生专业知识的传授，相对削弱了思政教育的教学力度②，忽略了思政教育的德育教化作用。随着学

① 顾然，冯国昌．“新工科”背景下人工智能专业“思政课程”教育研究［J］．黑龙江教育，2020（10）：6-7.
② 张文浩．网络环境下大学生思想政治教育的现状及对策［J］．开封教育学院学报，2015（12）：178-179.

生学业、就业压力的增大，如果缺乏思政教育的积极引导，很多学生就会出现抑郁、焦虑等心理疾病，甚至有学生出现过激行为，进而发生伤害事件。因此，将思政教育融入专业课程，使学生在学习专业知识、获得专业技能的同时提升思想道德水平，提高政治觉悟，从而实现专业知识与思政教育相辅相成的良性循环就显得尤为必要。

### （四）思政教育考核体系不健全

由于许多高校存在“重专业轻思政”的教育现状，在专业课程中融入思政元素的政策保障未落实到位，“专业＋思政”课程在高校思政教育考核体系中的地位不够突出，无法充分调动教师的积极性，反过来也制约了“专业＋思政”教学模式的良性发展。

## 三、“新工科”背景下思政教育研究的重点与难点

### （一）如何在教学内容中融入思政元素

首先，在传授专业知识的过程中，任课教师应结合专业特点，在教学中融入国家政策、行业规范、环境保护、生产安全等方面的内容；其次，进一步挖掘专业知识与思政内容的内在联系。以人工智能专业为例：在介绍人工智能行业的发展情况时，可以融入人工智能行业的道德问题和伦理问题的探讨；在介绍“迁移学习”这一知识点时，可以引入“矛盾的普遍性与特殊性”这一思政元素，讲述如何“从已学习的相关任务中转移专业知识来改进学习”。

### （二）如何设计教学手段

当前的教学手段多种多样，高校教师可以通过课内课外、线上线下、校内校外等多种方式实现与学生的多维互动，并借助多媒体技术手段引入思政元素，从而实现思政教育与专业课程的完美契合。以人工智能专业为例：在介绍人工智能的定义、研究领域以及存在的意义时，可以设置讨论环节，加强与学生的互动；在探讨人工智能的发展可能引发的道德问题和伦理问题时，可以播放相关题材的视频片段，加深学生对该问题的理解。

## 四、“新工科”背景下“专业+思政”教育融合策略

### （一）坚守课堂教学主渠道，使“专业 + 思政”教育协同互补

作为高校专业课教师，不仅应该重视对学生专业技能的传授，还应该在专业课教学中有选择性地融入思政元素，于潜移默化中培养学生形成正确的价值观、人生观和世界观，使学生成长为符合“新工科”建设要求的德学兼修、德才兼备的高素质卓越工程人才，成为新时代中国特色社会主义建设的中坚力量。① 推动思政教育与专业课的融合，保持不断改革创新的动力，应恪守科学、严谨、求实、客观的精神内核，确保专业知识与正确的思想导向相互促进，使专业课程与思政教育相辅相成。

与此同时，高校思政教师具有思政专业背景，对思政内容的理解较为深刻。专业课教师在进行“专业 + 思政”教育教学设计时，可以充分利用高校思政教学资源，与思政教师相互协作，优化教学内容与教学手段，促进“专业 + 思政”教学模式良性发展。

### （二）高校教师需提高自身修养，成为先进思想文化的传播者

作为人类灵魂的工程师，教师不仅要教授学生专业知识、技能，更重要的是要以身作则，教会学生做人、做事的道理。作为教师，要深刻理解自己职业的神圣性，严于律己，宽以待人。因此，高校教师应提高自身的思想政治素养，深刻理解思政教育内涵，对学生言传身教，成为先进思想文化的传播者。

## 五、结语

综上所述，新工科背景下的思政教育仍面临很多问题亟待解决。高校应改变“重专业轻思政”的教育现状，在教学内容、教学方式、教学模式以及考核评价体系的建设上作出改革探索。高校教师要以身作则，提高自身的思想政治素养，成为先进思想文化的传播者，从而提高高校思政教育水平。

---

① 孟祥锋．努力在深入学习贯彻习近平新时代中国特色社会主义思想上做表率［EB/OL］.（2019-07-08）［2023-03-26］.http://opinion.people.com.cn/nl/2019/0708/c1003-31218485.html.

**参考文献：**

［1］于莉莉，张磊，孟凡波．新工科背景下高校创新人才能力培养［J］．科技创业月刊，2018，31（1）：87-89.

［2］顾佩华．新工科与新范式：概念、框架和实施路径［J］．高等工程教育研究，2017（6）：1-3.

［3］顾然，冯国昌．"新工科"背景下人工智能专业"思政课程"教育研究［J］．黑龙江教育，2020（10）：6-7.

［4］张文浩．网络环境下大学生思想政治教育的现状及对策［J］．开封教育学院学报，2015（12）：178-179.

［5］孟祥锋．努力在深入学习贯彻习近平新时代中国特色社会主义思想上做表率［EB/OL］．（2019-07-08）［2023-03-26］.http://opinion.people.com.cn/nl/2019/0708/c1003-31218485.html.

（王爽，博士，中国传媒大学信息与通信工程学院副教授；
殷复莲，博士，教授，中国传媒大学科学研究处副处长；
刘京宇，博士，中国传媒大学信息与通信工程学院副教授）

# 高校辅导员在思政工作中融入传统文化的必要性及途径

◎王 昂

**摘 要：**中华优秀传统文化与思想政治教育密不可分。一方面，二者均以“人”为参照，强调教化；另一方面，优秀传统文化中蕴含着中华民族最深层次的精神底蕴，是充实思政教育内涵的重要源泉。作为高校辅导员，在思政工作中引入传统文化教育，充分发挥优秀传统文化价值，是新时代厚植文化自信、培养大学生勇担民族复兴大任使命的必然选择。本文以高校辅导员在思政工作中融入中华优秀传统文化的必要性与必然性为切入点，对中华优秀传统文化融入高校思政教育的方法和途径进行了探究。

**关键词：**传统文化；思想政治教育；融入途径

自2014年习近平总书记提出要“增强文化自信和价值观自信”以来，中华优秀传统文化作为文化自信的重要组成部分，越发受到思想政治教育工作者的关注与研究。以文章发表数量为例，根据中国知网的数据，以“传统文化与高校思想政治教育”为主题进行研究的论文，从2000年至今共有2,467篇，其中2014年至今共有2,243篇，占比达到了90.9%。从高校学科专业的设置情况来看，首都师范大学在思想政治教育二级学科下设立了传统文化与思想政治教育专业方向，传统文化逐步纳入思想政治教育范畴。

## 一、高校辅导员在思政工作中融入中华优秀传统文化的必要性与必然性

高校思政教育的核心目的是“立德树人”，中华优秀传统文化历来强调弘扬高尚品德，人文化成，故而可以说两者相辅相成。思政教育为新时代弘扬传统文化提供了沃

土，优秀传统文化是思政教育最为深厚的底蕴，故而高校辅导员在思政工作中融入中华优秀传统文化既是题中应有之义，又是培养担当民族复兴大任时代新人的必然选择。

### （一）中华优秀传统文化与思政教育均以提高“人”的品德作为指向

高校辅导员思政教育是一项以“育人”为目的的教育实践活动，重在关注学生作为“人”的全面发展，而中华优秀传统文化亦是关注“人学”。孔子讲：“人能弘道，非道弘人。”“道”要靠人在实践中体现。因此，“我国思想政治教育与中国传统文化在目标设置上都指向人，指向人的思想道德素质，都把对人的思想道德素质的培养和提高放在首要核心位置上[①]。”人的全面发展必然离不开传统文化教育。

习近平总书记曾多次指出，高校育人的根本目标在于“立德树人”，重视学生的“德性”培养。一方面，中华传统文化是典型的道德伦理型教育；另一方面，传统文化的思想政治教育功能早已有之。如爱国主义教育作为高校思想政治教育的基本内容，古代文人志士很早就对其有重要的表述。范仲淹讲：“先天下之忧而忧，后天下之乐而乐。”林则徐言：“苟利国家生死以，岂因福祸避趋之。”学者黄钊认为：“中国特色社会主义共同理想是对中国古代和谐文化、‘大同’思想、民本思想等的继承与发展。”[②]

### （二）弘扬优秀传统文化价值是培养担当民族复兴大任时代新人的必然选择

马克思讲：“人们自己创造自己的历史，但是他们并不是随心所欲地创造，并不是在他们自己选定的条件下创造，而是在直接碰到的、既定的、从过去承继下来的条件下创造。”[③]我们当今的社会主义文化是植根于优秀传统文化之上的。

习近平总书记指出：“中华优秀传统文化已经成为中华民族的基因，植根在中国人内心，潜移默化影响着中国人的思想方式和行为方式。”[④]这一根本论述也决定了高校辅导员在开展思想政治教育活动时，必然要从学生身处的文化环境入手开展育人工作，引导学生树立正确的人生观、世界观和价值观。

“学习中国传统文化是我们认识自身和把握中华民族精神的正确途径。”[⑤]学生只有正确了解了我们的文化，才能坚定思想认识，增强文化自信。文化自信是最深厚的自

---

① 霍洪波，高校思想政治教育中传统文化融入问题研究［M］. 北京：中国社会科学出版社，2019：181.

② 黄钊 . 论社会主义核心价值体系与中国传统文化的亲密关系［J］. 思想教育研究，2010（12）：3–7.

③ 马克思恩格斯选集（第 1 卷）［M］. 北京：人民出版社，1995.

④ 习近平在北京大学师生座谈会上的讲话（全文）［EB/OL］.（2014–05–05）［2018–08–30］.https://www.gov.cn/xinwen/2014–05/05/content_2671258.htm.

⑤ 霍洪波 . 高校思想政治教育中传统文化融入问题研究［M］. 北京：中国社会科学出版社，2019：61.

信，我们要用这种深厚的文化气质来教育引导学生。学习传统文化不仅可以增强学生的民族认同感及自豪感，而且可以引导学生在内心筑牢中华民族命运共同体的意识，坚定实现中华民族伟大复兴的中国梦的决心。

另一方面，中华民族伟大复兴的实现，不仅仅体现在国家的经济发展实力上，更体现在国家的文化传承上。中华优秀传统文化是我们国家软实力的重要体现。在习近平总书记谈治国理政的相关重要论述中，大量引用了中华优秀传统文化中的经典名句，并赋予其鲜活的当代价值与意义。

### （三）传统文化融入辅导员日常思政工作迫在眉睫

尽管学界研究成果颇丰，但在实际育人层面，目前，高校思想政治教育与中华传统文化的融合仍有待深入。

一是传统文化与思政教育的融合仅停留于课堂，未能融入学生的日常生活。我国高校思想政治教育课通常由马克思主义学院的教师讲授，思政教育大部分在课堂上完成，传统文化与思政教育的融合仍限于理论层面，形成“就思政谈思政”的局面。

二是高校思想政治教育课对政治内容关注较多，对文化关注不够。较早发现这一问题的如沈壮海认为，“提升思想政治教育的实效性，需要我们在纠正以文化性否定或掩盖思想政治教育政治性之偏的同时，也要努力纠正忽视思想政治教育文化性之偏，切实提升思想者政治教育的文化品位”①。王易也认为“我们今天将‘思想’与‘政治’并论，但也并非把思想教育和政治教育相提并论，只是为了凸显思想政治教育的政治性罢了”②。

三是教育方式不够有效。在当今互联网时代，教师与学生之间的知识鸿沟在不断缩小，传统文化教学如果仅仅停留于以宏观讲述儒学观点为主，则必然出现对学生的吸引力不够等问题。思政教育中的优秀传统文化与“填鸭灌输式”教学方法之间的矛盾尤为突出。

① 沈壮海．关注思想政治教育的文化性［J］．思想政治教育理论，2008（3）：4–6.

② 王易．传统文化与思想政治教育创新［M］．北京：中国人民大学出版社，2018：143.

## 二、高校辅导员在思政工作中融入中华优秀传统文化的方法

### （一）充分挖掘传统文化资源，融入思政话语体系

在当今这个时代，话语交流、话语交锋、话语交融已成为常态，谁掌握话语主动权，谁的观点就成为主流，传播力度就更大、更远。这就要求高校辅导员必须了解并在一定程度上掌握中华经典文化话语体系。

曹顺庆先生在20世纪90年代就曾撰文指出，我国一段时期存在着古代文论话语体系“失语症”现象。以今日我们俯拾即是的浪漫主义、现实主义为例，无不是西方的舶来品。而我国古代讲的“气”“风骨”乃至近代王国维提出的“境界说”却少有提及。这就要求我们在对学生进行传统文化教育时，建立具有中国特色的话语理论体系和标准。而辅导员话语体系就是在解答学生成长困惑、塑造学生价值观中逐渐形成的。

正如习近平总书记所强调的那样，中国人看待世界、看待社会、看待人生，有自己独特的价值体系。这也是新时代的今天，我们在应对西方思潮时的看家本领。

### （二）融入学生生活，创新育人方法

中国传统文化重视对人的教化作用。“人伦日用”指的就是传统文化对人潜移默化的熏陶影响。对于大部分远离家乡的高校学生来说，学校、社会是其成长的主要场所。高校传统文化教育不能仅局限于课堂，更应在学生生活的各个场景有所体现，辅导员应充分利用课堂外的教育资源。

一是创新教育方法，调整教育模式。“00后”一代追求个性，辅导员要打破学生高中阶段固有的灌输式教育模式，全程育人、全方位育人，根据学生的个性特点因材施教。

二是融入学生日常生活，积极解决学生遇到的难题。传统文化教育不能脱离学生的日常生活，要从传统文化中寻找对应的点对学生所关注的问题予以回应，积极解决学生遇到的难题，使学生潜移默化地接受传统文化教育。

### （三）来源于课本，回归于实践

传统文化注重“知行合一”的实践，其精髓在于在实践中传承，而不是仅仅停留

在说教层面。文化通常在生活实践中产生，经过升华又沉淀到实践活动中。当前高校传统文化教育普遍局限于课堂，部分高校的传统文化实践也停留在一年一度的文化节或某次活动的开闭幕式展示环节上，没有形成连贯性实践教育。这就要求高校辅导员作为思政教育工作者，应积极引导学生在实践中体验中华优秀传统文化、民俗文化，感受传统文化中的德育思想，如以传统文化周为主线，开展人文知识竞赛、古籍经典朗诵大赛、诗词文创作大赛、国学专家讲座等。

除此之外，高校应与传统文化企业开展共建项目，形成校外实践基地；辅导员可以带领学生走出校园，参与社会实践活动。

**参考文献：**

[1] 王易 . 传统文化与思想政治教育创新［M］. 北京：中国人民大学出版社，2018.

[2] 张祥浩，石开斌 . 中国传统文化与思想政治教育的创新［J］. 东南大学学报（哲学社会科学版），2008（5）：56-59.

[3] 霍洪波 . 高校思想政治教育中传统文化融入问题研究［M］. 北京：中国社会科学出版社，2019.

[4] 黄钊 . 论社会主义核心价值体系与中国传统文化的亲密关系［J］. 思想教育研究，2010（12）：3-7.

[5] 马克思恩格斯选集（第 1 卷）［M］. 北京：人民出版社，1995.

[6] 习近平 . 习近平在北京大学师生座谈会上的讲话（全文）［EB/OL］.（2014-05-05）［2018-08-30］.https://www.gov.cn/xinwen/2014-05/05/content_2671258.htm.

[7] 沈壮海 . 关注思想政治教育的文化性［J］. 思想政治教育理论，2008（3）：4-6.

（王昂，助理研究员，中国传媒大学信息与通信工程学院学生办公室主任）

# “三全育人”理念下辅导员促进学风建设实践探索

## ——以中国传媒大学信息与通信工程学院为例

◎王雨晨

**摘　要：**学风建设是高校实现高质量育人的重要领域，是落实“立德树人”根本任务的重要载体。坚持全员全过程全方位育人，对辅导员促进学风建设具有重要的理论和实践意义。2023年是全面贯彻党的二十大精神的开局之年，坚持以“三全育人”促进学风建设，以优良学风让党的二十大精神入脑入心。

**关键词：**三全育人；学风建设；辅导员

在全国教育大会上，习近平总书记指出：“培养德智体美劳全面发展的社会主义建设者和接班人，加快推进教育现代化、建设教育强国、办好人民满意的教育。”[①] 2017年2月，中共中央、国务院印发《关于加强和改进新形势下高校思想政治工作的意见》，把“坚持全员全过程全方位育人”作为加强和改进高校思想政治工作的基本原则。[②]

高校辅导员作为学生成长成才的人生导师和健康生活的知心朋友，在进行思想政治教育的同时，开展学风建设成为必然要求。《普通高等学校辅导员队伍建设规定（教育部令第43号）》正式将学风建设明确为辅导员的职责之一，规定辅导员应“熟悉了解学生所学专业的基本情况，激发学生学习兴趣，引导学生养成良好的学习习惯，掌握正确的学习方法。指导学生开展课外科技学术实践活动，营造浓厚学习氛围”[③]。因此，分析高校大学生存在的学风问题，研究“三全育人”理念下辅导员促进学风建设的思路与举措，具有十分重要的意义。

① 习近平在全国教育大会上强调 坚持中国特色社会主义教育发展道路 培养德智体美劳全面发展的社会主义建设者和接班人［J］. 党建，2018（10）：4-6.

② 王海霞 . 习近平意识形态教育理论研究［D］. 北京：中共中央党校，2019.

③ 教育部 . 普通高等学校辅导员队伍建设规定（教育部令第43号）［Z/OL］.（2017-09-29）［2018-08-30］. http://www.moe.gov.cn/srcsite/A02/s5911/moe_621/201709/t20170929_315781.html.

## 一、高校大学生存在的学风问题

### （一）易受外在因素的影响

当代大学生正处于一个经济全球化、科技发展日新月异、信息化与智能化的时代，他们可以跨越时间与空间的限制，轻松地从网络中获取需要的信息。网络作为一个庞大的信息库和智能服务中心，能够为学生快速查找学习资料、获取更多课堂以外的知识和技能提供便捷的条件。同时，网络也为大学生提供了各种各样的锻炼机会和角色实践的舞台，在这里大学生可以大胆尝试新的领域，不断拓展知识边界。然而，网络上的信息鱼龙混杂，大学生心智尚未成熟，如果不能正确认知和处理这些信息，则会对大学生良好学风的建设产生负面影响。

### （二）管理能力薄弱

由高中阶段步入大学，面对相对宽松的学习生活环境，部分大学生感到不适应，缺乏自我管理与自我规划能力。在远离父母督促、无人强制管理的环境下，一些大学生放松了对自我的要求，不能够合理安排学习与生活时间。

大学生自我管理能力薄弱具体体现在以下几个方面：一是学习目标不明确。部分大学生进入大学后丧失了学习动力，以不挂科、拿到毕业证和学位证为终极目标，缺乏对专业知识的渴求。二是时间管理不严格。大学生的课余时间相对较多，部分学生能够做到合理利用课余时间到图书馆看书学习，参加学校和社会实践活动，但也有一定比例的学生沉溺于网络世界，消磨时光。三是组织纪律性较差。部分学生存在对学校规章制度学习不充分、认识不到位的情况，甚至有的学生公然违反学校规章制度，出现迟到、早退、旷课等不良现象。

### （三）对专业的认知度不够，缺乏学习动力

部分学生对专业的认知度不够，专业学习兴趣不足。以中国传媒大学信息与通信工程学院为例，部分本科学生第一志愿报考的并非工科专业，而是被调剂到本专业就读。这部分学生对录取专业的兴趣度较低，缺乏学习动力，一心希望转专业或退学复读。

有部分第一志愿录取的工科学生，在高考填报志愿时对该专业存在认知偏差，把

该专业与其他艺术类专业等同，入学后才发现不是自己理想的学科，而自己的理工科基础又较为薄弱，一时之间无法适应大学学习生活。

此外，一些申请转专业未成功的学生也抱着“得过且过”的学习心态，存在逃课现象，考试前临时“抱佛脚”，学业完成度不够理想。

## 二、“三全育人”理念下学风建设的思路与举措探析

学风建设的好坏直接影响到教学质量的提升和人才培养的成败。优良的学风是保证高校教育教学质量的重要依托，对高校整体教育事业有重要影响。工科专业学习任务繁重、课程难度较大，学风建设尤为重要。中国传媒大学信息与通信工程学院结合“三全育人”理念，从全员、全过程、全方位三个层面推进学风建设。

### （一）调动多方力量，“全员育人”推进学风建设

高校辅导员与学生接触最为密切，对学生的了解最多。中国传媒大学信息与通信工程学院充分发挥辅导员的沟通桥梁作用，多方联动，共同推进各年级学风建设。

**1. 调动学生干部的积极性，发挥榜样作用**

班级干部、学生骨干是辅导员开展工作的得力助手。为充分发挥朋辈榜样力量，信息与通信工程学院推出了“学霸”系列活动，包括“学霸直播”“学霸录播”“学霸课堂”三种线上线下的形式。学院团委将成绩优异的学生组织起来开展朋辈学业辅导，帮助有需求的学生梳理课程重点，讲解课程难点，同时，这也成为优秀信通学子展现课堂学习成果的舞台。“学霸”系列活动开展6年多来，已有上百位优秀信通学子参与到课程录制与讲授中，目前已开展学霸直播107期，学霸录播108期，学霸课堂5期。线上和线下朋辈辅导相结合的形式，帮助学院营造了“乐于分享、努力奋斗、共同进步”的学习氛围，取得了极大的学习成效。

在品牌传播方面，学霸直播、学霸录播和学霸课堂均已录制视频，上传至学院B站平台，供有需求的学生学习。目前我们已录制了32门专业课的视频，总播放量超过42万，吸引了全国上百所高校的理工科学生观看和学习，产生了一定的社会影响力，也为学校带来了良好的声誉。

**2. 与班主任及任课教师协作，共同开展学业辅导**

学院辅导员与班主任进行联动，根据班主任的工作风格和班级的整体学习状况，

“一班一案”制定学业辅导和帮扶方案。

与学院编程小组合作撰写学业报告。结合学院的工学学科优势，利用python语言，进行年级期末成绩数据统计和分析，掌握年级各专业学习情况，以便调整下一步的工作重点。

**3. 与家长联动，掌握学生在校学业情况**

构建家校联动机制，让家长积极参与到大学生的学习和成长过程，正视存在的问题，共同营造良好学风。

学院在新生入学之初组织召开了新生家长会，介绍学院的整体情况和各学科特点，为新生家长答疑解惑，为后续家校合作建立沟通渠道，创造良好开端。在日常管理中，学院辅导员和班主任将学生的在校表现，包括课堂出勤情况、考试成绩、思想状态等通过信件、电话、微信等形式及时告知家长，方便家长掌握学生在校期间的学习情况。

## （二）把握成长规律，“全过程育人”推进学风建设

在学风建设过程中，信息与通信工程学院把握思想政治教育和学生成长成才的规律性和连续性，根据大学生大学四年不同阶段的实际需要和成长特点，把育人工作落到实处。

**1. 大一学年，为良好学风的形成打下基础**

在新生入学之初，学院会采取一系列措施，为良好学风的形成打下坚实基础。

新生入学教育，辅导员组织召开一系列的活动，如制订个人大学生涯规划、日常学习计划等，引导学生树立明确的学习目标，认识到自我管理的重要性；各专业开展“新生专业教育会”，让学生对所学专业形成初步认知，了解未来四年的学习安排及后续职业发展。大一学年会严格考察学生的课堂出勤率、课堂参与积极性、课后作业完成情况等，帮助学生养成良好的学习习惯。

**2. 大二学年，重点关注学业困难群体**

大二学年的课程科目较多、难度较大，部分学生开始失去学习信心，出现跟不上学习进度、大面积挂科等学业难题。针对这一现象，大二学年重点关注学业困难群体，形成良好的制度保障。

辅导员在保证对学生严格考勤、重视过程管理的同时，与学业困难学生进行一对一沟通，帮助学生分析原因，给出具体建议及改进措施，做好学习状态的监督跟踪工作；开启学业预警机制，对于挂科超过一定学分的学生进行学业警告，通知其家长，针对不同情况分别采取班级内部帮扶、任课教师补习、留降级再次学习等措施。

**3. 大三学年，进行专业引导教育**

进入大三学年，学院通过“分级分类”，帮助学生对毕业去向和未来发展形成清晰认知。

针对学业成绩优秀的学生，鼓励其参加专业技能竞赛、大学生创新创业竞赛，提高专业实践与运用能力；针对有考研意向的学生，引导其尽早确定考研目标，制订详细的学习计划；针对准备就业的学生，帮助其提前了解就业市场，推荐相关实习岗位；针对学业困难学生，对其进行学业预警，开展学业帮扶。

**4. 大四学年，主抓求职和就业指导**

在大四学年开展职前教育，帮助学生顺利实现从象牙塔到社会的过渡。

开展就业动员会，让学生了解严峻、复杂的就业形势，为就业做好充分准备；拓宽就业资源，为学生提供权威的升学及求职的相关信息；加强就业指导与帮扶，帮助学生适应网络求职新趋势，掌握线上笔试、面试技巧，增强求职竞争力。

### （三）注重思想引领，“全方位育人”推进学风建设

立德树人是新时期党和国家培养人才的核心教育理念，加强学风建设的最终目标就是要落实立德树人的根本任务。[①] 中国传媒大学信息与通信工程学院注重思想引领，围绕立德树人这一根本任务，以“全方位育人”理念扎实推进学风建设。

**1. 融入思想政治教育活动**

紧密围绕立德树人的根本任务，学习重要精神，将学风建设融入思想政治教育系列活动。

开展“新生引航工程”，通过高唱红歌“把我们的歌唱给新时代听”、知识竞答、红色爱国主义教育基地打卡等活动，带领学生深入学习贯彻习近平总书记关于教育的重要论述，帮助新生扣好“人生第一粒扣子”，引导新生坚定理想信念、厚植爱国情怀，为新生的学习生活和全面发展打下良好的基础。

制定学习贯彻党的二十大精神宣讲及活动方案，开展“党的二十大精神”主题宣讲活动、“请党放心，强国有我”主题观影活动、“党啊，我想对您说”明信片征集活动等，让学生在不同形式的活动中学习领会习近平总书记的重要讲话精神，从而了解到努力学习专业知识、掌握过硬专业本领的重要意义。

开展“青春告白祖国”“奉献青春，共同战疫”“红色信仰”推书荐影等主题团日

① 刘娜，杨道斌．立德树人理念下加强高校学风建设的路径探寻［J］．科教文汇（上旬刊），2020（13）：8–9.

活动，围绕中国青年勇挑重担、练就过硬本领、贡献青春力量深入讨论分享。以分享志愿者经历、朗诵诗歌、制作宣传板报、书写软笔字等多种形式开展线上活动，号召同学们坚定理想信念，志存高远，为实现中华民族伟大复兴而努力奋斗。

**2. 课程思政**

课堂是高校教育教学工作的主阵地，是推进学风建设的主渠道，课程思政更是高校落实立德树人根本任务的有力抓手。①

学院在专业课程中全面融入思政教育，探索“双师思政”新模式，邀请思想政治教育工作者与业界专业导师同上一堂课，力求在实践育人中融合思政元素，将所学专业知识服务于“科技冬奥”等国家重大战略需求。多年来，学院积极构建产教融合协同育人机制，建立实践教学基地，鼓励学生前往进行实习实践，将所学专业知识服务于国家重大战略项目，走进基层，助力脱贫攻坚。

**3. 谈心谈话与心理疏导**

学院辅导员将学风建设融入学生日常管理工作的各个方面，将学风建设贯穿于日常谈心谈话中，不断强化学生的自我教育意识，引导学生树立正确的世界观、人生观和价值观。

工科学生容易对专业产生不自信或是无力感，因此，帮助学生树立专业自信，积极引导、激发学生的学习热情和兴趣就显得尤为重要。在谈话中，辅导员与学生就现存的困惑、遇到的困难、关切的问题进行沟通交流，实现双方的正反馈，并采取行之有效的举措帮助学生树立正确的人生目标，真正从思想层面深刻意识到学习专业知识、掌握专业技能的重要性，实现全面发展。

## 三、结语

2023 年是全面贯彻党的二十大精神的开局之年，中国传媒大学信息与通信工程学院调动多方力量、把握成长规律、注重思想引领，坚持以“三全育人”理念促进学风建设，以优良学风让党的二十大精神入脑入心。

① 石莉，张海芳，刘钰，等. 新时代高校课程思政建设的现实困境及破解路径［J］. 华北理工大学学报（社会科学版），2023，23（5）：56-60，91.

**参考文献：**

[1] 习近平在全国教育大会上强调 坚持中国特色社会主义教育发展道路 培养德智体美劳全面发展的社会主义建设者和接班人［J］. 党建，2018（10）：4-6.

[2] 王海霞. 习近平意识形态教育理论研究［D］. 北京：中共中央党校，2019.

[3] 教育部. 普通高等学校辅导员队伍建设规定（教育部令第 43 号）[Z/OL].（2017-09-29）[2018-08-30] .http://www.moe.gov.cn/srcsite/A02/s5911/moe_621/201709/t20170929_315781.html.

[4] 刘娜，杨道斌. 立德树人理念下加强高校学风建设的路径探寻［J］. 科教文汇（上旬刊），2020（13）：8-9.

[5] 石莉，张海芳，刘钰，等. 新时代高校课程思政建设的现实困境及破解路径［J］. 华北理工大学学报（社会科学版），2023，23（5）：56-60，91.

（王雨晨，讲师，中国传媒大学信息与通信工程学院团委书记）

# 提升高校学生党支部工作质效的探索和研究

◎李佳雯　罗莉梅

**摘　要：** 高校学生党支部是党联系青年学生的桥梁与纽带，是党在高校的战斗堡垒，关系着党的教育方针政策的贯彻落实与学生党支部建设的成效。通过调研，我们充分摸清了学生党支部建设的痛点、难点，创新、丰富了学生党支部建设的“自选动作”，搜集、规划了学生党支部的发展期望，进一步提升了学院学生党建工作质效，激发了学生党支部的活力，并有效推动了中国传媒大学信息与通信工程学院学生基层党支部特色品牌的创建。

**关键词：** 高校；学生党支部；工作质效提升

学生党建工作是高校党建工作的重要组成部分。学生党建工作越规范、越有活力，学生党支部的战斗堡垒作用和学生党员的先锋模范作用发挥得就越充分，高校党建工作的根基就越牢固、越可靠。[①] 中国传媒大学信息与通信工程学院（后简称“信通学院”）对此开展了学生党建工作优化调整调查研究，先后组织召开结构化研讨座谈会，制作、发放并回收了共 100 份调查问卷，对信通学院的学生党建工作进行了多角度、全方位的调研。通过调研，我们充分摸清了信通学院学生党支部工作的痛点、难点，掌握了真实情况，为后续党建工作有序落实、科学优化提供了有价值的借鉴。

## 一、信通学院学生党建工作现状

学生党建工作是高校基层党组织建设的重要组成部分。对学院的学生党建工作现状进行调查研究，是学生党支部建设的基础和前提。信通学院深入贯彻落实全面从严治党要求，严格执行党员发展程序，严肃学生党支部组织生活纪律，认真坚持“三会

① 司文超 . 推动新时代高校学生党建工作高质量发展略探［J］. 学校党建与思想教育，2023（16）：31–34.

一课”制度，加强支部班子建设，健全支部工作制度，加强对党员的管理及组织监督，推进完善党组织规范化建设，努力构建支部标准化体系；抓好主题教育，健全主题党日活动制度，创新支部活动形式，规范《党支部工作手册》记录，确保党的组织生活真正起到教育提高党员的作用。我院党员教育管理工作经过共同努力，总体上看，已步入制度化、规范化的轨道，党员教育管理工作跃上了一个新台阶，提升到一个新的高度。但是，在学生党支部规范化建设、党员教育管理、党支部特色活动开展等方面，目前仍存在一些不容忽视的问题和薄弱环节。

## 二、当前学生党建工作面临的主要问题及原因分析

### （一）学生党支部“规定动作”建设方面

一是学生党员思想政治意识不强。当前，国内外环境越发复杂，学生的入党动机也越发多样。有些学生对党有强烈的归属感和认同感，以入党为荣；有些学生入党是为了进一步提升发展自己，服务他人；还有一些学生入党则是随大流、为了装点学历或将入党看作谋取利益的途径等。多样化的入党动机导致学生本身缺乏党员主体意识，党建工作无法发挥对学生的思想引领作用，降低了党建工作的质量。党员意识是党员政治觉悟和党性的集中体现，是每个党员必备的素质。调查结果显示，当前学生党员在思想意识与作风建设方面，存在参与意识不强、个人理想信念弱化、党性观念淡化薄弱、自律榜样意识不强等问题。部分学生党员在入党前后的现实表现方面存在一定的变化，入党后在思想和行动上有所懈怠。

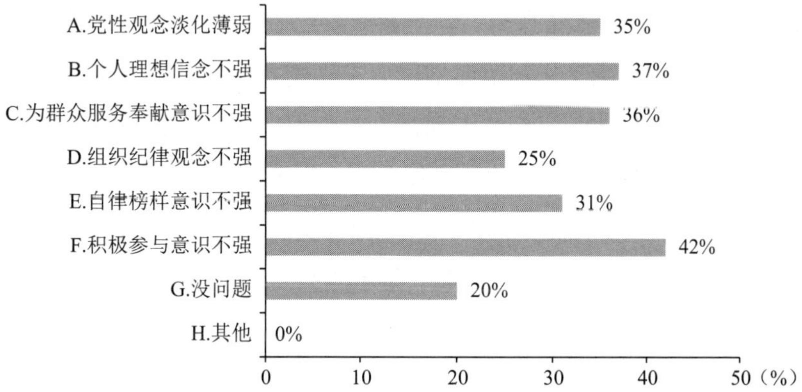


**图 1　当前学生党员思想意识与作风建设方面存在的突出问题**

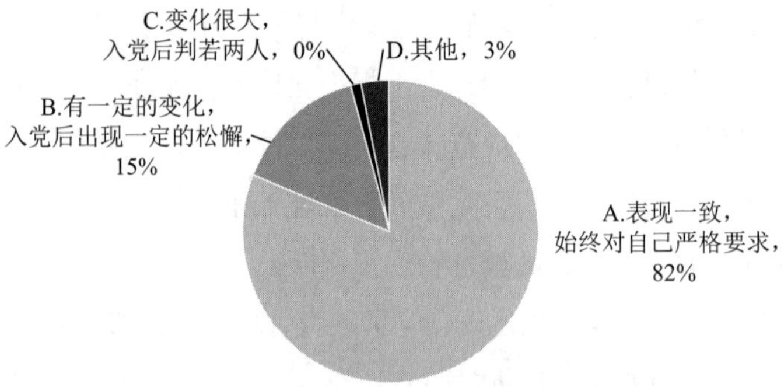


**图 2　学生党员在入党前后现实表现方面的变化**

二是缺乏完善的学生党建工作运行机制。完善的学生党建运行机制应兼顾学生党员的选拔、考核、管理与监督，同时要对学生党建工作的实施过程与结果加强监管，从而确保学生党建工作的质量。当前，我院的学生党建机制还并不完善，主要体现为：

1. 我院对学生入党标准的落实并不严谨，对积极分子和发展对象的思想政治水平把关不够严格，对学生党员的考核与监督不够充分。

2. 党员教育要贯穿全过程，对支部成员入党具体流程及要求的培训未形成常态化机制，党员教育不够入脑入心。长期以来，入党申请人教育、入党积极分子教育、发展对象教育、党员教育各环节之间缺乏统筹规划，导致部分党员教育内容存在重叠、学习衔接不畅等问题，一定程度上影响了党员教育的实效性。

3. 对学生入党的考察较为片面，发展对象评选会流程不能完全反映积极分子的真实表现，同时，对学生党员发展全过程的考察也不够全面。

4. 入党程序不够完善与科学，缺少针对我院学生党支部规范化建设的系统性工作指南和发展党员常见问题的动态台账。

5. 支部干部队伍不稳定，流动性强。学生党支部的骨干成员多为高年级学生党员，这些学生面临实习、毕业等多重压力，在参与党支部工作履行职责方面做得明显不够。一些学生党员干部刚刚熟悉工作却要面临毕业，导致支部骨干队伍衔接不顺畅。支部干部队伍对一些程序工作的学习理解不到位，对入党积极分子的思想引领和党员教育培训的重视不够，在发展党员工作的某些程序上，执行得不够到位。

6. 分工合作不够高效。在党支部内部、支部与支部之间、支部和团委组织部之间，时常出现职责不清晰、分工不明确等问题，导致党员发展工作的效率不高。

### （二）学生党支部“自选动作”建设方面

一是思想认识不到位。支部成员对党建引领的重要性认识不到位，对参与党建活动的意义认识不深刻，不愿投入过多的时间和精力在党建工作和党建责任的落实上；支部成员之间关系不够密切，缺乏集体认同感以及有效的沟通交流；党支部书记和支部骨干的思想引领和组织领导作用不强等。

二是积极性不强、参与度不高。支部在组织活动上形式单一、创新不够、特色不突出，导致学生参与活动的积极性较差；部分支部立项活动专业性不强，难以调动学生的积极性；组织生活形式化，有些活动耗时太长，流程过于僵化，学生收获不大；党建立项活动没有成果输出，成果转化形式不足以让学生有收获感。

三是党支部开展活动困难。工科学生平时学习任务繁重，毕业年级和研究生面临就业、科研和实习等问题，随之而来的压力使得大部分学生党员缺乏党建活动的热情与积极性。部分支部内活动分工不明确，不能责任到人，造成活动推进缓慢。同时，党员参与支部活动缺少必要的奖惩措施，对表现优秀的学生党员缺少奖励机制，对屡次不参加党内活动的党员也并未给予相应处分和批评。

四是党建品牌和活动的宣传力度不够。有些活动宣传不到位，学生不了解开展活动的意义，进而也失去了参与的兴趣；活动前期准备不充分，推送往往在活动结束后才发，支部成员了解活动的渠道较少。

此外，学生党建工作还面临着客观条件的限制，以及党务工作者日常管理和指导不足、业务能力不精、容易出现错漏等问题。

## 三、关于提升信通学院学生党建工作质效的建议

### （一）完善支部规范化建设

#### 1. 筑牢思想根基，完善发展党员流程

习近平总书记在党的二十大报告中指出：“必须持之以恒推进全面从严治党，深入推进新时代党的建设新的伟大工程，以党的自我革命引领社会革命。”在不断推动全面从严治党纵深发展的道路上，作为当代大学生尤其是学生党员，更应该坚定理想信念，补足精神之“钙”。首先，严格学生党员选拔机制，把好入口关。认真了解入党

积极分子的思想状况和平时表现，通过“三会一课”、组织生活等加强对入党积极分子、发展对象、预备党员和正式党员的思想政治教育，增强其政治意识，筑牢思想根基。在学生党员的发展培养上，形成分类培养的有效机制：对学生党员骨干，重点做到坚持政治标准、严格遴选、扎实培育、强化激励；对学生党员，做到发展程序规范、教育管理严格；对入党积极分子，充分利用一切有形、无形的资源教育培养。其次，细化发展对象评选细则，将学生的平时表现，参与党建工作的程度、频率与成果要求，支部意见、群众意见等纳入发展对象评选会考核中，严格控制发展党员数量，把握发展党员质量，选拔真正优秀的积极分子成为发展对象进而发展为预备党员。再次，完善发展党员流程，对自查、互查和抽查发现的问题要及时改正，建立发展党员常见问题的动态台账，并定期更新和维护。明确各党支部的专项工作职责，进一步提高发展党员工作的效率。最后，制定针对我院学生党支部规范化建设的《党支部工作指导手册》，并以此构建党建制度体系，在标准化、规范化的基础上突出制度建设，推动党建工作规范化。

**2. 优化党支部干部队伍，提高党支部建设质量**

一个强有力的学生党支部背后必定有一支能力素质强的党支部干部队伍，所以，多渠道抓好党支部干部队伍建设就成为党建工作的关键。首先，做好学生党支部书记和委员的选拔工作，多方面考核党支部书记和支部委员人选，确保选出群众基础好、政治素质高、服务意识强的党员担任支部书记和支部委员。党支部书记在任职期间还要继续提高自身的思想认识，强化责任担当。鼓励党支部书记对党员定期开展教育监督和党建工作总结，牢固构建起思想引领的氛围。其次，加大对学生党支部书记和支部骨干业务能力的培训，锻炼党支部书记的党务工作能力、组织领导能力、沟通协调能力、识人用人能力等，通过党支部书记凝聚起整个党支部的力量。具体实施方法包括：（1）定期召开学生党支部书记工作例会，梳理工作思路，抓住工作要点；（2）积极邀请优秀党务工作者、前任党支部书记从党员发展、党员培养管理、支部建设等方面对支部书记开展培训，提升其业务工作能力；（3）邀请党支部书记参与学院重要会议，确保其准确把握工作方向；（4）精心组织党支部书记述职答辩，肯定成绩、指出不足，不断提高党支部建设质量。最后，面对学生党支部骨干队伍更新换届速度快、工作连续性受影响等问题，可以由各党支部书记从低年级的预备党员、发展对象和入党积极分子当中选拔优秀学生作为支部书记和支部委员的候选人，让他们参与到党支部的建设中，并加强对他们的业务能力培训，积极培育后备力量，确保党支部工作接力不掉棒。

### 3. 定期开展工作检查，及时监督落实情况

良好的监督检查机制是学生党建工作运行机制的重要组成部分。在当前学生党支部建设和管理的基础上，我们制定了周期性学生党支部监督考核机制，具体表现为：（1）定期对各项工作的落实情况开展逐项检查，及时督促提醒工作进度；（2）根据学校要求，通过下发工作提示、文件等组织各党支部对标对表，主动自查、及时整改；（3）各支部建立督查问题清单台账和考评机制，限期整改；（4）充分利用新媒体平台强化宣传，引导学生党员积极参与民主管理和监督；（5）每季度学院可自行组织检查，完成后召开党建专题会通报结果，通过“月提醒、季通报、年打分”工作制度，促进党支部规范化建设。

## （二）提高党员教育管理质量

党支部应该将党员的学习教育作为党支部的重要工作，并将其贯穿于党员培养的全过程之中，多措并举，确保党员学习教育制度化、常态化，同时，要根据具体情况制定个性化的学习教育方案。

首先，做细、做实学习教育制度，做好党员思想教育动态跟进，从入党积极分子到发展对象再到预备党员、正式党员等，对党员开展常态化的学习教育，从而避免出现入党前后思想不统一、行动懈怠的问题。在调研中我们发现，94% 的支部成员表示了解党的知识的主要渠道是学校和学院组织的党课。因此，要继续加强对初级党课、高级党课的课程设置，丰富课程内容和形式，鼓励学生多参与到党课学习中，加强理论知识的学习。同时，以主题教育为契机，充分把握“三会一课”、主题党日等时机开展党员教育工作，丰富党员教育的形式，如定期组织外出参观红色景点、支部与支部之间开展学习交流活动等，都能有效促进学生对党的了解。除了线下开展学习教育之外，我们还可以充分利用线上网络和新媒体平台（如“学习强国”等）开展学习教育，保证党员理论学习的先进性和高效性。

其次，根据支部情况和学生的专业背景，制订相应的学习教育计划。信通学院于 2022 年 10 月在学院党委的领导下开展了学生党支部工作立项活动，着力建设“一支部”“一品牌”，通过党建立项活动，聚焦廉洁文化、红色资源、科教兴国、乡村振兴等主题，鼓励学生党支部创新建设，激发学生党建活力，学生在实践中深化理论学习，进一步丰富了党支部组织生活形式。在党建立项过程中，一方面，我们按照学校党建工作的大方向，对党员进行了学习教育；另一方面，我们将对党员的学习教育融入学生的专业课中，凸显了党支部学习教育的特色。

最后，做好学习成果检验。通过汇报、抽查等方式，定期或不定期地开展党员理论素质考察，扎实推进学生党员理论素质和党性修养的提升。同时，通过党建立项活动，对党员的综合能力进行全面考察，增强党支部的战斗力和凝聚力。

### （三）提高党支部成员的积极性，激发学生党支部的活力

#### 1. 丰富活动形式，加强党建专业融合

在本次调研中，我们收到了不少学生的反馈：“支部成员参与活动的积极性不强，参与度不高。”绝大多数支部成员认为可以通过丰富活动形式，创新活动的内容、载体和理念等调动学生党员的积极性。在对活动类型进行调研时，70% 的学生对外出参观活动表现出浓厚的兴趣，其次是志愿服务类、线上学习类、专业结合类活动以及与其他支部、学院、学校共建类活动，反映了学生们更愿意在实践、志愿服务中增强对党的学习和认识。因此，我们可以适当增加一些红色景点参观、党员先锋志愿活动以及与其他支部、学院、学校、企业的党支部结对共建活动等，促进支部成员的交流，加深支部成员对党的认识，进而达到育人的目的。此外，从调研结果中我们还发现，要继续深化党团班协同建设，成立党小组辐射带动团支部和班级，主动策划、开展特色活动。党员、团员可结对开展领学活动，党员要成为学生与学校之间沟通的桥梁。党员应发挥自身的榜样引领作用、桥梁沟通作用，反过来这也会激励学生党员进行自我教育、规范自身行为。要积极探索党团衔接机制，细化团员推优工作流程，在党小组及成员下沉到团支部建设的过程中，引导全体学生向党组织靠拢。同时，深入开展师生共建，充分发挥教师党员的先锋引领作用，加强对党、团支部工作的指导和把关。学院鼓励教师用自身的科研项目为学生搭建学习、创新与服务的平台，建立师生协同发展的激励与评价机制。

从调研结果中我们还发现，要多结合支部自身情况和专业背景来开展党建活动，如通过“党建 +”“党建共建”等活动形式，将党建内容和红色文化同专业、科研等紧密联系起来，突出亮点。

通过将党建融入学生的学习和生活中，将党建活动与学习成果、专业特色等相结合，一方面，更多的学生参与到党支部建设和活动中，另一方面，学生党员将专业知识作为党建活动的载体，充分利用所学知识服务于支部活动，既突出了本支部的特色，同时也让支部成员切实感受到个人所学是如何真正为党、为国家做出贡献的，进一步加强了学生的党性认知和自我认知，更好地帮助学生将科研目标、个人发展与党的事业相统一。

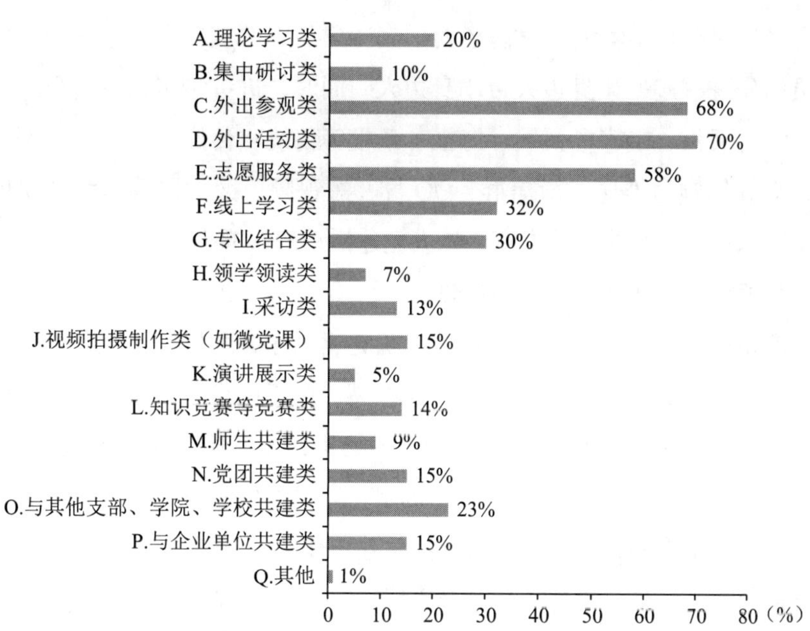


**图 3　学生更愿意参与的支部活动类型**

在今后的党建活动设计中，我们将根据各专业的特点开展具体的活动。例如：（1）参观红色博物馆、科技馆，观看与专业相关的红色电影或纪录片；（2）举行党建与专业结合的知识竞赛、党史竞赛；（3）结合专业特色开展党建项目，树立党建品牌形象；（4）组织多场学术分享与交流会，邀请行业内的优秀党员、优秀专业教师党员、毕业生党员代表以及学生党员代表，进行专业科技前沿领域的分享和交流，并结合专业发展开展党建教育；（5）与相关企业共同开展红色“1+1”共建活动等。

**2. 加大先进典型的培养和宣传力度，用先进典型教育身边人**

先进典型是有形的正能量，也是鲜活的价值观。榜样不仅是一面镜子，也是一面旗帜。因此，在结合学院立项工作的基础上，应充分调动党员的积极性和主动性，发挥先锋模范作用，树立身边榜样。针对学生们在学习、生活、就业等方面遇到的困难，我们开展了一系列先锋党员帮扶活动。在调研中，我们发现学生们更想了解身边优秀学生党员在学业提升、就业实习、社会实践等方面的内容，于是对学业困难的学生开展了一对一帮扶、专业交流等志愿服务活动，对就业困难的学生开展了优秀校友经验交流分享等。一方面，调动了广大党员服务社会、服务群众的积极性，充分发挥了榜样的力量；另一方面，增强了学生党支部和党员联系服务群众的能力，帮助群众解决了学习生活中遇到的难题，同时，对于党员个人而言，在服务的过程中也提升了自身的综合素质。

仅仅有先进典型是不够的，学院还要加大党建品牌的宣传力度，广泛宣传身边优秀学生党员的先进事迹，让身边人带动身边人。同时，进一步丰富宣传形式，借助党建文化墙、宣传展板、走廊电视屏、海报、条幅等传统宣传媒介和学院官网新闻、公众号推文、自媒体频道推送、微信群、QQ群、短视频、微党课等网络新媒体宣传平台，进一步提升党建品牌的宣传力度，扩大党建活动的影响力。

**3. 健全奖惩机制，强化典型引领带动**

在本次调研中，超半数支部成员反馈学院党建工作激励机制不足，奖惩措施不够完善，导致学生党员参与党建活动的积极性不高。鉴于此，后续学院将在当前学生党员选拔与管理机制的基础上健全奖惩机制，明确提出学生党员参与党建工作的程度、频率与成果等各项要求，制定合理的奖惩机制，完善学生党员的评优制度，充分调动学生党员参与党建工作的积极性，改进学生党建工作。

**4. 完善支部分工合作，确保工作高效有序**

党支部日常活动的有序开展离不开合理有效的分工。支部成员可以根据自身的优势选择工作，如擅长制作推送或有相关经验的同学可以加入宣传小组，专门负责网络宣传工作，其余人进行选派分配，确保每一位成员都能积极参与其中。同时，可以通过定期轮换制度、制定时间周期表，让支部成员轮流负责不同部分的工作，进而锻炼各方面的能力。

党支部书记和支委要起到模范带头作用，开展活动时应尽量确保分配具体工作任务到个人。对于个人时间安排与党支部活动时间安排相冲突的情况，要灵活为其安排工作任务，合理分配工作时间，同时要精简活动流程，保证工作效率，注意奖惩分明。如果任务分组完成，则每组完成工作后要总结，形成经验并分享。此外，支部书记还要根据学生的特点，适时发展有相关工作潜力的支部成员，鼓励其参与到支部建设中，促进支部成员的成长。

学生党建工作是高校基层党建工作的核心构成之一。围绕学生党建工作，中国传媒大学信息与通信工程学院开展了深入的调查研究，力图挖掘当前学生党支部建设中的痛点、难点问题，发现学院在规范化建设、党员教育方面存在的薄弱之处，研究结果对于提升学院学生党建工作质效、激发大学生在党建工作中的积极性具有一定的建设性意义。后续我们将继续完善学生党建工作，引导大学生党员树立正确的价值观，坚定不移跟党走，充分发挥学生党支部的战斗堡垒作用，全面提升学院党建工作的整体质量，有效推动信通学院基层党支部特色品牌创建。

## 参考文献：


［1］司文超．推动新时代高校学生党建工作高质量发展略探［J］．学校党建与思想教育，2023（16）：31-34.

［2］梁丽肖，王昕琦．新时代下提升高校学生党支部活力的路径探析［J］．佳木斯职业学院学报，2021，37（7）：5-6.

［3］王小莉，张桁嘉，王宁．新形势下高校学生党建工作质量提升路径探索［J］．上海党史与党建，2020（12）：54-56，17.

［4］郭辉．高校学生党支部建设的发展现状及优化路径［J］．办公室业务，2023（6）：15-18.

［5］王栋．高校“三型”学生党支部创建路径研究［J］．学校党建与思想教育，2022（22）：37-39.


（李佳雯，研究实习员，中国传媒大学信息与通信工程学院专职辅导员；
罗莉梅，助理研究员，中国传媒大学信息与通信工程学院六级组织员）

# 精准资助下家庭经济困难学生的在校帮扶

◎郭永伦

**摘　要：**随着资助体系日趋完善，资助范围逐渐扩大，资助的对象趋向于精准化，资助工作不应只在经济方面给予家庭经济困难学生帮助，学业、生活、就业等都是资助的范畴。本文采用问卷调查和座谈会的形式对学生在校的实际情况进行了调查研究，旨在根据调查结果制定相应的帮扶方案，以实现全方位、深层次的资助。

**关键词：**在校帮扶；家庭经济困难学生；精准资助；资助育人

在党中央、国务院的高度重视和正确领导下，国家建立健全了高校家庭经济困难学生资助政策体系。随着《关于进一步落实高等教育学生资助政策的通知》《关于进一步加强和规范高校家庭经济困难学生认定工作的通知》等政策文件的印发和实施，学生资助范围不断扩大，资助更加精准有效，资助育人成果显著。① 对于家庭经济困难学生的资助帮扶，不应仅停留在经济层面，学业、生活、就业等都是资助的范畴。精准资助的内涵和表现形式得到了一定程度的扩充。

为深入贯彻落实党和国家的资助政策，切实为家庭经济困难学生送去关怀和温暖，实现精准认定、精准资助，中国传媒大学信息与通信工程学院根据学校的指示精神，通过下发调查问卷、收集学生家庭经济情况说明、实地谈心谈话等线上线下相结合的方式了解学生家庭经济情况，进行困难定级，为有困难的学生提供相应的帮助。

## 一、研究背景

2013 年 11 月 3 日，习近平总书记来到湖南省湘西土家族苗族自治州花垣县十八洞村苗寨考察，首次提出“精准扶贫”的重要理念，作出了“实事求是、因地制宜、

① 学生资助 更加精准有效——全国学生资助工作不断取得进展述评［N/OL］. 中国教育报，2018-03-12［2023-03-26］.http://edu.people.com.cn/n1/2018/0312/c1053-29862340.html.

分类指导、精准扶贫”的重要指示。① 全国学生资助管理中心于 2017 年提出要大力推进精准资助和资助育人，推动学生资助工作迈上了新台阶。中国传媒大学信息与通信工程学院根据相关指示精神和学校的有关安排，结合学院实际，持续推进对于家庭经济困难学生的精准帮扶和育人工作。由于学生人数众多，学院对需要帮扶学生的信息掌握得不够全面。为了解决上述问题，本文采用问卷调查和座谈会的形式对学生在校的实际情况进行了调查研究，旨在根据调查结果制定相应的帮扶方案，以实现全方位、深层次的资助。

## 二、调查方式

本调研主要采用收集调查问卷和召开座谈会两种方式进行。以中国传媒大学信息与通信工程学院家庭经济困难学生为主体，共发放调查问卷 309 份，回收调查问卷 306 份，同时召开了一场座谈会。

### （一）调查问卷

问卷一共设置了 21 道题，包括个人基本信息、家庭基本情况、学业帮扶需求、生涯规划帮扶需求等，基本覆盖了学生在校期间的学习、生活、就业等情况。

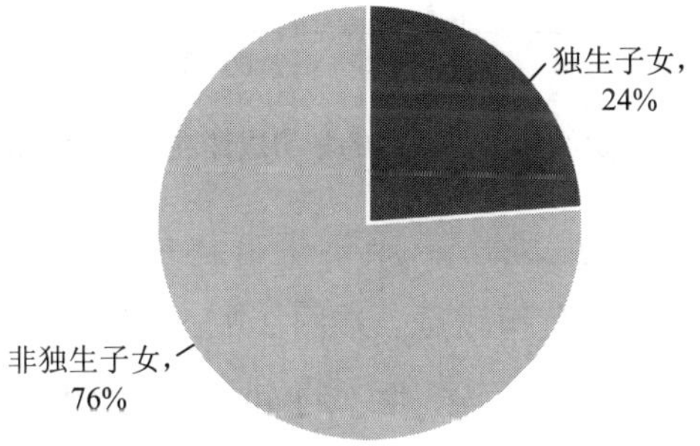


**图 1　家庭经济困难学生中独生子女的比例**

① 向宇．湖南十八洞村：以“首倡之地”行“首倡之为”[EB/OL]．(2022-06-25)[2023-03-26]．人民网—湖南频道，http://hn.people.com.cn/n2/2022/0625/c336521-40010573.html.

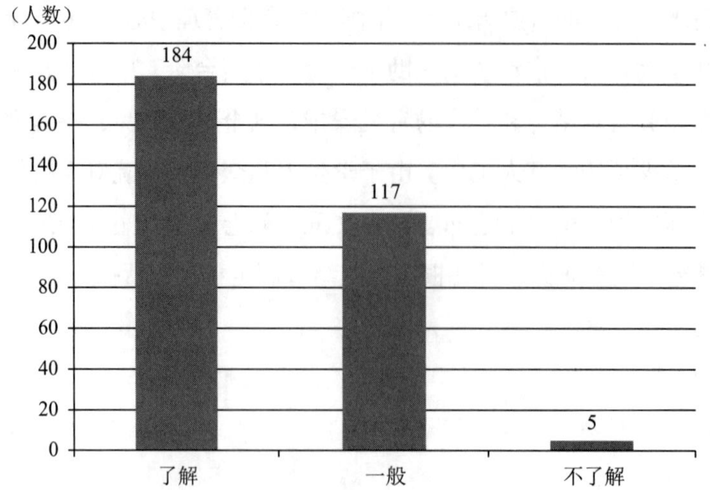


**图 2　学生对国家资助政策的熟悉程度**

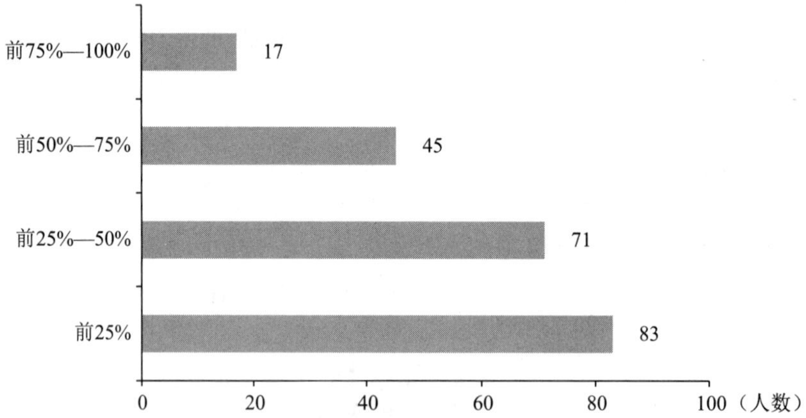


**图 3　家庭经济困难学生的学习成绩在专业内的排名**

从图 1 可以看出，在家庭经济困难学生群体中，非独生子女所占比例较大（76%），多子女家庭普遍经济负担较重。在图 2 中，有 184 名学生（约 60%）对国家资助政策较为了解，同时也有 122 名学生（约 40%）的学生对国家资助政策一般了解或不了解。学院后期将继续提升资助政策的宣传力度，如组建学生宣讲队伍，利用多渠道、多平台加深学生对资助政策的了解。从图 3 可以看出，共有 154 名学生的成绩排在了专业前 50%，学院之后将继续提供对学习困难学生的学业帮扶，确保学生学习不掉队。

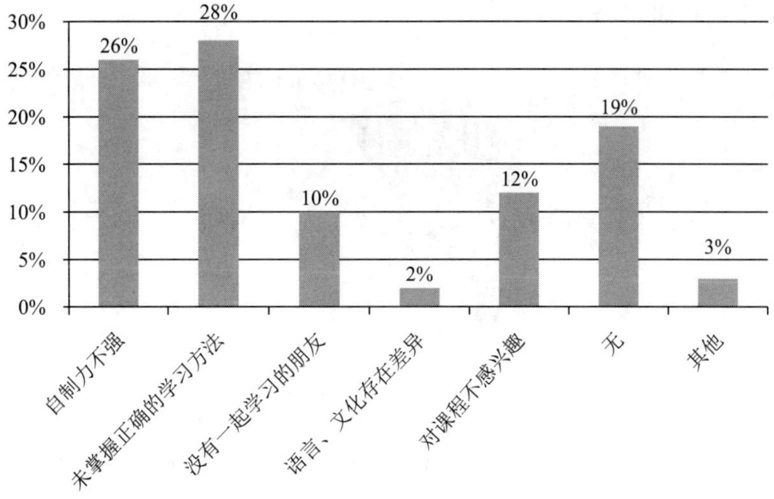


**图 4　学生在学习方面遇到的困难**

从图 4 可以看出，26% 的学生认为在学习方面遇到的困难是自制力不强，28% 的学生认为自己未掌握正确的学习方法。学生反馈其他方面遇到的困难包括基础差、知识难以理解等，学院后续将持续关注并提出针对性的解决方案。

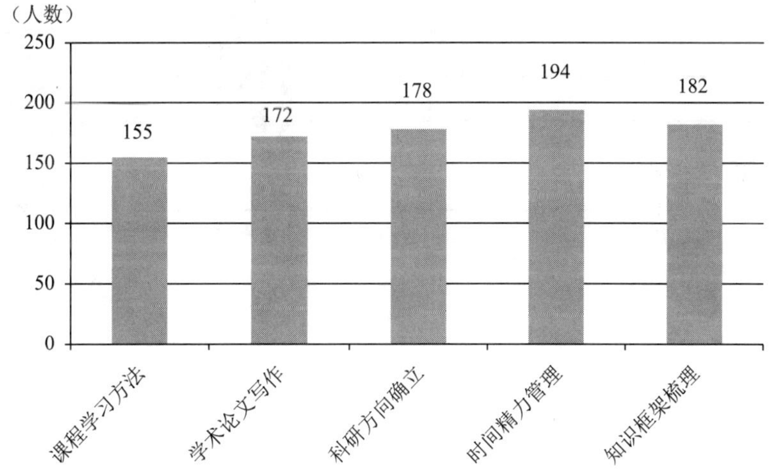


**图 5　对学业提升的需求**

从图 5 可以看出，学生对学业提升，在课程学习方法、学术论文写作等 5 个方面均有一定的需求，其中需求反馈排在前面的分别是时间精力管理（194 人）、知识框架梳理（182 人）、科研方向确立（178 人）、学术论文写作（172 人）。分析其原因，可能是大学校园生活较为丰富，部分学生分身乏术，加上课程学习难度大，如果没有梳理出课程结构，不容易理解接受；理工科学生需要进实验室做科研，准备竞赛事宜，部分学生的科研素养不够等。

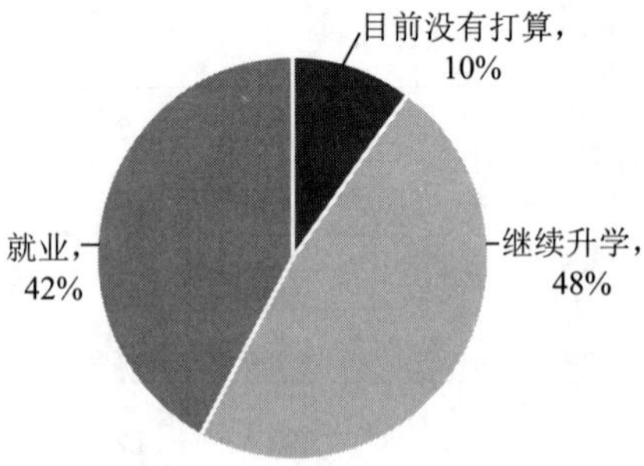


**图 6　毕业后的打算**

从图 6 可以看出，学生继续升学的意愿较为强烈，48% 的学生在结束本阶段学习后，都有继续升学深造的打算，这与当前的大环境相类似。42% 的学生选择就业，仅有 10% 的学生目前没有打算。学院后续将加强生涯规划指导和就业观的教育引导工作。

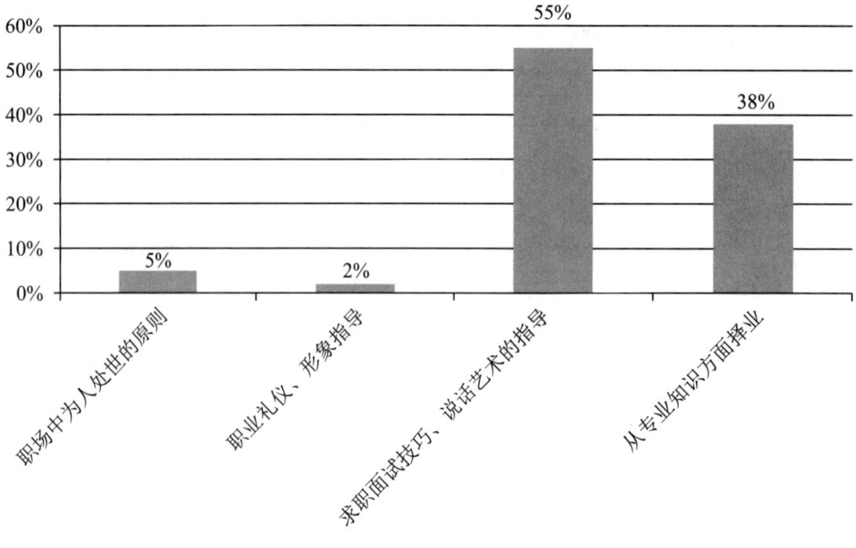


**图 7　对学校生涯教育指导的需求**

从图 7 可以看出，学生在学校生涯教育指导方面主要看重求职面试技巧、说话艺术的指导和从专业知识方面择业两部分，分别占比 55% 和 38%。究其原因，可能是随着学生年龄的增长，学生希望尽早接触社会，了解社会从业的知识、规范等。学院后续将加强与学校就业指导中心的联系，为学生提供全面的帮扶和指导。

### （二）座谈会

座谈会围绕学生日常学习状况、生活情况、对于学霸系列课程的建议、生涯规划等方面展开。会上，学生普遍反馈理工科学习难度较大，部分课程知识学习较为抽象，同学们普遍的学习方式为看视频自学，另有部分学生对于学院、学校的活动以及热点事件不是很了解，与周围老师、同学沟通交流不多。

## 三、解决办法

在调查问卷和座谈会的基础上，学院完善了学业帮扶方案，指导帮助学生独立自主解决遇到的难题。开展学业辅导是保障人才培养质量的有效途径。[①] 此外，学院将持续建立健全学业辅导机制，开展多种形式的学业帮扶活动，比如：班内同学结成帮扶小组、录制“学霸”系列视频等，大力促进学习困难学生与其他学生的沟通交流，帮助其找到适合自己的学习方法、方式，从而提升自身独立解决问题的能力。

学院应制定完备的就业帮扶方案，大力推进针对生活困难学生的就业指导工作，通过多种就业帮扶形式，如团体辅导、一对一职业咨询、简历完善修改以及相关讲座培训等，提升学生的自信心和就业竞争力。此外，要为生活困难的学生提供更多的勤工俭学岗位，给予相关工作或实践机会。[②] 同时，加强对于学生爱党爱国教育的引导，积极鼓励学生到祖国最需要的地方建功立业，实现理想。[③]

## 四、结语

综上，高校针对家庭经济困难学生的资助工作不仅应给予学生经济上的扶持，更要全方位了解学生的在校情况和真实需求，多维度、全方位开展相关帮扶工作。中国

① 苏栋．新形势下工科学生学业辅导工作的思考与实践：以北京科技大学计算机与通信工程学院为例［J］．科教导刊（中旬刊），2018（35）：174–175，192

② 李陆嫔．高校家庭经济困难学生的就业帮扶需求与应对：以上海海洋大学为例［J］．创新创业理论研究与实践，2018，1（18）：116–117，120.

③ 艾华，孙茂，高笛，等．家庭经济困难学生帮扶需求的调查研究：以北京中医药大学为例［J］．中医药管理杂志，2019，27（24）：22–25.

传媒大学信息与通信工程学院将结合调研情况，力争通过一系列办法和举措，加强与学生的沟通交流，积极提升学生的综合素养，夯实资助育人成效，为学校和国家培养杰出人才打下坚实基础。

（郭永伦，中国传媒大学信息与通信工程学院专职辅导员）

# 人才培养模式创新

# 推进文化与科技的融合，把握好研发团队的建设

◎蒋玉暕　蒋　伟

**摘　要：** 推进文化科技融合，创新研发团队建设，培养文化科技高技术人才，服务国家文化科技发展战略，是中国传媒大学视听技术与智能控制系统文化和旅游部重点实验室的主要使命。在打造创新技术研发团队的过程中，应全面落实以国家战略需求为导向，坚守文化科技初心，勇担融合创新使命，坚持有组织、有计划地推进科研攻关，力争在文化科技细分领域实现高水平科技的自立自强，开拓创新，再展宏图！

**关键词：** 文化与科技；融合；研发团队；建设

党的二十大报告指出，加快建设社会主义文化强国、科技强国是全面建设社会主义现代化国家的题中应有之义，而文化和科技融合正是文化强国和科技自立自强两大战略的重要交汇领域。全面提升文化科技创新能力，对于转变文化发展方式，推动文化事业和文化产业健康发展，更好地满足人民精神文化生活需求，增强人民群众的获得感和幸福感，有着重要的支持引领作用。

新的发展格局为文化科技创新提供了广阔的空间和场景，在“发展积极健康的网络文化、推进媒体深度融合、加强国家重大文化设施和文化项目建设、传承弘扬中华优秀传统文化、实施文化数字化战略、创新推进国际传播”等重点领域，亟须通过基础理论和共性关键技术研究，为行业科技发展奠定理论、方法和技术基础；亟须以科学技术推动文化艺术的形式创新、内容创新、模式创新、呈现方式创新，提升文化艺术创作效率与艺术的表现力、感染力；亟须利用先进科技支撑中华优秀传统文化传承发展，开展文化遗产保护、文物活化利用技术与创造性转化技术研究，推动传统文化“活起来”；亟须通过文化公共服务内容和手段的科技创新，丰富服务供给，创新服务形式，提升文化和旅游公共服务效能；围绕实施文化产业数字化战略，亟须以科技创新提升文化生产和内容建设能力，提高文化产业数字化、网络化、智能化发展水平；亟须强化大数据技术在“互联网＋监管”中的应用，提高文化治理效能，推动实现文化治理体系和治理能力现代化；亟须以科技支撑对外文化交流方式和方法创新，提升

对外文化交流传播的效能和效果，向世界讲好中国故事，传播好中国声音。

构建与加强研发团队建设，是完善文化科技创新体系的基础要求之一，是文化科技创新载体的最基本的单元。

视听技术与智能控制技术文化和旅游部重点实验室、现代演艺技术北京市重点实验室是国家战略科技力量的组成部分，是由中国传媒大学信息与通信工程学院发起与精心培育起来的一支研发团队，团队主要成员来自中国传媒大学信息与通信工程学院。该团队在中国传媒大学高速腾飞和政治生态风清气正的大背景下，坚持聚焦文化科技领域，近几年取得了跨越式的发展。

该团队坚持以丰富与支撑文艺演出表现形式和手段为目的，以提升演出内容的艺术表现力、感染力、影响力和受众欣赏体验与消费传播为主旨，重点聚焦演艺灯光、演艺音响、演艺机械、演艺特效、演出协同与控制、观演环境控制以及演艺资源数字化、视听融合信息处理等领域的关键技术与系统装备，形成了独有的研究领域特色和优势，承接了多项国家重大科技任务，累计获得科研到账总经费超过5,000余万元，取得了一批高水平研究成果，研发了一批高新技术核心装备，引领了演艺视听技术的迭代发展，大幅提升了文艺演出服务业与演艺装备制造业的技术进步。团队的整体技术水平与研发创新能力，基本处于全国同行“领跑者”的地位。

该团队2003年组建、2014年获得北京市和文化部相关重点实验室的认定，经过二十年的建设与发展，形成了一些可借鉴、可参考的经验做法，大体上包括三大方面。

## 一、坚守重点实验室初心

心系“国家事”，肩扛“国家责”，始终牢记“国家队”“国家人”的职责使命，坚持研发团队的使命定位与目标愿景不动摇。

1. 只有“抱团作战”才能形成科技创新的合力。有了合力，才能“谋事”“干事”“干成事”。

2. 研发团队必须有明确的使命定位与目标愿景。“使命定位”决定了团队未来的“地位与高度”，“目标愿景”决定了“往什么方向走和走多远”。

3. 设定一个“跳一跳，够得着”的团队目标。必须有一个努力蹦、拼命跳、够得着的目标，这样的目标才是一个“好目标”或者是一个“合适的目标”。

4.“使命定位与目标愿景”是团队“抱团作战”成功的前提。这个前提是团队成员

“共同价值认同”与“共同事业追求”的基石，同时也是团队成员“优胜劣汰”与“吐故纳新”的基线。

## 二、坚守科研阵地

凝神聚力，坚持稳定的重点领域，在任务布局方面注重战略性、把握规律性、体现创新性、突出实践性，十几年如一日地聚焦与坚守重点实验室的重点领域与任务布局不动摇。

1. 重点领域。团队的研究领域是聚焦的，是“有限边界”的。“重点”意味着“有限范围”，而不是“大而全”。要有“经得住诱惑、耐得住寂寞”的坚强意志，要长期坚守“重点领域”。

2. 任务布局——研究领域范围内的子集。任务布局也可以理解为主要研究方向的设置。

3. 稳定。“稳定”意味着不会轻易变化。稳定的重点领域与任务布局必须以“团队目标愿景”为基础。

4. 坚持产出与核心指标不动摇。核心指标包括：到账科研经费、国家级重点科研项目、省部级科研项目、“三高”学术论文、申请或授权发明专利、登记软件著作权、政策咨询建议专题报告、科技成果转化等。

5. 系统研判团队在“人无我有、人有我优、人优我特”三个维度上的态势。没有比较，就没有差距。只有比较，才能挖掘出团队发展的增长点。

6. 打造“文化与科技融合”学术交流阵地。建好团队的“学术交流朋友圈”，并尽量争取当好“群主”。

## 三、坚持有组织的科研

统筹创新人才高地，强化团队的特色和优势，提升团队的整体竞争力。

1. 注重人才质量提升与队伍结构优化，以更加积极开放的姿态广泛吸纳优秀青年人才，制订并实施一系列的青年骨干成长计划。

2. 为年轻教师的“快速成长”提供机遇和路径。积极申报与承担国家重大科技任务，助推团队的年轻教师自我加压与主动加压。

3. 强化团队的特色和优势。汇聚校内校外、重点实验室内外、团队内外的优质创新资源，努力保持团队特色与优势的稳定与发扬光大。

4. 着眼于提升“七大能力”。始终保持清醒的头脑，针对团队发展中可能存在的“观念钝化”“知识老化”“能力弱化”的现象，长期坚持提升“七大能力”：学习研究能力、创新思维能力、科学决策能力、沟通协调能力、团结协作能力、工作实践能力和攻坚克难能力。

我们坚信，我们中传人、我们中传信通人、我们中传信通团队，一定会对接服务于国家战略需求，顶天立地干实事、出成效，在相关文化科技细分领域，实现高水平科技的自立自强，开拓创新，再展宏图！

（蒋玉暕，博士，教授，中国传媒大学信息与通信工程学院演艺工程技术系主任；
蒋伟，博士，教授，中国传媒大学视听技术与智能控制系统文化和旅游部重点实验室主任）

# 新时代高校科研育人举措探索

◎殷复莲　武岳巍

**摘　要：**高校科研育人既是新时代实施科教兴国战略的需要，也是履行立德树人根本任务的迫切需求。习近平总书记在党的二十大报告中强调，必须坚持科技是第一生产力、人才是第一资源、创新是第一动力，深入实施科教兴国战略、人才强国战略、创新驱动发展战略，开辟发展新领域新赛道，不断塑造发展新动能新优势。新时代的青年大学生是国家创新型人才的后备力量，高校科研育人如何落实，激发学生的科研兴趣、为师生创造科研条件以及培育科研创新素养这三点举措是至关重要的。本文首先对科研育人的内涵、特征及价值进行了阐述，然后从创新型人才培养所需的科研兴趣、条件及创新素养三个角度出发，探索新时代高校科研育人举措。

**关键词：**科研育人；科研兴趣；科研条件；科研创新素养

## 一、科研育人的内涵、特征及价值

2015 年 1 月，中共中央办公厅、国务院办公厅联合印发的《关于进一步加强和改进新形势下高校宣传思想工作的意见》指出要“立足学生全面发展，努力构建全员全过程全方位育人格局，形成教书育人、实践育人、科研育人、管理育人、服务育人长效机制，增强学生社会责任感、创新精神和实践能力，全面落实立德树人根本任务，努力办好人民满意的教育模式”①，正式提出了科研育人的概念和要求。作为课程育人、科研育人、实践育人等十大育人体系的重要环节，深入剖析科研育人的内涵、科研育人的特征以及科研育人的价值是新时代高校改进和创新科研育人举措的前提条件。

① 中共中央办公厅、国务院办公厅印发《关于进一步加强和改进新形势下高校宣传思想工作的意见》[ EB/OL ] .（2015-01-19）[ 2023-08-30 ] . https://www.gov.cn/xinwen/2015-01/19/content_2806397.htm.

### （一）科研育人的内涵

“科研育人”通常被定义为一种通过科学研究活动的形式实现育人功能的教育方式。通俗来讲，科研育人指的是高校教师依托科研成果或科研活动等载体，通过科研熏陶和科研训练等环节，激发学生浓厚的科研兴趣，传授学生基本的科研方法，培养学生应有的科研能力，在激发和拓展学生的科研知识、提升学生科研水平的同时，提高学生的思想政治素质和道德品质，从而培养学生至诚报国的理想追求、敢为人先的科学精神、开拓创新的进取意识和严谨求实的科研作风，努力使学生成为高素质的创新型人才和堪当民族复兴大任的时代新人。①

近年来，随着国家对高校科研育人、创新型人才培养的重视，越来越多的学者对科研育人的内涵进行了详细的自我阐释。刘在洲认为，科研育人指的是将科学研究过程与思想政治教育二者结合，在提高思想道德素质的同时，提高科研水平和科研能力。②魏善刚等人指出，进入新时代，高校科研育人被赋予了新的内涵，主要表现为：将立德树人视为根本目标，将科研活动作为主要载体，将机制建设作为制度保障，将言传身教作为重要方式。③谭诗民则认为，科研育人主要是指学校和教师在科学研究活动中培养教育对象的科研能力，塑造其科研精神，提升其科研品德及其他政治、思想、文化和心理素质等方面能力的综合性教育过程，是一种有针对性地将教育对象培养为新时代社会发展所需要的高素质创新型人才的系统性教育实践活动。④可见，科研育人是一项全面性、集体性的活动，其不仅仅需要从教师层面做出努力，学校乃至学生个人层面都需要为此创造育人环境、加强创新意识。

### （二）科研育人的特征

将科学研究与人才培养紧密结合是高校科研区别于科研院所的主要特征之一，具体表现在其同时具备学术研究与科研育人的两种属性。⑤人才培养是高校科研育人的关键，其不仅体现在对学生科研能力的培养，更体现在对学生自身素养的培养。周光礼等人认为，高等教育是在深厚学识的基础上建立的，大学的本质在于鼓励学生进行

---

① 杨兆强，翟家慧．高校科研育人的内涵、特征及价值［J］．中国农业教育，2021，22（3）：67–73.
② 刘在洲．高校科研育人的内涵、特征与实践方略［J］．思想理论教育，2021（3）：106–111.
③ 魏善刚，郭安宁，吴双．新时代高校科研育人的内涵、问题与路径［J］．鞍山师范学院学报，2022，24（5）：99–103.
④ 谭诗民．美国大学科研育人模式及其启示［J］．安康学院学报，2023，35（2）：27–31.
⑤ 顾明远．大学文化的本质是求真育人［J］．教育研究，2010（1）：56–58.

自由的探究和创造，同时大学教育的主要目标是培养学生追求真理的态度和推崇科学的精神。[①]李小平等人从科研育人之于学生的影响角度出发，认为大学科研具有人性的整体性、探索的超越性、活动的体验性三大特征，并指出在科研育人活动中，大学生应以整体性促进人性完善，以超越性促进个性解放，以体验性促进素养提升。[②]杨兆强等人从科研育人之于教师和学生的双重影响的角度出发，认为科研育人区别于十大育人体系中的其他育人方式，其具有实践性鲜明、主体性突出的特征，且具有深入探索以及潜在引导的特征，同时也指出科研育人这一活动的实施对师生起到双重影响作用，可促进师生科研创新成果的产出，进一步可推进学校形成优良科研创新学风，增强学校在各大高校间的核心竞争力。[③]

在新时代创新型人才培养的征程中，高校科研育人应做到全面兼顾学校、教师、学生全方位的综合发展，努力打造具有“一体化”“过程化”“个性化”特征的科研育人模式，即落实学校体制机制的一体化、推进教师科研指导的过程化、促进学生科研探索的个性化。

### （三）科研育人的价值

新时代高校科研育人，无论是在国家、社会、高校还是学生个人层面，均具有丰富的价值内涵。唐青等人从高校科研育人是新时代我国建设科技强国的必然要求、价值传递的适切方式、以塑造品德完善个性体验实现价值超越这三个角度探讨了科研育人的价值意蕴。[④]刘在洲等人从培养学生正确的科研价值观角度出发，指出科研育人旨在引领学生树立科学报国、为民服务的理想信念，激发学生追求勇攀高峰、舍我其谁的创新精神以及勉励学生淡泊名利、甘于奉献的高尚情操；从培养学生坚韧的科研精神角度出发，指出科研育人旨在鞭策学生发扬勤奋刻苦、潜心钻研的拼搏精神，督促学生磨炼不怕失败、愈挫愈勇的坚强意志，引导学生传承集智攻关、团结协作的协同精神，指引学生敢于深入学科前沿、敢于创新突破科研瓶颈；最后从培养学生良好的科研品德角度出发，指出科研育人需启迪学生增强敢于怀疑、善于批判的问题意识，教育学生坚守求善求美、有律有度的科技伦理，指导学生掌握辩证唯物主义的世界观

① 周光礼，马海泉 . 科教融合：高等教育理念的变革与创新［J］. 中国高教研究，2012（8）：15-23.
② 李小平，刘在洲 . 大学科研的本质特征及其育人意蕴［J］. 高等教育研究，2019，40（5）：70-75.
③ 杨兆强，翟家慧 . 高校科研育人的内涵、特征及价值［J］. 中国农业教育，2021，22（3）：67-73.
④ 唐青，李佑新 . 高校科研育人的价值机理与完善路径［J］. 大学教育科学，2022（4）：85-92，127.

和方法观。[①] 杨兆强等人分别从个人层面、学校层面、社会层面和国家层面等多个维度对科研育人的价值追求进行了阐释：首先从个人层面，旨在促进学生优良品质的形成和人性的完善；其次从学校层面，旨在促进学校优良学风的形成和竞争力的提升；再次从社会层面，旨在推动社会进步，培养更多高素质创新型人才；最后从国家层面，旨在实现国家科技创新的发展，建设科技强国。[②]

高校科研育人是新时代坚定实施科教兴国战略的需要，也是履行立德树人这一教育根本任务的迫切要求，对于提升国家科技创新能力、促进社会发展进步、增强学校的科研竞争力以及培养学生的综合素质，均具有十分重要的现实意义。

## 二、高校科研育人举措探索与分析

在高校本科教学中，浓厚的科研氛围和强烈的好奇心会驱动学生对未知领域和理论知识的探索与发现。积极的科研兴趣作为引导学生开展科研活动、进行科研创新、解决科研问题的强有力的内部驱动力，为学生打开了迈向科研的第一扇大门。良好的科研条件作为师生高效开展教学科研合作、互动交流的外部驱动力，是科研育人应必备的环境保障。只有在内部驱动力和外部驱动力的共同作用下，高校科研育人才会形成长期有效的、良好的上升发展趋势，为国家和社会培养出更多优秀的创新型人才。

### （一）激发学生的科研兴趣

兴趣是创新的前提、思维的动力，高校科研育人应着力激发和提高学生开展科研活动的兴趣。杜函芮构建了高校科研育人网络体系模型，该体系以学生为中心，将学生从兴趣激发、主体性增强再到自信建立的全过程视作“一体”，将高校科研育人资源网络和师生互动关系视作“两翼”，并分析了这“一体两翼”之间的互动，探究高校科研育人网络的具体运转机制。[③] 可见，激发学生的科研兴趣是高校科研育人举措中十分关键的部分，没有了兴趣这“一体”，“两翼”也就没有了可施展的对象。王鸿蕴等人指出，学生在本科学习阶段的成长主要依托于培养方案的设计，然而，目前的培养方案中，对学生参与科学研究性学习、参与教师科研项目还少有明确的要求，难

① 刘在洲，谭梦媛，曾中良．试论大学科研育人的价值追求［J］．学校党建与思想教育，2020，630（15）：76-80.

② 杨兆强，翟家慧．高校科研育人的内涵、特征及价值［J］．中国农业教育，2021，22（3）：67-73.

③ 杜函芮．以学生为中心构建高校科研育人网络的研究［J］．高教探索，2022，230（6）：34-39.

以激发学生参与科学研究活动的兴趣和积极性。[①] 在本科学习阶段，多数学生更多将重心放在提高学习绩点，参加学生会、团委以及志愿活动、社团活动等，以提高自己的综合测评成绩，为评奖评优、保研升学做充分的准备，而忽视了科研创新对于提升自身综合素质的重要作用。

围绕激发学生的科研兴趣，高校可以考虑采取如下相关举措:（1）开设学术型新生研讨课。教师和学生在研讨课上可以就双方感兴趣的科研领域（比如人工智能、虚拟现实、智能视音频处理等）进行交流互动，同时也可以辅之科研环境基础设施的体验，为学生与科研的初次碰撞、学生科研兴趣的激发创造有利环境。（2）开展学科前沿专题讲座。学科前沿专题讲座是启发学生深化思考、拓宽思路、不断创新的有效途径，学生在讲座中可以开阔知识视野，激发科研兴趣。（3）健全科研评价奖励办法。将科研能力评价纳入学生评奖评优、综测加分、免修学分、保研、推荐入党等学生综合发展的各个方面，以激励学生积极、主动参与科研活动，进行科研创新并发表科研成果。

以中国传媒大学信息与通信工程学院为例，为激发广大学生参与科研的兴趣，近年来学院采取了以下新举措:（1）举办科研经验分享会。面向新生，邀请各专业在学习与科研生活上具有一定成果的师哥师姐与学生面对面交流，分享科研经验和学习心得，使新生对学术科研、竞赛的重要性有初步的认识和感知，激发科研的兴趣。（2）健全综合测评实施办法。本科生德智体综合测评结果，将作为学生参评各类奖助学金、评优、推荐保研的重要依据。在基础的德育测评、智育测评、体育测评的基础上，学院增设了实践与创新能力测评模块，重点关注学生在学术、竞赛方面的科研成果。其中，学术成果加分包括出版学术著作、在期刊或会议论坛上发表学术论文、参与理工科领域科研及科技发明项目、参与大学生创新创业训练计划项目等；学科竞赛加分则按照学科竞赛主办单位级别如国家级政府奖、国家级一般奖、国内省级（北京市）单位主办竞赛、本学校（包括学院）主办竞赛、国际学科竞赛等，同时按照学生的获奖名次，分等级设置具体的加分细则。

### （二）为师生创造科研条件

为师生创造良好科研条件的关键在于创新环境。科研工作者的求知欲是进行学术创新的内生动力，而科研环境氛围是外部动力，可见，在科研工作中，无论是自律还是他律，都是重要的保障机制。在科研条件下，科研实验室建设是高等教育得以稳定

① 王鸿蕴，戴国琳，马爽．“双一流”高校教学科研协同育人模式研究［J］．卫生职业教育，2023，41（11）：1–4.

持续发展的重要内容，高校必须做好科研实验室管理工作，将培养优秀科研人才作为重要改革方向。[①]显然，在一个良好的科研实验工作环境中，学生往往更能集中注意力，加强自控力。中国科学院院士程耿东认为，创新的前提是人的个性能够得到最充分的表达，同时创新是随机的、偶然性的活动，不是事先规划的，因此，一个适合创新的科研环境对提升学生的科研创新能力是十分重要的。[②]崔洁等人指出，浓厚的科研氛围是提高学生科研兴趣以及科研参与度的重要条件之一，是科研向纵深发展的重要条件。[③]科研条件可以为学生提供参与科研团队的机会，浓厚的团队学习氛围更有助于学生创新点、创新思路的不断涌出。在本科学习阶段，学生参与科研项目多是在本科专业培养课程学余时间，选择在图书馆或是宿舍进行科研探索，完成科研项目和课题任务。多数高校并没有意识到这一问题，并没有为学生提供良好的科研环境及完备的科研设施，使得其主观能动性不足。

围绕为师生创造科研条件，高校可以考虑采取如下相关举措：（1）出台创新创业激励政策。创建科研创新赛事专用宣传平台，如学校官网、微信公众号等，及时为学生提供国际顶级赛事、国家级赛事、省级赛事以及校级赛事的相关信息及报名方式。（2）建立有效的师生一体化的科研项目管理和评价机制。健全科研项目的申请、审批和执行流程，提高科研经费的使用效率和报销透明度，并建立科研成果评价的多元化机制，注重对创新性和实用性的评估，鼓励高水平科研成果的产出。（3）建设各类各级科研重点实验室，为师生团队提供特定的科研办公场所，保证团队成员之间交流协作的及时性和有效性。（4）提供完备充足的科研设施。根据不同项目的进展需求，为师生配备先进的实验设备、科研仪器以及相关软硬件设施，提供充足的实验材料和资源，并为其正常运转和维护提供保障，确保科研工作的顺利进行。

以中国传媒大学信息与通信工程学院为例，为创造完备有利的师生科研条件，近年来学院采取了以下各类新举措：（1）完善科研竞赛宣传平台。开设“中传信通”微信公众号，设立“科研竞赛”专用板块，及时向学生推送各类赛事通知。同时设立“信通风向标”板块，定期向学生推送各学年优秀师哥师姐们的学习、科研、竞赛经验以及各类参与渠道，如国奖优秀学生专访、保研优秀学生专访、学霸宿舍特辑等。（2）中国传媒大学图书馆依据对学生日常在馆行为分析，打造了多种功能的特色主题

① 张晶晶．人才培养理念下的科研实验室管理刍探［J］．成才之路，2020，653（25）：51-52.

② 沈黎明．程耿东：科研结硕果　育人木成林［J］．中国人才，2020（6）：38-39.

③ 崔洁，胡燕，罗如珍．护理学专业本科生科研能力培养策略及实施成效［J］．中华护理教育，2021，18（12）：1114-1117.

空间，如研讨间、静音舱、视听间以及会议室等。其中，研讨间为学生提供进行学术研究、探讨的专用空间。据统计，2022 年度校图书馆研讨间学生预约使用次数多达上万次。（3）建设“国重大楼”实验室，为师生科研团队进行科研创新、学术交流提供了空间和设施。

## （三）培育科研创新素养

创新素养主要包含对学生的创新意识、创新思维、创新方法和创新能力的综合培育。“‘做中学’的体验性是高校科研育人的一个最突出的特点，其可贵与独特之处在于，大学生是通过自身的科研行动、创新经历和全身心创造性来感受，同时获得全面的创新素养以及良好的人性品质。”① 付茂如等人指出，高校科研创新创业项目的建立，就是为培养学生的创新创业素养而服务的。② 刘建等人指出，应增强学生在科研过程中发现问题和解决问题的能力，不断提高学生的科研学习和动手能力、创新意识、创新思维以及创新能力等综合素养。③ 方璇等人指出，大学职能中，科研育人的实际导向是培育思想坚定、勇于创新、一丝不苟的思维观念和乐于奉献的人生态度，根植在学生培养的全过程，潜移默化地引导学生树立严谨求学、刻苦钻研的科研意识，培养并提高学生的学术道德和科学精神。④

围绕培育科研创新素养，高校可以考虑采取如下相关举措：（1）打造本科科研核心课程。突破传统科研育人在“第二课堂”开展科研训练的模式，以高水平科研团队为主体，将高水平科研项目打造为本科核心课程，落实到本科培养方案中，并创新构建逐级挑战的项目式教学模式，形成高水平“科研育人”成体系落地“第一课堂”的新模式和新机制。⑤（2）定期开展团队学术组会。教师每周组织学生汇报个人科研课题的最新进展，共同探讨科研问题，不断激发学生的创新灵感，提高创新思维，探索创新方法，提升创新能力。（3）加强国际科研合作与交流。积极开展国际科研合作项目，鼓励师生参加高水平学术会议，不断引进国外先进的科研理念、技术和资源，拓

① 李小平，刘在洲 . 大学科研的本质特征及其育人意蕴［J］. 高等教育研究，2019，40（5）：70–75.

② 付茂如，张平松，郭立全，等 . 工科专业人才培养中科研育人方法思考与实践［J］. 大学教育，2021（6）：180–182.

③ 刘建，秦源，陈冬梅，等 . 科研育人视角下大学生创新型人才培养现实困境与实施路径［J］. 未来与发展，2022，46（6）：86–91.

④ 方璇，吴晓璇 . 大学科研育人现实困境及对策分析［C］// 中国陶行知研究会 . 2023 年第二届生活教育学术论坛论文集，2023：77–79.

⑤ 黄廷祝，黄艳，杨建宇 .“科研育人”新工程教育：认识、思考与实践［J］. 中国大学教学，2021（7）：33–39.

宽师生的科研创新意识和创新思维。

以中国传媒大学信息与通信工程学院为例，为培育学生的科研创新素养，近年来学院采取了以下各类新举措：（1）设立创新人才菁英班。2019 年学院第一届“菁英班”从 2018 级本科生中选拔出 30 位品学兼优的学生，向学生介绍“菁英班”导师项目情况，为每名学生配备研究生导师进行指导，学生与导师进行双向选择，开展前沿知识讲座、软件工具培训，全程由导师指导进行科研训练、开展课题及科研项目。截至 2022 年 10 月，“菁英班”已连续招生三届，累计有 131 位本科生入选。以 2019 级“菁英班”学生为例，在为期两年的培养中，学生取得了优异的成绩和丰硕的成果，共发表高水平学术论文 25 篇，参加各类学科竞赛获奖 97 人，参与大学生创新创业项目 32 人次。此外，该班的 40 名学生共保研 35 人，分别被保研至清华大学、北京邮电大学、北京航空航天大学以及中国传媒大学等多所国内知名高校，为新时代学校培养创新型人才开拓了新的途径。（2）开展国际学术交流项目。学校在 2022 年暑期选派学生参加与英国帝国理工学院、美国圣母大学以及美国加州大学圣芭芭拉分校等机构合作举办的线上课程的交流学习；2022 年秋季学期，学校选派学生参加与美国加州大学欧文分校、中教国际教育交流中心等机构合作举办的学术交流及研究项目，学生可从多门优势学科中选择专业课程，采取课堂与科研实践相结合、课堂交流、分组讨论等多种授课形式。

## 三、结论

在新时代科研创新的征程上，高校科研育人肩负着为国家和社会培养复合型、创新型人才的重任，做实“三全育人”规划，坚持以科研育人为导向，在潜移默化的科研创新指引中，激发学生参与科研的兴趣以及进行科研的潜能，为师生提供良好的科研条件，综合培育和提升学生的科研创新素养，是新时代社会主义建设事业对高等教育的根本要求，是深入实施科教兴国战略、人才强国战略、创新驱动发展战略的迫切需要，也是建设教育强国、科技强国、人才强国的必经之路。

**参考文献：**

[1] 中共中央办公厅、国务院办公厅印发《关于进一步加强和改进新形势下高校宣传思想工作的意见》[EB/OL].（2015-01-19）[2023-08-30]. https://www.gov.cn/xinwen/2015-01/19/content_2806397.

htm.

[2] 杨兆强，翟家慧 . 高校科研育人的内涵、特征及价值 [J]. 中国农业教育，2021，22（3）：67-73.

[3] 刘在洲 . 高校科研育人的内涵、特征与实践方略 [J]. 思想理论教育，2021（3）：106-111.

[4] 魏善刚，郭安宁，吴双 . 新时代高校科研育人的内涵、问题与路径 [J]. 鞍山师范学院学报，2022，24（5）：99-103.

[5] 谭诗民 . 美国大学科研育人模式及其启示 [J]. 安康学院学报，2023，35（2）：27-31.

[6] 顾明远 . 大学文化的本质是求真育人 [J]. 教育研究，2010（1）：56-58.

[7] 周光礼，马海泉 . 科教融合：高等教育理念的变革与创新 [J]. 中国高教研究，2012（8）：15-23.

[8] 李小平，刘在洲 . 大学科研的本质特征及其育人意蕴 [J]. 高等教育研究，2019，40（5）：70-75.

[9] 唐青，李佑新 . 高校科研育人的价值机理与完善路径 [J]. 大学教育科学，2022（4）：85-92，127.

[10] 刘在洲，谭梦媛，曾中良 . 试论大学科研育人的价值追求 [J]. 学校党建与思想教育，2020，630（15）：76-80.

[11] 杜函芮 . 以学生为中心构建高校科研育人网络的研究 [J]. 高教探索，2022，230（6）：34-39.

[12] 王鸿蕴，戴国琳，马爽 ."双一流"高校教学科研协同育人模式研究 [J]. 卫生职业教育，2023，41（11）：1-4.

[13] 张晶晶 . 人才培养理念下的科研实验室管理刍探 [J]. 成才之路，2020，653（25）：51-52.

[14] 沈黎明 . 程耿东：科研结硕果　育人木成林 [J]. 中国人才，2020（6）：38-39.

[15] 崔洁，胡燕，罗如珍 . 护理学专业本科生科研能力培养策略及实施成效 [J]. 中华护理教育，2021，18（12）：1114-1117.

[16] 付茂如，张平松，郭立全，等 . 工科专业人才培养中科研育人方法思考与实践 [J]. 大学教育，2021（6）：180-182.

[17] 刘建，秦源，陈冬梅，等 . 科研育人视角下大学生创新型人才培养现实困境与实施路径 [J]. 未来与发展，2022，46（6）：86-91.

[18] 方璇，吴晓璇 . 大学科研育人现实困境及对策分析 [C] // 中国陶行知研究会 . 2023 年第二届生活教育学术论坛论文集，2023：77-79.

[19] 黄廷祝，黄艳，杨建宇 ."科研育人"新工程教育：认识、思考与实践 [J]. 中国大学教学，2021（7）：33-39.

（殷复莲，博士，教授，中国传媒大学科学研究处副处长；
武岳巍，博士，中国传媒大学信息与通信工程学院讲师）

# 教育强国建设中的数字媒体技术专业人才培养思路

◎杨 成

**摘 要：**教育、科技、人才的统筹部署是二十大报告中的重要内容，教育强国建设是全面建成社会主义现代化强国的战略先导。本文从数字媒体技术专业人才培养角度探索落实教育强国精神要求，分析新时代数字媒体技术专业所面临的机遇与挑战，梳理全面提高数字媒体技术专业人才质量的具体思路，提出加强师生支部建设、发挥师生支部的模范带头作用，展现了党建与专业建设发展的深度融合。

**关键词：**教育强国；数字媒体技术；人才培养；专业建设

## 一、引言

中国共产党第二十次全国代表大会于2022年10月16日上午开幕，习近平总书记代表第十九届中央委员会向大会作报告，报告中强调“实施科教兴国战略，强化现代化建设人才支撑”。2023年，习近平总书记在中共中央政治局第五次集体学习时强调加快建设教育强国，为中华民族伟大复兴提供有力支撑。习近平新时代中国特色社会主义思想的世界观和方法论，是对马克思主义世界观和方法论的最新发展，是指导新时代中国特色社会主义伟大实践的行动指南，是我们改造主观世界和客观世界的强大思想武器。① 因此，我们需要紧紧追随数字媒体技术领域的人才需求与发展趋势，认真审视科研创新、人才培养、社会服务实践是否符合总体思路要求，是否具有前瞻性、全局性、整体性，统筹规划、协调实施，探索符合客观发展规律的具体方法，并在实践中加以检验。

高校人才培养是弘扬和发展中华优秀文化的重要组成部分，也是构建物质文明和精神文明相协调的现代化的重要一环，需要在教学、科研、人文艺术素养熏陶等实践

① 田永静．从思想上正本清源、固本培元［EB/OL］．（2023-04-19）［2023-08-30］.http://cpc.people.com.cn/big5/n1/2023/0419/c451232-32667781.html.

中多方面培养学生的勤劳勇敢、踏实勤奋、明辨是非、关爱包容等品质，实现立德树人的根本任务。

未来五年作为实现第二个百年目标的开局关键时期，我们更需要以前瞻、全局、整体的眼光，结合学校和学院的学科发展优势，对数字媒体技术专业领域的人才培养、科学研究、社会服务进行规划设计，重点在于以国家全面建设社会主义现代化强国的目标和实际需求为抓手，把握符合专业特点的关键问题，探索深度融合的具体实现路径。同时我们也要充分认识到，建设发展之路不会一帆风顺，我们要不断增强志气、骨气、底气，迎难而上，奋勇拼搏，为党育人、为国育才，培养优秀的社会主义建设者与接班人。

## 二、新时代数字媒体技术专业面临的机遇与挑战

2022 年，工业和信息化部、教育部、文化和旅游部、国家广播电视总局、国家体育总局联合印发了《虚拟现实与行业应用融合发展行动计划（2022—2026 年）》，中国电子信息产业发展研究院发布了《2022 中国数字经济发展研究报告》，在这两份文件中，对自主权与技术攻关、网络与数据安全等进行了强调，并提出深化“互联网 +”、“虚拟现实 +”、优化产业链与加速应用落地、建设基础设施与服务平台等内容。在这样的时代背景下，数字媒体技术专业既面临着重大机遇，也迎来了极大的挑战。如何准确、深入地剖析在智能、沉浸、安全高质量发展方面需要解决的关键技术瓶颈，聚焦影响和提升生产服务质量的技术问题和系统性问题，开展科研攻关和人才培养，并努力解决理论研究成果与业务应用实践之间的割裂问题，在“推动经济实现质的有效提升和量的合理增长”方面提供创新解决方案，是新时代数字媒体技术专业所面临的挑战。

## 三、为党育人、为国育才，全面提高数字媒体技术专业人才质量

党的二十大重申“实施科教兴国战略”，强调教育优先发展、科技自立自强、人才引领驱动。习近平总书记在关于“加快建设教育强国”的重要论述中，更加强调教育兴则国家兴，教育强则国家强，强调为党育人、为国育才，强调教育科技人才的统

筹推进，形成推动高质量发展的倍增效应。数字媒体技术专业围绕教育强国建设，为党育人、为国育才，全面提高数字媒体技术专业人才质量。

第一，在数字媒体技术专业建设和人才培养中，必须强调以思政教育为引领，实现德智体美劳全面发展。要明确“坚持为党育人、为国育才，全面提高人才自主培养质量”。在高质量发展和全面建设中国特色社会主义的前提下，深入探讨思政教育的形式和内容，培养学生树立正确的人生观、价值观、世界观。同时，应加强对学生的荣誉感和使命感教育，培养学生的进取心和发现问题、解决问题的能力，实现立德树人的根本任务。

第二，“数字媒体技术专业培养方案”的制定应面向未来的发展，培养社会主义建设事业的接班人和生力军。这个未来至少是学生毕业后 5 年，从如今 2022 版“数字媒体技术专业培养方案”开始实施，学生 2026 年毕业直至 2031 年，正逢实现“高水平科技自立自强，进入创新型国家前列”、建成科技强国的总体目标的重要阶段，这批学生将成为实现这一目标的骨干力量。

第三，占领科技制高点。一方面，对当前的科研攻关有更明确的高要求和前沿目标；另一方面，人才培养的定位目标也应与科研创新攻关相匹配。对于已经设立的沉浸、智能、安全的定位，以及沉浸媒体、智能媒体的专业跨选模块，数字媒体技术专业建设，一是要有更加明晰的体现，二是要充分结合科技创新与科研攻关的需要，明确落实二十大在教育、科技、人才三大战略上的统筹部署。

第四，数字媒体技术专业在聚焦国家需求、应用导向的前提下，对影响个人、专业、团队发展的关键瓶颈攻关，解决短板劣势，面向智能媒体生产、沉浸媒体交互的系统工程开展整体性创新，并抓住前沿技术不断迭代创新，保持和扩大优势。

第五，应把科技发展史作为数字媒体技术专业本科生的必修课或课外必读书目，鼓励学生结合自身学习、科研实践，充分理解科学研究范式和系统工程的实际价值，促进学生对学科知识的融会贯通以及对其他科目的系统性学习。

第六，数字媒体技术专业的人才培养和科技创新不是一蹴而就的事情，从培养方案设计到每位师生的辛勤工作学习，都要脚踏实地、真心付出，要自力更生、艰苦奋斗，同时要保持与外界的交流，增强对知识的认知理解、对创新的驱动以及对需求的更好把握，并时刻注意消化吸收再创新。

## 四、加强支部引领与文化建设，提升党建融合业务的水平

在学院党委的领导下，数字媒体技术专业师生支部成为专业建设和人才培养的战斗堡垒，支部书记“双带头”，支部党员投入教育教学一线，学生优秀党员成为积极进取的榜样。

在支部建设上，系 / 支部教师主动参与到系建设的各个环节中，建设成果被最大限度地回馈给积极参与的教师，调动了全体教师的积极性；学院组织了师生支部交流共建活动，凝聚师生同心，增进师生交流，在学习、科研、素养等方面互相取长补短，取得了良好的效果。

师生支部作为基层党组织，其建设是增强党组织政治功能和组织功能的重要组成部分。“双带头”是对党支部书记的要求，支部委员需要德才兼备，要“平常时候看得出来、关键时刻站得出来、危难关头豁得出来”。支部委员要带头发挥先锋模范作用，在党建项目开展、专业建设发展、师生联络互动、身心健康调适等方面做好表率、做好组织、做好服务，把师生支部建设成为有效实现党的领导的坚强战斗堡垒。

每位党员师生也一定要清楚学习、工作的初心使命是什么，并用“习近平新时代中国特色社会主义思想”来武装自己，树立正确的人生观、价值观、世界观。党的宗旨是全心全意为人民服务，需要牢记，这也是每位教师、每位大学生在学习、实践中考虑问题、解决问题的根本出发点和衡量优秀师生的重要标准。

## 五、结论

“团结就是力量，团结才能胜利。”对于数字媒体技术专业学生来说，就是要凝聚在数字媒体技术专业建设和人才培养定位下，通过支部、班委、班主任、专题师生交流会等各种渠道方式与专业教师建立联系，形成针对性指导，增强自主学习能力和效果，并用好 *Geek* 系刊作为专业文化宣传和凝聚师生力量的阵地。

学生们将成为社会主义事业的建设者，国家的未来在于青年，“广大青年要坚定不移听党话、跟党走，怀抱梦想又脚踏实地，敢想敢为又善作善成，立志做有理想、敢担当、能吃苦、肯奋斗的新时代好青年，让青春在全面建设社会主义现代化国家的火

热实践中绽放绚丽之花”，这是习近平总书记在党的二十大报告中对广大青年的寄语，也是新时代数字媒体技术专业人才的培养目标。

**参考文献：**

［1］习近平：高举中国特色社会主义伟大旗帜 为全面建设社会主义现代化国家而团结奋斗——在中国共产党第二十次全国代表大会上的报告［R/OL］.（2022-10-25）［2023-08-30］.https://www.gov.cn/xinwen/2022-10/25/content_5721685.htm.

［2］习近平主持中央政治局第五次集体学习并发表重要讲话［EB/OL］.（2023-05-29）［2023-08-30］.https://www.gov.cn/govweb/yaowen/liebiao/202305/content_6883632.htm.

［3］工业和信息化部 教育部 文化和旅游部 国家广播电视总局 国家体育总局关于印发《虚拟现实与行业应用融合发展行动计划（2022—2026年）（工信部联电子〔2022〕148号）》的通知［EB/OL］.（2022-11-01）［2023-08-30］. https://www.miit.gov.cn/jgsj/dzs/wjfb/art/2022/art_3ebd54d32dd04668abe4066182578032.html.

［4］中国电子信息产业发展研究院.2022中国数字经济发展研究报告［R/OL］.（2022-11-17）［2023-08-30］.http://www.cac.gov.cn/rootimages/uploadimg/1686402331296991/1686402331296991.pdf?eqid=c21233820013a68600000000364842735.

（杨成，博士，教授，中国传媒大学信息与通信工程学院数字媒体技术系主任）

# 新工科背景下人工智能专业复合型人才培养模式研究

◎吴晓雨

**摘　要：**人工智能作为国家战略性新兴产业，专业人才需求比较大。新工科背景下，高校人工智能专业人才培养面临着科教融合和产教协同发展的挑战。笔者结合自身实践，从科学思维培养、科研育人和科学伦理教育等方面，提出了人工智能专业复合型人才培养模式创新路径，以满足新工科卓越工程人才的培养需求。

**关键词：**新工科；人工智能专业；人才培养模式

2017年7月国务院印发了《新一代人工智能发展规划》的通知[①]，提出“构建一个体系、把握双重属性、坚持三位一体、强化四大支撑”的人工智能发展布局，完善人工智能领域学科发展，设立人工智能专业，形成“人工智能 +X”复合专业培养新模式。为落实该发展规划，教育部于 2018 年 3 月印发了《高等学校人工智能创新行动计划》[②]，进一步强调：推进“新工科”建设，完善人工智能领域人才培养体系，加快实施“卓越工程师教育培养计划”（2.0 版），推进一流专业、一流本科、一流人才建设，探索“人工智能 +X”的人才培养模式。

## 一、新工科背景下人工智能专业人才培养面临的挑战与机遇

面向国家重大战略需求，中国传媒大学信息与通信工程学院于 2020 年开设了人工智能专业，围绕人工智能技术属性和社会属性高度融合的特征，聚焦“AI+ 传媒”和

① 国务院 . 国务院关于印发新一代人工智能发展规划的通知《新一代人工智能发展规划》[ EB/OL ] .（2017-07-08）[ 2023-08-30 ] . https://www.gov.cn/zhengce/content/2017-07/20/content_5211996.htm.

② 教育部 . 教育部关于印发《高等学校人工智能创新行动计划》的通知 [ EB/OL ] .（ 2018-04-03）[ 2023-08-30 ] . http://www.moe.gov.cn/srcsite/A16/s7062/201804/t20180410_332722.html.

“AI+ 文化”，培养具有一定的人工智能理论创新、技术创新、应用创新、交叉领域融合创新和场景创新等能力的复合型人才，为加快建设创新型国家和世界科技强国提供支撑，服务国家经济和社会发展。

人工智能专业人才需求迫切，高校在培养基础研究型人工智能人才、促进学科发展等方面具有坚实基础，但是在创新工程教育教学组织模式、建设多主体协同育人机制方面，还存在模式不清、机制不完善的问题。

## 二、人工智能专业复合型人才培养模式

针对上述问题，为进一步提升人工智能专业人才培养质量，笔者结合自身的教育实践，在科学思维培养、科研育人和科学伦理教育等方面，提出以下几点创新路径：

### （一）加强对学生科学思维和创新精神的培养

距今 1700 多年的《列子・汤问》中记载了两小儿辩日的故事。虽然我国古人较早发现了这个自然现象并积极思考探索，但没有深入“辩”下去，做到“知其意，悟其理”并建立相应的科学理论。目前，我国人工智能发展仍缺少重大原创成果，在基础理论、核心算法以及关键设备等方面与发达国家存在差距。这启发我们在培养学生的过程中，不仅要激发学生对知识的好奇心，更要鼓励学生以“咬定青山不放松”、百折不挠的毅力“穷其理”，才有可能在基础理论和关键技术等研究方面取得突破。

中国传媒大学信息与通信工程学院于 2020 年开设了人工智能专业，该专业以《新一代人工智能发展规划》为指导，立足中国传媒大学的学科特色，瞄准行业发展需求，聚焦跨媒体感知计算理论、大数据智能理论和跨媒体分析推理技术等前沿基础理论，培养高层次复合型人工智能专业人才。

### （二）科研育人，知行合一

围绕人工智能专业人才培养方案的设定和课程体系的设置，教学团队加强了理论教学与实践教学的结合，积极深化落实产学研合作育人思想，拓展 AI 实践平台建设和校企联合的实践基地建设。笔者所在的专业教学团队，以“立德树人”为根本任务，以“价值塑造—知识传授—能力培养”三位一体融合育人理念为指导，积极探索“课题—实验—竞赛”互动循环、协同创新的教学模式，通过翻转课堂、短期学科竞赛和

长期项目实践等多种灵活形式，促进第一课堂教学与第二课堂实践的双课堂紧耦合，培养学生发现问题、分析问题和解决问题的能力，形成“强基础、重能力、显个性、会交融”的复合型人才培养特色。

同时，我们也在积极探索多主体协同育人机制，希望尽快构建产学合作协同育人项目三级实施体系，挖掘人工智能场景创新，缩小高校人才培养与产业需求之间的差距，更好地服务于人工智能对我国经济和社会发展的技术赋能。

### （三）注重科学伦理的学习

伴随着大语言模型、ChatGPT 现象级产品、生成式人工智能技术等先进理论技术与产品的出现，人工智能技术正在从领域智能向通用智能发展，人工智能安全监管日益迫切。2023 年国家网信办等七部门联合发布了《生成式人工智能服务管理暂行办法》，[①] 加强对生成式人工智能服务的管理。毫无疑问，基于人工智能等技术出现的数据滥用、侵犯个人隐私、违背道德伦理等行为，将严重危害国家安全和社会稳定。这就要求高校在进行人工智能专业人才培养时，应加强对学生的学术规范和科学伦理教育，培养学生的社会责任感和伦理意识，多方保障人工智能等先进技术在应用上安全可控，共同努力推动人工智能健康发展。

## 三、结论与展望

围绕人工智能技术和社会双属性，针对高校人工智能专业人才培养与社会需求存在一定程度的不匹配、科教融合不足、产教脱节等问题，笔者从科学思维培养、科研育人和科学伦理教育等方面，探索了新工科背景下人工智能专业复合型人才培养模式，助力 AI 赋能行业发展。

“十年树木，百年树人”“百年大计，教育为本”。面对我国人工智能发展战略需求，包括笔者在内的众多教育工作者任重道远，我们需要与时俱进，不断开拓创新人才培养模式，深化协同育人机制，以“功成不必在我，功成必定有我”的信念，以“长风破浪会有时，直挂云帆济沧海”的精神，砥砺前行，勇往直前，为早日实现教育强国和中华民族伟大复兴而努力奋斗。

---

① 国家网信办．生成式人工智能服务管理暂行办法［EB/OL］.（2023-07-10）［2023-08-30］. https://www.gov.cn/zhengce/zhengceku/202307/content_6891752.htm.

**参考文献：**

[1] 国务院．国务院关于印发新一代人工智能发展规划的通知《新一代人工智能发展规划》[EB/OL]．(2017-07-08)[2023-08-30]．https://www.gov.cn/zhengce/content/2017-07/20/content_5211996.htm.

[2] 教育部．教育部关于印发《高等学校人工智能创新行动计划》的通知[EB/OL]．(2018-04-03)[2023-08-30]．http://www.moe.gov.cn/srcsite/A16/s7062/201804/t20180410_332722.html.

[3] 国家网信办．生成式人工智能服务管理暂行办法[EB/OL]．(2023-07-10)[2023-08-30]．https://www.gov.cn/zhengce/zhengceku/202307/content_6891752.htm.

（吴晓雨，博士，教授，中国传媒大学信息与通信工程学院人工智能系主任）

# 高校多元化国际交流与合作路径探究

## ——基于中国传媒大学信息与通信工程学院的调研*

◎李树锋　陈清扬

**摘　要：** 为贯彻党的二十大精神，中国传媒大学信息与通信工程学院开展了多元化国际交流与合作计划调研项目，该调研旨在消除疫情影响，恢复海外访学渠道，建立长期合作基地，积极联系新的合作伙伴，拓展与“一带一路”国家的合作机会，扩大师生海外访学渠道，推进双硕士中外合作办学项目和国际科研合作。学院通过发放调研问卷和召开座谈会等方式方法，了解学生的访学意向及影响因素，并与俄罗斯、英国、马来西亚、新加坡等国际高校取得了合作意向。在此基础上，我们提出了持续拓展合作伙伴关系、提升双硕士合作办学项目、确保可持续性、推动国际科研项目等建议。本次调研形成的国际交流与合作计划成果，将为学院师生提供更广阔的国际交流与合作平台，提升学院的国际影响力和学术水平。

**关键词：** 多元化国际交流；海外访学；国际科研项目

随着全球化进程的不断推进，高校之间的国际交流与合作日益成为提升高校国际影响力和学术水平的重要手段。为贯彻党的二十大精神，助力国家“双一流”建设深入推进，中国传媒大学信息与通信工程学院制订了多元化国际交流与合作计划，旨在消除疫情影响，恢复海外访学渠道，建立长期合作基地，积极联系新的合作伙伴，拓展与“一带一路”国家的合作机会，扩大师生海外访学渠道，推进双硕士中外合作办学项目和国际科研合作。为了全面了解学生的访学意向及影响因素，摸清海外高校的合作意向，学院开展了一系列调研活动，其中包括发放调研问卷和召开座谈会等方式方法。本文将详细阐述中国传媒大学信息与通信工程学院多元化国际交流与合作调研的背景、目的、阶段目标、方法、成果等，在此基础上提出了一定的建议并作出了展

* 本文系 2023 年度中国传媒大学信息与通信工程学院多元化国际合作与交流计划调研项目的阶段性成果。

望。本文的研究成果将为学院在国际交流与合作方面提供有力的决策依据，为学生和教师提供更广阔的国际交流与合作平台，促进学术交流与科研合作，提升学院在国际舞台上的影响力和学术水平。通过持续不断地拓展国际合作伙伴关系、推动双硕士中外合作办学项目、确保合作的可持续性以及开发国际科研项目等举措，学院将为中国传媒大学的国际化进程作出积极贡献。

## 一、调研背景

随着全球化进程的不断推进，各大高等院校已经意识到国际交流与合作对于提升学校的国际影响力和学术水平至关重要。然而，疫情的爆发给高校国际交流与合作带来了严峻的挑战，海外访学渠道受到限制，访学需求受到影响。①

为了尽快消除疫情影响，2023 年 5 月至 8 月，中国传媒大学信息与通信工程学院开展了多元化国际交流与合作计划调研项目。本次调研目的明确，首先，要消除疫情影响，尽快恢复和重建原有的海外访学渠道。为此，学院计划建立 3—5 个长期合作的基地，形成访学的品牌，以确保学生和教师能够顺利展开海外访学。其次，学院希望积极联系并接触新的合作伙伴，有效扩大师生的海外访学渠道，提升访学效果，使学生在国际环境中能够获得更广阔的学术和文化交流机会。除了海外访学外，学院也致力于推动双硕士中外合作办学项目，学生通过该项目可以在两个国家学习并获得双硕士学位，这将极大地丰富学生的学术经历和国际视野。同时，学院计划与之前的几所海外访学合作院校共同开展国际科研项目的联合申报、创建国际联合实验室等，探索建立长期稳定的深度合作关系。此外，学院希望积极拓展与“一带一路”国家的合作机会，加快与世界一流大学、研究机构的对接，开展高水平、实质性国际合作，增强学院在“一带一路”国家的影响力。②

为了有序完成本次调研活动，学院制定了阶段目标。首先，凝练和梳理高校国际交流与合作的经验做法，形成调研报告大纲，为后续调研提供指导。其次，调研学院研究生的访学意向及影响因素，了解他们的访学需求，为有针对性地安排合作项目提供依据。再次，召开座谈会，与海外高校建立沟通渠道，确定接下来重点建设的海外

① 顾明远，滕珺 . 后疫情时代教育国际交流与合作的新挑战与新机遇［J］. 比较教育研究，2020，42（9）：3-7，13.

② 王兵，张慧 .“双一流”建设背景下高校推进国际化发展的思考［J］. 高教学刊，2023，9（16）：30-33.

合作项目。最后，与意向合作高校签订合作协议，为后续联合开展海外访学、科研攻关等做好准备，确保合作的顺利推进。

在全球化背景下，学院意识到多元化国际交流与合作计划的重要性，并希望通过多元化国际交流与合作调研，积极寻求合作机会，拓展学院的国际合作网络，为学生和教师提供更广阔的发展平台，提升学院的国际化水平和竞争力。

## 二、调研方法

### （一）发放调研问卷

为了解学生访学的意向及影响因素，学院在 2021、2022 级信息与通信工程学院的研究生群体中发放了调研问卷。学生可以直接将他们的海外访学兴趣和意愿填写至调研问卷中。通过问卷，项目组还能了解到影响学生访学意向的具体因素。这种方法具有一定的隐私性和自由度，学生可以在匿名的情况下自由回答问题，从而获得相对真实的意见和想法。通过问卷的收集和分析，学院可以更好地了解学生的需求和期望，有针对性地规划和安排海外访学项目，提高访学效果，推动国际交流与合作的进程。

### （二）召开座谈会

召开座谈会是学院与海外高校之间进行交流与沟通的一种形式。2023 年 7 月底，中国传媒大学信息与通信工程学院代表前往新加坡南洋理工大学、新加坡国立大学以及马来西亚大学进行实地调研，就联合实验室建设、师生互访等事宜展开探讨；与英国伦敦大学皇家霍洛威学院进行了线下交流与沟通，共同推进“1+1+1”双硕士项目的合作进程。通过召开座谈会，学院与合作高校之间建立了更紧密的联系，明确了合作意向，并就具体的合作项目展开了深入讨论。此外，学院代表还与俄罗斯圣光机大学进行了线上交流与沟通并签署了学生交换协议；与英国格拉斯哥大学、拉夫堡大学的教授和专家进行了交流，建立了良好的合作关系，致力于在学术领域开展深度合作。

# 三、调研成果

## （一）学生访学意向调研

### 1. 调查学生希望访学的时长

本次调研在问卷中设置了单选题了解学生希望访学的时长，分别对应 1 个月、1—3 个月、3—6 个月、1 年及 1 年以上等选项。

根据调研结果，选择“1—3 个月”和“3—6 个月”的学生分别占比 34.15% 和 51.22%，合计 85.37%，说明大多数学生倾向于选择中短期的访学时长（见图 1）。中短期的访学时长更适合一些学生在有限的时间内快速了解国外学术和文化，而长期访学更有利于学生深度融入国外学术环境，能够开展更充分的研究或实践活动。

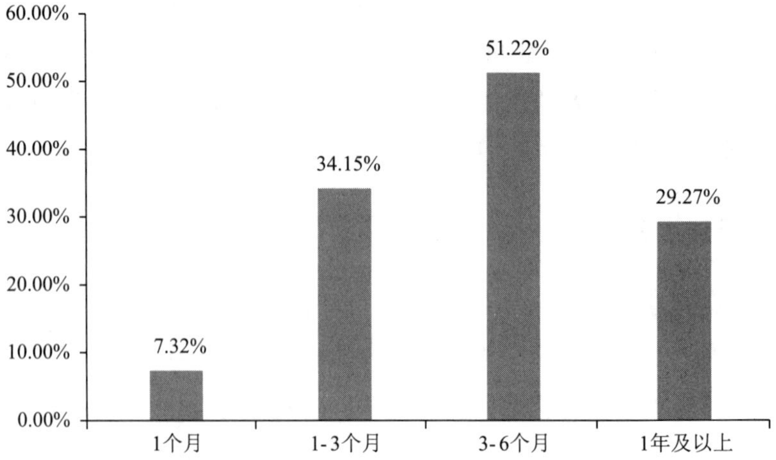


图 1　学生参与国际交流项目希望访学的时长

### 2. 调查学生对访学费用的接受程度

本次调研在问卷中设置了单选题调查学生对访学费用的接受程度，分别对应 3 万以下 / 年、3 万—5 万 / 年、5 万—10 万 / 年、10 万以上 / 年等选项，了解学生对于国际交流项 / 年目费用的心理预期。

根据调研结果，有 60.98% 的学生选择了 3 万以下 / 年（见图 2），说明学生对于访学费用较为敏感。较低的费用更能吸引学生参与国际交流项目。然而，也有部分学生表示能够接受较高费用，认为国际学术和文化交流的收获和体验是值得投资的，愿意为之付出一定的成本。

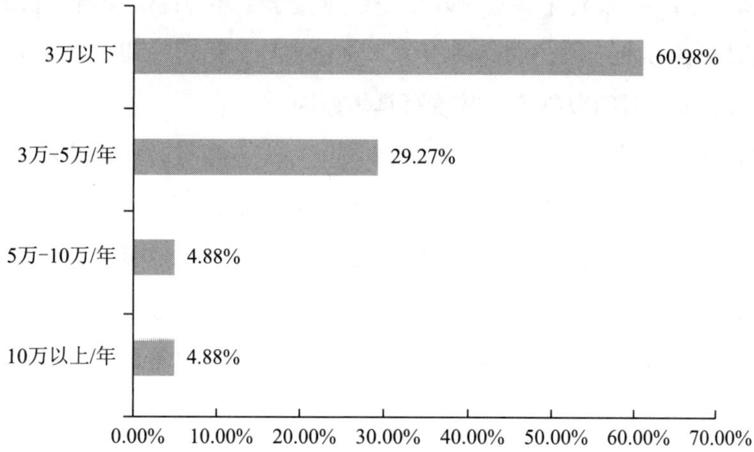


**图 2　学生对访学费用的接受程度**

### 3. 探究学生对海外访学项目的参与意愿

本次调研在问卷中设置了排序题探究学生对目前学院重点建设的海外访学项目的参与意愿，学生需要按照自己的参与意愿将给定的海外访学项目排序，包括伦敦玛丽女王大学暑期交流项目、海外工程实践线上课程、俄罗斯圣光机大学访学交流项目、英国伦敦大学皇家霍洛威学院双硕士项目、英国拉夫堡大学双硕士项目以及其他。

从统计结果可以看出，学生对不同海外访学项目的参与意愿有所差异（见表 1）。伦敦玛丽女王大学暑期交流项目和英国伦敦大学皇家霍洛威学院双硕士项目受到了较多学生的欢迎，综合排名靠前，这可能是因为这些项目在学术和地域等方面具有较高的知名度和吸引力。而其他项目的综合排名相对较低，可能需要进一步加强宣传力度，提高学生的参与意愿。

**表 1　学生对海外访学项目的参与意愿调查统计表**

| 项目 | 综合得分 | 第 1 志愿 | 第 2 志愿 | 第 3 志愿 | 第 4 志愿 | 第 5 志愿 | 第 6 志愿 |
|---|---|---|---|---|---|---|---|
| 伦敦玛丽女王大学暑期交流项目 | 3.9 | 21.62% | 32.43% | 18.92% | 13.51% | 10.81% | 2.70% |
| 英国伦敦大学皇家霍洛威学院双硕士项目 | 3.83 | 27.78% | 25% | 11.11% | 27.78% | 8.33% | 0% |
| “海外工程实践”线上课程 | 3.54 | 44.12% | 11.76% | 5.88% | 8.82% | 23.53% | 5.88% |
| 俄罗斯圣光机大学访学交流项目 | 3.07 | 2.94% | 20.59% | 38.24% | 20.59% | 17.65% | 0% |
| 英国拉夫堡大学双硕士项目 | 2.98 | 14.71% | 11.76% | 20.59% | 23.53% | 29.41% | 0% |
| 其他 | 0.44 | 40% | 0% | 20% | 0% | 0% | 40% |

**4. 调查学生参与国际交流项目面临的主要困难**

本次调研在问卷中设置了多选题及填空题调查学生参与国际交流项目面临的困难，学生可以同时选择多个选项，如经济压力、文化差异、语言障碍、教学方式改变、缺乏明确的科研需求、时间限制等，并填写具体原因。

从最后的统计结果可以看出，学生在参与国际交流项目时所面临的主要困难是经济压力、语言障碍、教学方式改变以及缺乏明确的科研需求等（见图 3）。其中，经济压力被高达 80.49% 的学生选择，这再次强调了学生对于经济因素的敏感性。语言障碍和教学方式改变也是一些学生所担忧的问题，这就要求学校在安排国际交流项目时考虑提供适当的语言培训和适应期。同时，学校需要在项目策划中加强科研需求，确保学生在访学期间能够有明确的学术目标和研究计划。

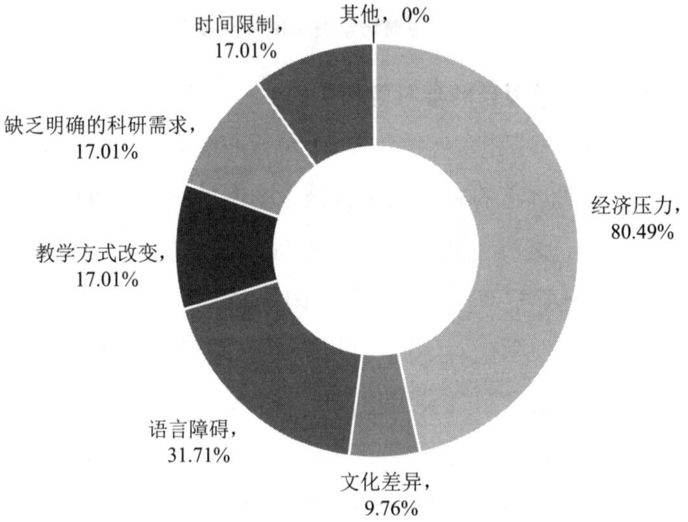


**图 3 学生参与国际交流项目面临的主要困难**

**5. 调查学生获取国际交流项目信息的渠道**

本次调研在问卷中设置了多选题调查学生获取国际交流项目信息的渠道，学生可以同时选择多个获取信息的渠道，包括学校网站、公众号、辅导员通知、同学宣传、校内宣讲会等，同时也有填空选项让学生补充其他获取信息的途径。

从统计结果可以看出，学校官方渠道（如网站、公众号、辅导员通知）在学生获取国际交流项目信息中扮演着重要角色（见图 4）。学院可以进一步加强这些渠道的宣传和信息传递，同时，鼓励学生之间的互动和宣传、增加校内宣讲会等，让更多的学生了解并参与国际交流项目。

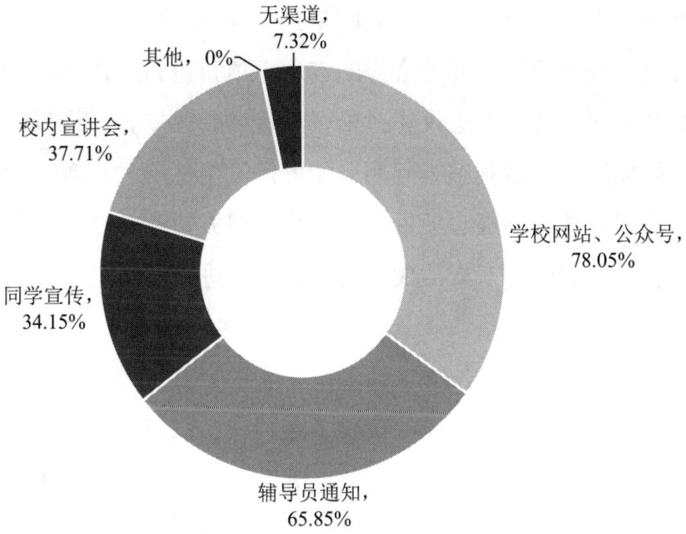


**图 4　学生获取国际交流项目信息的主要渠道**

学生的访学意向调研结果显示，大多数学生倾向于选择中短期的访学时长，他们普遍对经济较为敏感，能够接受较低的费用要求。伦敦玛丽女王大学暑期交流项目和英国伦敦大学皇家霍洛威学院双硕士项目受到了较多学生的欢迎。在策划国际交流项目时，学院可以充分考虑学生的需求和意愿，提供多样化的项目选择和费用范围，加强对项目的宣传和推广，同时注重解决学生面临的经济压力、语言障碍等问题，以提高学生参与国际交流项目的积极性和体验效果。

### （二）海外高校调研座谈会

#### 1. 与俄罗斯圣光机大学进行研究生访学交流的合作

近些年，随着“一带一路”建设的推进，中俄两国在教育领域的交流与合作成果显著。中国传媒大学信息与通信工程学院和工学领域久负盛名的俄罗斯圣光机大学（ITMO）曾多次开展暑期线上“海外工程实践”夏令营项目，并成功签署了学生交换项目协议。此外，学院还向国家留学基金委提交了促进与俄罗斯、乌克兰、白俄罗斯国际合作培养项目的申请，为师生提供与“一带一路”国家的合作机会。

#### 2. 与英国伦敦大学皇家霍洛威学院共建双硕士合作办学项目

自 2012 年以来，中国传媒大学与英国伦敦大学皇家霍洛威学院在硕士联合培养领域开展合作，基于双方的长期友好合作关系，积极拓展人工智能、通信工程等相关专业的双硕士合作项目。2023 年 4 月 12 日，中国传媒大学信息与通信工程学院代表团与英国伦敦大学皇家霍洛威学院代表团共同举办了双硕士项目座谈会，在会谈中，双方详细介绍了各自学校的情况，并就合作的双硕士项目进行了深入探讨，确定了具体的合作研究领域和方向。此外，会议还讨论了项目的具体安排、课程设置、学习计划等重要事项。会议关注了一系列细节问题，如可供学生选择的课程和学术资源、语言要求、学生招生计划和选拔标准、项目申请流程、双方负责的联系人及后续项目管理等。后续经过多轮线上交流，双方达成了合作意向，进一步推动了双硕士中外合作办学项目的合作进程。

**3. 与马来亚大学的国际交流合作**

马来西亚作为“一带一路”沿线的重要节点国家，高等教育优势突出，是高校开展海外国际交流项目的良好合作伙伴。马来亚大学作为马来西亚历史最悠久的世界百强名校，有着国际一流的高等教育资源并且走出了一条具有自身特色的高等教育国际化发展之路。[①]2023 年 8 月 2 日，中国传媒大学信息与通信工程学院代表与马来亚大学计算机科学与信息技术学院的代表举行了座谈会，双方高度重视合作交流，强调了中国与马来西亚高校加强国际交流合作对于高等教育国际化发展有着重要意义。会议重点探讨了博士研究生短期交流、科学研究合作以及合作协议框架等问题。双方对博士生赴新加坡交流的关键细节展开了深入交流，涉及时间安排、费用承担、住宿、导师选择、研究选题等方面。在科学研究合作方面，双方探讨了教师的国际访学、科研技术攻关、学术报告、国际科研项目申报等内容，并商定建立国际联合实验室等具体合作项目。通过深入讨论与交流，双方达成了关于学生和教师交流互访以及联合科研项目申报等方面的合作意向。双方将进一步商定签署学术交流备忘录（MOU）和学院合作协议，以建立长期的师生海外访学渠道，为深度科研合作做好前期准备。

**4. 与新加坡南洋理工大学的国际交流合作**

新加坡是海上丝绸之路沿线的枢纽，特殊的地理位置使新加坡成为我国“一带一路”倡议的重点合作对象。新加坡南洋理工大学在高等教育国际化、国际合作协同育人等方面有丰富的成果和经验。[②] 2023 年 7 月 29 日，中国传媒大学信息与通信工程学院代表与新加坡南洋理工大学的老师进行了交流。此次交流活动旨在促进双方相互了解彼此的专业设置和学科领域情况，包括研究生教育、师资力量、国际交流访学、

① 高鹏，段淑丹 . 新时代教育对外开放背景下云南与马来西亚高等教育合作路径探析［J］. 红河学院学报，2023，21（3）：22–25.

② 刘伟 . 新加坡南洋理工学院海外研习基地项目运行特色及启示：以广州番禺职业技术学院为例［J］. 职业技术教育，2014，35（29）：88–92.

科研技术攻关和国际科研项目申报等，为未来的国际交流合作奠定坚实的基础。

**5. 与新加坡国立大学的国际交流合作**

新加坡国立大学作为世界一流大学，始终坚持开放合作与特色发展的办学理念并探索出了一条独具特色的国际化战略实施路径，其国际化战略建设的经验对我国大学具有启示作用。2023 年 7 月 31 日，中国传媒大学信息与通信工程学院代表与新加坡国立大学计算机科学学院代表举行了座谈会，双方介绍了彼此的学科建设情况。在会议的重点讨论环节中，双方围绕博士研究生短期交流、科学研究合作与合作协议框架等进行了深入交流。同时，双方还就教师的国际访学、科研技术攻关、国际科研项目申报以及建立国际联合实验室等具体合作项目进行了讨论。通过深入协商与讨论，双方达成了关于师生交流互访以及联合科研项目申报等方面的合作意向。

**6. 与英国格拉斯哥大学、拉夫堡大学的科研合作**

为助力中国传媒大学“双一流”建设，加快与世界一流大学和研究机构的对接，学院与英国格拉斯哥大学、拉夫堡大学的教授就科研合作在线上进行了深度交流，现阶段双方已就国际科研项目和联合实验室建设达成初步合作意向。这将促进双方在前沿科技和学术领域进行共同探索和创新，加强国际科研合作。

综上所述，通过与海外高校进行调研座谈，中国传媒大学信息与通信工程学院在多元化国际交流与合作方面已取得了卓有成效的进展。学院通过开展海外访学、联合科研项目等方式，为师生提供了广阔的国际交流平台，提升了学院的国际影响力和学术水平，进一步推动了国际教育事业的发展，为培养优秀人才贡献了积极力量。

## 四、建议与措施

为持续推动学院国际交流与合作的进程，根据调研结果，我们提出以下建议与措施：

### （一）持续拓展合作伙伴关系

学院应继续积极联系新的合作伙伴，包括国际知名高校、研究机构和产业界人士等，不断扩大师生海外访学渠道，以获得更多的学术和文化交流机会。

### （二）提升双硕士合作办学项目

学院应持续加强与国外高校的双硕士合作办学项目，并积极推动学生之间的互访与学习，促进教师之间的学术交流与合作，以提升双硕士项目的品质和学术价值。

### （三）确保合作的可持续性

建立长期稳定的深度合作关系是非常重要的。学院应与合作伙伴签署正式的合作协议或合作备忘录，明确合作范围、目标和责任，确保合作的可持续性。

### （四）推动国际科研项目

学院应不断推动国际科研项目的合作，这将有助于提升学院的学术水平和学术地位。

### （五）加强跨文化交流

学院应加强跨文化交流，组织文化活动、艺术展览、国际学生互访等，促进跨文化传播。

### （六）加强国际化教育

学院应注重培养学生的国际意识和跨文化交流能力，推动课程国际化，提供更多的国际化教育资源，让学生在全球化背景下具备一定的竞争优势。

上述举措将确保中国传媒大学信息与通信工程学院稳健地发展国际交流与合作，在国际舞台上更加活跃和有影响力。

## 五、结语

本次调研活动是中国传媒大学信息与通信工程学院在多元化国际交流与合作计划中取得的一次重要进展。通过了解学生的访学偏好并与多所海外高校建立合作联系，探讨国际合作项目，学院为师生提供了更广阔的国际合作平台，促进了国际学术交流与科研合作，提升了学院的国际影响力。

展望未来，我们将继续深入拓展国际合作，扩大师生海外访学渠道，特别是要加强双硕士合作项目，提升项目品质，推动学生互访和教师学术交流。为确保合作的可持续性，学院应明确目标与责任，与海外高校签署合作协议，建立稳固的合作基础。学院将持续推进国际科研项目，加强文化与学术交流，提升学院的国际化教育水平，为推动中国传媒大学的“双一流”建设进程作出积极的贡献。

**参考文献：**


［1］顾明远，滕珺．后疫情时代教育国际交流与合作的新挑战与新机遇［J］．比较教育研究，2020，42（9）：3-7，13.

［2］王兵，张慧．“双一流”建设背景下高校推进国际化发展的思考［J］．高教学刊，2023，9（16）：30-33.

［3］勾晓红．中俄高校国际交流合作与教育国际化研究［J］．绥化学院学报，2023，43（2）：122-123.

［4］高鹏，段淑丹．新时代教育对外开放背景下云南与马来西亚高等教育合作路径探析［J］．红河学院学报，2023，21（3）：22-25.

［5］刘伟．新加坡南洋理工学院海外研习基地项目运行特色及启示：以广州番禺职业技术学院为例［J］．职业技术教育，2014，35（29）：88-92.

［6］李昕照．世界一流大学国际化战略的实施路径及其启示：以新加坡国立大学为例［J］．高等理科教育，2020（2）：70-79.



（李树锋，博士，教授，中国传媒大学信息与通信工程学院副院长；
陈清扬，研究实习员，中国传媒大学信息与通信工程学院
研究生教学与科研管理秘书）

# 关于研究生学位论文质量把控与提升的探索研究

## ——以中国传媒大学为例

◎王丹煜　李树锋　金立标

**摘　要：**学位论文是研究生学习和研究的重要成果，是评判研究生掌握和运用知识能力、独立科研能力以及创新力水平的核心依据。研究生学位论文的质量是衡量高校人才培养质量的关键指标，因此，对研究生学位论文质量的把控和提升就显得尤为重要。研究生学位论文质量问题大多集中在评价机制研究、质量影响因素研究、提升质量的行动研究三方面，往往思辨多、实证少。本文以“双一流”建设为背景，在阐述研究生教育及学位论文质量现状的基础上，结合中国传媒大学研究生培养实践经验，探讨研究生学位论文质量把控与提升的具体可行措施，为高校深化研究生培养机制改革提供经验支撑和案例参考，也为同类型院校推进研究生培养综合改革提供借鉴。

**关键词：**研究生学位论文；质量把控；研究生培养

## 一、引言

研究生教育肩负着高层次人才培养和创新创造的重要使命，是国家发展、社会进步的重要基石，是应对全球人才竞争的基础布局。全国研究生教育会议的召开标志着我国研究生教育进入了新时代。习近平总书记对研究生教育作出的重要指示深刻揭示了我国研究生教育发展的大方向、大趋势、大格局，为做好新时代研究生教育工作提供了根本遵循和行动指南。会议提出将“立德树人、服务需求、提高质量、追求卓越”作为研究生教育的主线。坚持质量标准走内涵式发展道路，也是我国从研究生教育大国向强国迈进的现实路径。在“双一流”建设过程中，学科是基础，人才培养是核心。[①] 一流的创新人才产出一流的学术成果，从而引领一流的学科建设。[②] 面对我国高等教育普及化，“双一流”建设对研究生培养质量提出了更高的要求。[③] 目前，学术不端等情况仍时有发生，暴露了执行制度不够严格、未完全落实导师责任制、不透明的监督管理、研究生自我管理能力不足等诸多方面的问题。2020 年，国务院学位委员会、教育部发布了《关于进一步严格规范学位与研究生教育质量管理的若干意见》，明确规定研究生学位论文质量要求，将把控学位论文质量的重要性提升至空前高度。

## 二、研究生学位论文质量把控现状

研究生学位论文答辩是研究生获得学位、保证研究生教育质量的最后也是最重要的一个环节。高校通过科学合理设置学位授予条件，重点对研究生学位论文的开题、中期、送审、答辩及学位评定等关键环节 [④] 进行质量把控。目前，大部分高校对学位论文质量的把控采用类似国家抽检的质量检测办法，但随着“双一流”建设的开展，过去抽检办法的不足之处也逐渐显露出来：（1）抽检专家的评阅意见未充分发挥作用。（2）部分高校对存在问题的学位论文所涉及的研究生、导师及培养单位尚未建立明确的惩处办法，责任归属认定缺位，导致抽检工作流于形式，不利于充分调动论文各方相关人员的责任意识，进而主动采取事前控制措施。（3）学位论文抽检办法存在弊端：学位论文抽检对象为上一学年被授予博士、硕士学位的学生学位论文，这部分学位论文的作者早已毕业离校进入社会，因此这种办法对学位论文抽检对象并无实质性约束。（4）难以追溯责任挽回培养损失，指导教师的职责惩处不明确。现有的抽检办法侧重于引导学生自我提升论文撰写的规范性，论文抽检结果的好坏并没有对导师产生一定的影响，相应的奖惩措施不到位，这种机制不利于导师对学生论文质量的指导和监督责任的有效落实。因此，现阶段我们需要引入新的思路和做法，对论文质量把控的突出问题加以改进，以建立更加合理有效的学位论文质量监控体系。

① 凌征球，覃思乾．课程建设对培育广西一流学科的作用：以线性代数为例［J］．科技视界，2019（15）：102–103，75.

② 熊伶俐，李早元，杨世菁．“双一流”研究生学位论文质量监控体系的构建：以西南石油大学为例［J］．教育教学论坛，2023（2）：11–16.

③ 余同普，邵福球，银燕，等．基础学科“FIRST”五位一体人才培养体系的构建与实践［J］．学位与研究生教育，2019（8）：42–46.

④ 陈玉娇．习近平新时代教育观视域下高校师德建设路径研究［J］．吉林省教育学院学报，2019，35（12）：60–64.

## 三、中国传媒大学研究生学位论文质量把控与提升的总体思路框架

中国传媒大学始终坚守“立德、敬业、博学、竞先”校训，以培养高素质研究生为己任，不断探索研究生学位论文质量把控与提升的方式方法。根据教育部统计数据，学校研究生在校人数逐年上升，研究生招生及毕业人数逐年增加，研究生指导教师数量相应增加，毕业生人数也越来越庞大。为提升人才培养效果，中国传媒大学在研究生学位论文管理各个环节贯穿落实高质量培养标准，严格把控论文质量，为撰写高质量学位论文提供保障。加强研究生学位论文开题、中期、答辩的过程管理，及时发现各环节潜在问题，提前解决问题。找出影响学位论文质量的薄弱点，重点关注核查，提前暴露学位论文的质量问题。从研究生学位论文责任主体出发，强化导师立德树人的基本原则。对学位论文质量抽检，最终达到保障学位论文质量的目的。

### （一）树立立德树人的基本原则和质量意识

在师资队伍建设培养层面，根据《中国传媒大学研究生导师资格评审办法》《中国传媒大学研究生导师岗位聘任办法》等规定，硕士生导师的岗位聘任，除了需具备相应的专业研究背景、履行好个人职责外，还应积极参与研究生的教育指导工作。一方面，研究生导师要以德育人，言传身教，引导研究生树立正确的人生观、价值观和世界观，“既做研究生的学业导师，也做研究生的人生导师”，“恪守学术诚信，重视对研究生的学术规范教育，注重学术传承，形成师生学术共同体”。另一方面，导师还应熟悉研究生培养工作流程，积极配合培养单位，保质保量、按时完成研究生招生复试、培养、学位工作等各环节任务，在学位论文质量把控中积极发挥作用。

在研究生学术能力培养层面，学校不断引导学生增强学术能力，高质量标准完成论文。研究生是学位论文质量的责任主体，学校不断积极引导研究生遵守学术规范、完善学术人格、维护学术尊严①，摒弃学术不端行为，坚守学术诚信，努力成为优良学术道德的践行者和良好学术风气的维护者，为国家培养优质的社会主义建设者和接班人，真正实现“全方位育人”。②

---

① 中国学位与研究生教育大事记（2018年）[J].学位与研究生教育，2019（5）：74–77.

② 王光菊，蔡剑锋，李文灿.博士学位论文质量内部管理与外部监督实践：基于国家学位论文抽检制度[J].宁德师范学院学报（自然科学版），2016，28（4）：403–407.

## （二）强化研究生学位论文答辩管理过程

研究生学位论文答辩过程关系到研究生学位论文答辩流程要求是否严格①，是否符合规范。也有学者提出，抓牢抓实学位论文答辩过程中关键的时间节点，有助于监控研究生学位论文的质量。②

中国传媒大学研究生论文答辩流程大致可分为“论文答辩申请—论文查重—预答辩—正式答辩—学位授予”几个关键步骤，学校在每个步骤科学设置操作条件，重重审核把关，保障论文质量水平。

在研究生学位论文答辩申请阶段，严守研究生学位申请关，重点检查研究生在校期间学分完成及科研实践训练情况、学位论文撰写情况，客观充分了解研究生专业实践成果及论文撰写水平，防止不符合条件的学位论文进入下一个阶段。研究生学位论文查重送审是第二个阶段，经过全方位精准比对查重、严控重复率审查，方可进入第三个阶段，申请预答辩。根据《中国传媒大学学位授予细则》，预答辩和正式答辩应间隔 30 天以上，学生在研究生教务系统申请，导师和学院、研究生院审核通过后，方可进行下一步，这样从时间和程序上保证了各方主体充分各司其责。应完整记录正式答辩的流程，保障过程规范可查。研究生学位论文审核的最后一个关键阶段是学位评定委员会讨论评议，若学位论文在匿名评阅中出现复评、在答辩表决票中存在反对票、答辩成绩处于“及格”分数段（60—70 分）等问题，则学位评定委员会将重点考查，掌握上述论文终稿的修改情况，严把学位授予关，决定是否最终推荐授予学位。

## （三）加强学位授予管理与甄别高风险论文

根据《中华人民共和国学位条例暂行实施办法》《普通高等学校学生管理规定》等，中国传媒大学引导学生以攻读学位作为目标，同时也为达到毕业、结业标准但未达到学位授予要求的学生提供相应学历出口。全面梳理、系统调整研究生毕业和结业标准，明晰学历标准和学位授予的关系。达到毕业标准且通过毕业审核的，可获得毕业证书；在最长有效修业年限内完成论文且符合学位授予条件的，可获得学位证书。通过分类管理，确保学位授予、学历审核的高标准，建构更加科学有序的研究生学历体系。

① 秦惠民.《学位条例》的“立”“释”“修”：略论我国学位法律制度的历史与发展［J］.学位与研究生教育，2019（8）：1-7.

② 张颂昀，龚向和.博士学位授予资格论文要求的法理分析：以 40 所法学一级学科博士点院校为例［J］.学位与研究生教育，2019（8）：28-35.

中国传媒大学引入匿名评阅办法，并实施学位论文抽检制度，对研究生论文质量重重把关。对于学位论文评阅过程中有增评、答辩委员会存在反对票、学位论文答辩成绩较低的论文来说，匿名评阅及抽检过程中出现问题的可能性也较高，学校将对上述几类论文进行重点核检。学校在每次召开校学位会之前，由培养单位对所有拟授予博士学位论文、答辩成绩低于 80 分的硕士学位论文再次重点核查，确保提早发现存在问题的学位论文，基本遏制不合格毕业生的外流。

### （四）论文质量持续跟踪管控——校内抽检

中国传媒大学每年对上年度授予博士、硕士学位的学位论文进行抽检，以提前排除质量隐患。校内抽检方式分为重点抽检和随机抽检，其特点表现在覆盖范围广、抽检办法稳、惩治措施严。

在抽检覆盖范围方面，中国传媒大学将连续三年在国家及校内抽检中曾被认定为“存在问题学位论文”导师所指导的研究生学位论文、答辩成绩较低的博士生学位论文识别为高风险论文予以重点关注，全部进行重点抽检；同时，在剔除重点抽检论文后，对覆盖所有学科的当年已授予学位名单，按照隐性方式随机选取部分文章进行抽检。

在抽检认定办法方面，中国传媒大学始终坚持严格与公平并重原则，确保认定办法稳妥、公正。每年夏季学期结束，学校对被抽取的送检学位论文，统一通过送审平台交由 3 名同行评审专家出具学术评语和总体评审意见。

在惩治措施方面，对导师、培养单位、学科培养点，分别严格明确不同的责任追究办法。对于在校内抽检中被认定为“存在问题的学位论文”，经学校审定，将对相关指导教师进行通报批评，取消其一年内参加学校各类评奖评优资格，并相应暂停 1 年 /3 年 /5 年研究生招生资格等。学校将与出现“存在问题的学位论文”的培养单位进行质量约谈，要求该培养单位相应的学科培养点进行限期整改，限期整改后仍无法达到要求者，经学校学位评定委员会审议通过，将撤销该学科培养点。

## 四、实施效果和反思

中国传媒大学通过完善研究生学位论文全周期质量监控体系，导师对学位论文的指导更为重视，研究生获取学位流程的规范性得以提升，撰写论文的态度更加认真积极，论文质量也有显著提高，管理部门在过程监管中对学位论文完成情况的了解也更为透彻，三方合力并举，为研究生学位论文质量把控和提升打下了坚实基础。

然而，学位论文抽检制度是发现学位论文质量问题的重要手段，但并不能从根本上改变学位论文质量现状，还应在培养过程中充分调动学生本人、指导教师、培养单位各方的责任意识和积极性，建立完善的研究生论文质量把控体系，才能彻底解决这一问题。

**参考文献：**

[1] 凌征球，覃思乾．课程建设对培育广西一流学科的作用：以线性代数为例［J］．科技视界，2019（15）：102-103，75.

[2] 熊伶俐，李早元，杨世菁．“双一流”研究生学位论文质量监控体系的构建：以西南石油大学为例［J］．教育教学论坛，2023（2）：11-16.

[3] 余同普，邵福球，银燕，等．基础学科“FIRST”五位一体人才培养体系的构建与实践［J］．学位与研究生教育，2019（8）：42-46.

[4] 陈玉娇．习近平新时代教育观视域下高校师德建设路径研究［J］．吉林省教育学院学报，2019，35（12）：60-64.

[5] 中国学位与研究生教育大事记（2018年）［J］．学位与研究生教育，2019（5）：74-77.

[6] 王光菊，蔡剑锋，李文灿．博士学位论文质量内部管理与外部监督实践：基于国家学位论文抽检制度［J］．宁德师范学院学报（自然科学版），2016，28（4）：403-407.

[7] 秦惠民．《学位条例》的“立”“释”“修”：略论我国学位法律制度的历史与发展［J］．学位与研究生教育，2019（8）：1-7.

[8] 张颂昀，龚向和．博士学位授予资格论文要求的法理分析：以40所法学一级学科博士点院校为例［J］．学位与研究生教育，2019（8）：28-35.

（王丹煜，助理研究员，中国传媒大学信息与通信工程学院
研究生与科研办公室副主任；
金立标，博士，教授，中国传媒大学信息与通信工程学院党委书记；
李树锋，博士，教授，中国传媒大学信息与通信工程学院副院长）

# 课程思政建设

# 新工科背景下“数字电路与系统设计”课程思政的建设思路与教学实践 *

◎李 彬

**摘 要**：本文以专业基础课“数字电路与系统设计”为例，从课程思政的顶层设计出发，结合电子信息类专业的特点和发展，围绕教学内容重构、教学设计创新、教学方法改革和教学评价改进等环节进行了课程思政的建设与实践。

**关键词**：新工科；课程思政；数字电路；系统设计

高等工程教育在我国高等教育中占据重要地位，新工科[①]是高等工程教育为应对全球形势、国内工程教育发展形势和服务国家战略而做出的符合中国特色的高等工程教育改革。新工科具有以下几方面的特征：一是创新性，新工科强调培养学生的创新思维和创新能力，鼓励学生独立思考、勇于尝试，不断探索新的解决方案。二是交叉性，新工科注重学科交叉，鼓励学生跨学科学习，培养学生具备多学科的知识和技能，以应对复杂多变的工程问题。三是融合性，新工科注重不同领域、不同学科之间的交叉融合，强调知识的综合运用，培养具有全面素质的复合型工程人才。四是开放性，新工科强调开放和包容，鼓励学生开阔视野，关注社会热点问题，培养学生的社会责任感和国际视野。

培养具有时代精神和中国特色的“新工科”人才，高校需要构建高水平人才培养体系，其中，课程思政建设在其中发挥着重要作用。

以专业基础课“数字电路与系统设计”为例，目前，该课程思政建设面临着以下问题：其一，课程内容与思政元素融合不够深入；其二，实践性课程以验证性实验为主，综合性设计和创新性开发则很少，导致学生解决实际问题的能力不足；其三，专

* 本文系 2023 年度校级教改项目“新工科 + 课程思政背景下通信工程专业教学体系建设”（JG23101031）的阶段性成果。

① 教育部关于印发《高等学校人工智能创新行动计划》的通知［EB/OL］.（2018-04-10）［2023-10-01］. http://www.moe.gov.cn/srcsite/A16/s7062/201804/t20180410_332722.html.

业课程中体现思政教育的内容过于抽象化，忽视学生发展的需要，在挖掘专业知识所蕴含的精神价值方面能力不足。

基于此，我们从课程思政的顶层设计出发，结合学校电子信息类专业的定位和人才培养目标，围绕教学内容重构、教学设计创新、教学方法改革和教学评价改进等环节进行了“数字电路与系统设计”的课程思政建设与实践，取得了良好的育人成效。

## 一、完善课程思政顶层设计，挖掘具体课程的思政育人元素

2020 年，教育部印发了《高等学校课程思政建设指导纲要》(以下简称《纲要》)，进一步明确了高校课程思政建设的发展方向。该《纲要》要求高校把思想政治教育贯穿人才培养体系，全面推进高校课程思政建设，寓价值观引导于知识传授和能力培养之中，帮助学生塑造正确的世界观、人生观和价值观。① 同时，《纲要》要求结合专业特点分类推进课程思政建设。针对理学、工学类专业课程，要把马克思主义立场观点方法的教育同科学精神培养结合起来，注重科学思维和创新思维培养，提高学生认识、分析和解决问题的能力。工学类专业课程要注重强化学生的工程伦理教育，培养学生精益求精的大国工匠精神，激发学生科技报国的家国情怀和使命担当。

结合中国传媒大学的发展定位以及电子信息类专业的特色，在院、校两级平台的支持下，我们构建了课程思政总体设计框架（见图 1）。

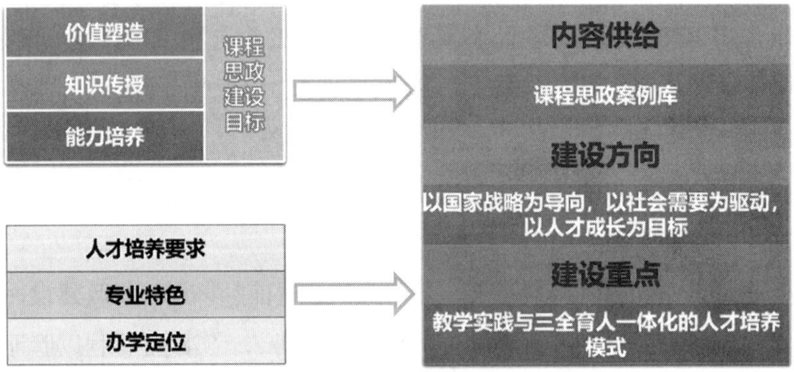


**图 1 课程思政总体设计框架**

---

① 教育部关于印发《高等学校课程思政建设指导纲要》的通知［EB/OL］.（2020-06-05)［2023-10-01］.http://www.moe.gov.cn/srcsite/A08/s7056/202006/t20200603_462437.html.

此外，我们还建立了课程思政育人目标的映射矩阵，根据不同课程的内容，设立不同的育人目标（见表 1）。

**表 1 课程思政育人目标映射矩阵**

| 思政目标 / 立项课程 | 核心价值观 | 唯物辩证法 | 科学精神 | 工程素养 | 家国情怀 | 传媒文化 | 责任使命 |
|---|---|---|---|---|---|---|---|
| 电子电路基础 | H | | | H | M | | M |
| 数字电路与系统设计 | | L | | H | | | H |
| 电磁场与微波技术 | M | M | M | | | | M |
| 通信原理 | M | M | | H | H | | H |
| 数字电路与系统设计实验 | H | | | H | M | | M |
| 数模混合电路设计实践 | H | | | H | M | | M |
| 微波技术 | L | | | M | L | | H |
| 广播电视网络技术 | H | | | L | H | L | M |

## 二、课程思政的具体实施路径

课程思政建设并不是一件容易的事。这其中，教学内容的重构是难点，教学设计的创新是重点，教学方式的变化是痛点，教学评价的改进是落点。

### （一）教学内容的重构

在课程思政建设的背景下，我们对教学内容进行了重新梳理，将挖掘的育人元素有机融入教学之中，保证专业课程与思政教育同向而行。

例如：在"绪论"中，我们安排了"芯片之难与芯片之痛"的主题分享，讲解了芯片的设计和制作过程，让学生了解到我国在芯片领域的优势和劣势。学生在分享学习中认识到差距，增强了科技报国、产业报国的使命感和理想信念。

在"数制与码制"这一章节中，我们对二进制进行了引申，引入了古代的阴阳学说，将哲学的思辨意识带入课堂（见图 2）。

图 2　莱布尼茨的二进制与中国古代阴阳学说中的二进制

在“逻辑代数基础”这一章节中，我们为学生介绍了乔治·布尔的著作《逻辑的数学分析》与香农的硕士论文《继电器与开关符号的分析》，帮助学生理解科学精神，理解技术价值。

在“触发器”这一章节中，为了帮助学生理解边沿 SR 触发器的可靠性结构，我们为学生展示了抗洪抢险中解放军战士构筑成人墙并交叉手拉手的图片，以此既形象地说明了触发器的连接，同时也进行了爱国主义教育（见图 3）。

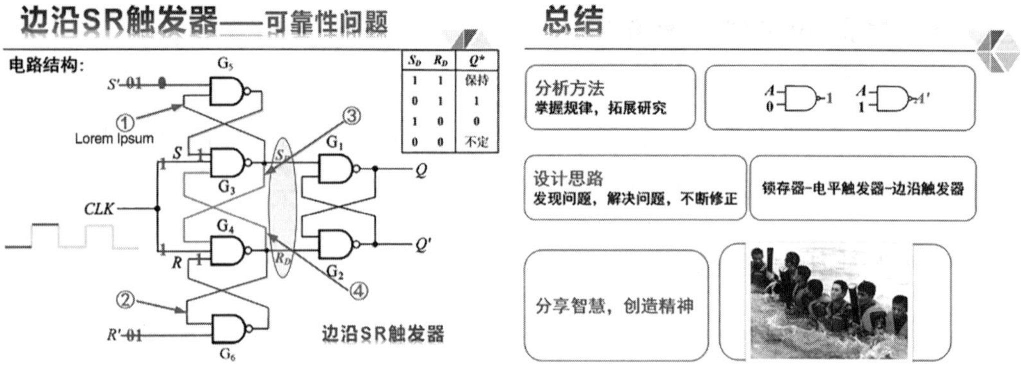


图 3　边沿 SR 触发器电路结构的讲解

## （二）教学设计的创新和教学方法的实践

课程思政的建设重点在于教学设计。教学设计的核心在于解决安排哪些授课内容、怎样安排授课内容以及这样安排的逻辑是什么等问题。在教学设计的创新方面，重点考虑的是能力目标和价值观目标的达成度和匹配度。

以系统设计实验“数字时钟”为例，本实验需要达成的知识目标：运用 VHDL 语言在 FPGA 开发板上实现一个数字系统——数字时钟。

能力目标：培养学生的系统观、逻辑思维能力和解决复杂问题的能力。

价值观目标：学生理论基础扎实、工程素养优秀，具有敢于创新、勇于创新的品格。

本实验中，重点是培养学生形成系统的观念和思维，在构建复杂系统的过程中，学会解决问题和困难。

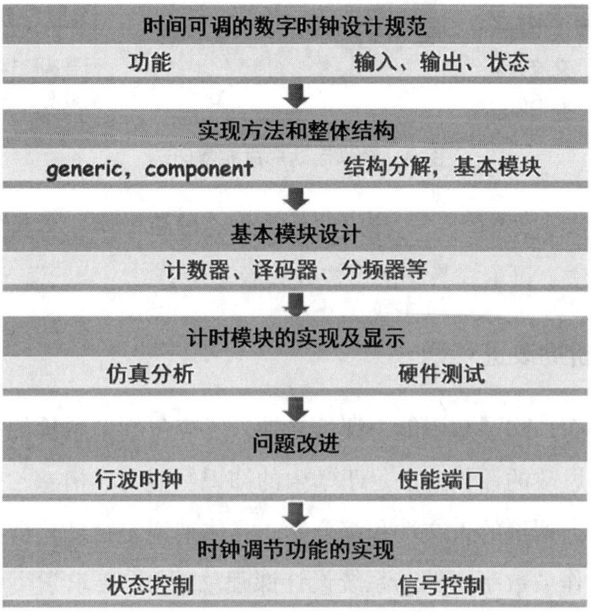


图 4　数字时钟的设计思路

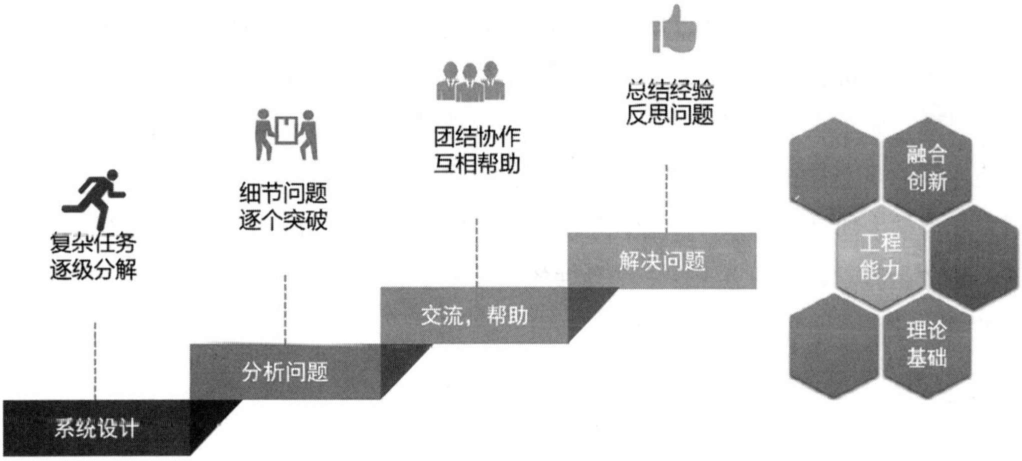


图 5　实验过程引领能力进阶

图 6　教学活动形成完整闭环

教学实践的落脚点在学生。构建以学生为中心的教学模式，具体可以采用问题引导法、启发式教学法、讨论式教学法、探究式教学法等。

### （三）教学评价的改进

在教学评价方面，除了知识能力评价之外，还应包括情感价值观的评价，即课程思政的评价。课程思政的评价应立足于学生的知识、能力、情感、态度、价值观方面的发展情况，凸显出评价的人文性和综合性。具体来说，在理论课部分，教师通常会布置一份作业，叫作“数字电路与系统设计课程总结”，要求学生聊一聊学完这门课的成长和收获。在实验课部分，在每一份实验报告的最后，教师会要求学生写一点关于本次实验的总结和感想。这些都是学生的自主评价。

在参与教学评价的主体方面，应该选择多元主体，除了学生自主评价之外，还包括任课教师评价、小组成员评价、同班同学评价等。除了主观评价之外，还要有客观量化评价，整个学习过程中的一切资料、实验结果都可以作为客观量化评价的依据，只有丰富的评价体系才能接近反映学生的真实发展情况。①

结合学生的自主评价，以及学生对课程、教师的评价，教师要及时进行反思、改进，这才是教学评价的意义。一个良性的教学模式应该是边教学、边评价、边反思、边改进。

① 王杜娟，殷允强，王婧熠，等．新工科专业与“三全育人”协同教学的研究与实践：以数据分析类课程为例［J］．电子科技大学学报（社科版），2023（25）．

## 参考文献：

［1］教育部关于印发《高等学校人工智能创新行动计划》的通知［EB/OL］.（2018-04-10）［2023-10-01］. http://www.moe.gov.cn/srcsite/A16/s7062/201804/t20180410_332722.html.

［2］教育部关于印发《高等学校课程思政建设指导纲要》的通知［EB/OL］.（2020-06-05）［2023-10-01］.http://www.moe.gov.cn/srcsite/A08/s7056/202006/t20200603_462437.html.

［3］赵树源．通信工程课程思政的探索与实践［J］．中国新通信，2023，25（10）：107-109.

［4］王杜娟，殷允强，王婧熠，等．新工科专业与“三全育人”协同教学的研究与实践：以数据分析类课程为例［J］．电子科技大学学报（社科版），2024，26（1）：105-112.

（李彬，博士，副教授，中国传媒大学信息与通信工程学院通信工程系副主任）

# 课程思政在“机器学习”教学中的应用探索

◎张韬政

**摘　要**：思政教育一直以来都是高等教育的中心任务，课程思政更是其中的重中之重。本文以研究生课程“机器学习”为例，围绕课程思政进行了探索。

**关键词**：课程思政；机器学习；高校思政教育

## 一、思政背景

思政教育一直以来都是高等教育的重要组成部分，如何将思政教育有效融入专业教育，实现全员育人，如何打破专业教学与思政教育的“思维壁垒”①，具有重要的实践价值与现实意义。2020年6月，教育部印发《高等学校课程思政建设指导纲要》(以下简称《纲要》)。《纲要》指出，全面推进课程思政建设，就是要寓价值观引导于知识传授和能力培养之中，帮助学生塑造正确的世界观、人生观和价值观。②

2021年10月，习近平总书记在党的二十大报告中指出要“用社会主义核心价值观铸魂育人，完善思想政治工作体系”，“用党的创新理论武装全党是党的思想建设的根本任务”③。在此指引下，高校思想政治教育已经成为新时代高校教育高质量发展的重要路径，科学促进高校党建与课程思政的互动联系可以作为新时代“大思政课”建设的重要方向。④

① 田丽欣，吕宏丽．专业教育与课程思政协同融合的《自动控制原理》课程教学探究［J］．现代农村科技，2023(8)：113–114.

② 夏峰，郑金秋，周再红，等．基于关联规则的课程思政研究与实践［J］．中国医学教育技术，2023，37(1)：67–70，75.

③ 习近平．高举中国特色社会主义伟大旗帜　为全面建设社会主义现代化国家而团结奋斗：在中国共产党第二十次全国代表大会上的报告［M］．北京：人民出版社，2022.

④ 董劭伟，孙琦铭，周子怡．以党的二十大精神引领高校党建与课程思政的相互促进［J］．河北民族师范学院学报，2023，43(3)：6–13.

习近平总书记指出："'大思政课'我们要善用之，一定要跟现实结合起来。"① 新时代高校"大思政课"的主要内涵体现在育人大理念、育人大视野、育人大格局、育人大智慧这四方面。理念之"大"基于理论真理性，视野之"大"基于历史客观性，格局之"大"基于时代发展性，智慧之"大"基于价值超越性。②

中国传媒大学近年来开展了课程思政示范项目的立项工作，这一项目的开展对于课程思政的推动具有极大的鼓舞作用，同时也为授课教师提供了更为广阔的平台。本文将以研究生课程"机器学习"为例，简要介绍围绕该课程所进行的思政探索。

## 二、课程思政概述

### （一）课程思政的内涵

课程思政指在各学科专业教学中融入思想政治内容。③ 课程思政的主要形式是将思想政治教育元素，包括思想政治教育的理论知识、价值理念以及精神追求等融入各门课程中去，潜移默化地对学生的思想意识、行为举止产生影响。课程思政在本质上还是一种教育，是为了实现立德树人的根本任务。它始终坚持以德立身、以德立学、以德施教，注重加强对学生的世界观、人生观和价值观的教育，传承和创新中华优秀传统文化，积极引导当代学生树立正确的国家观、民族观、历史观、文化观，从而为社会培养更多德智体美劳全面发展的人才，为中国特色社会主义事业培养合格的建设者和可靠的接班人。④

### （二）课程思政建设途径

思政元素进课堂的一个难点在于，很容易将"思政"空洞化，让思政言之无物，

① "大思政课"我们要善用之（微镜头・习近平总书记两会"下团组"・两会现场观察）[N].人民日报，2021-03-07（01）.

② 张艳艳.新时代高校"大思政课"的本质内涵、教学逻辑与实践路径[J].电子科技大学学报（社科版），2023，25（4）：71-78.

③ 冯欣，张杰，石美凤，等.人工智能专业的课程思政建设[J].计算机教育，2022（11）：43-46.

④ 陈美娜，何丽丽.高校创新创业教育模式下课程思政教育实施路径探究：以信息安全课程为例[J].办公室业务，2023（14）：104-106.

从而让学生打不起精神，没有共鸣，因此，对于思政元素的选取十分重要。[①] 通常，教学中的思政元素主要通过以下几种途径获取：

**1. 专业培养方案**

专业培养方案是教学过程中的重要指导，因此，思政教育也应该紧紧围绕专业培养方案，教师应该在教学过程中通过思政手段培养学生的思辨能力。

**2. 中国特色社会主义的伟大实践所取得的成就**

培养高校学生的过程就是为国家培养人才的过程，因此，把思政教育与中国特色社会主义的伟大实践所取得的成就进行结合，能够增强学生的爱国之心，把个人的学业与国家的荣辱紧密联系起来。

**3. 专业领域的科学家、大工匠**

将思政教育与专业领域的科学家、大工匠相结合，能够让学生有学习的目标、有前进的动力、有效仿的楷模、有参考的方法。

**4. 专业领域汇集的热点事件**

专业领域汇集的热点事件大多集中了该领域的前沿热点话题。如果能把热点事件中的思政元素提取出来，服务于课程思政建设，则能让学生在潜移默化中获得思政教育。

**5. 社会应用和技术发展**

思政教育也要与社会应用和技术发展相结合，让学生们从摸得到、看得见的身边事中获得思想政治教育。

**6. 法律法规**

思政教育并不局限于对学生思想道德和远大理想的培养，遵纪守法也是思政教育中十分重要的一项内容。

**7. 其他**

除了前文提到的六种思政元素挖掘途径之外，还有很多其他途径。图 1 展示了“机器学习”课程思政元素挖掘的基本思路。

① 张玉宏，蒋玉英，侯惠芳．可持续发展的思政工科课程探索与实践：以机器学习课程为例［J］．计算机教育，2021（11）：93–96，105.

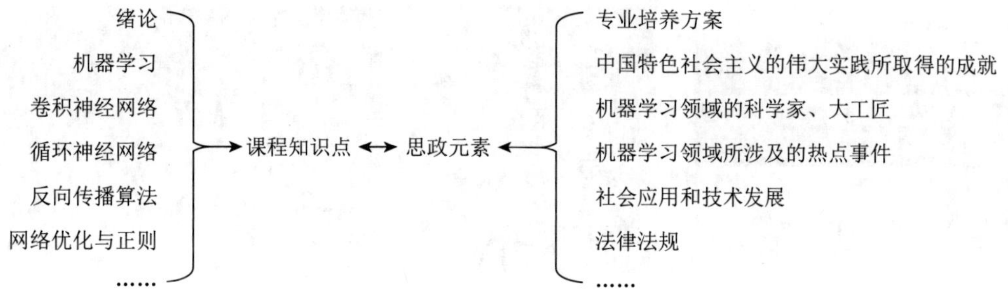


**图 1 “机器学习”课程思政元素挖掘的基本思路**

思政教育是一个漫长的过程，在课堂教学中应注重将思政元素通过显性灌输和隐性渗透的方式融合于专业知识之中，让思政元素以潜移默化、滴水石穿的方式逐渐渗透到学生的思想当中。①

### （三）教学方法与手段

#### 1. 列举项目案例

通过采用丰富多彩的项目案例教学法，学生可以体会到本专业与日常生活的密切联系，提高学术素养，形成辩证唯物主义观点。

#### 2. 播放扩展视频

收集和录播相关视频，包括教学过程项目案例和技术背景分析等，强化爱国主义教育和风险防范教育。

#### 3. 建立课程微信群、QQ 群

保持与学生的联系，及时为学生答疑解惑，了解学生的思想动态，实现课上课下无缝衔接，进一步提升思政教学效果。

#### 4. “走出去”与“引进来”相结合

“走出去”指学校与国内相关企业保持良好的合作关系，建立学生实习、实训基地。“引进来”指定期邀请国内外的权威专家、学者、教授及相关技术人员走进课堂，为学生带来最新的行业发展信息。

#### 5. 改进课程评价方法

课程思政还要重视后续的课程评价，采用学生自评、学生互评等方式，提高学生的参与积极性。图 2 展示了课程思政的教学方案设计。

---

① 王兴梅，赵一旭，战歌 . 新工科背景下机器学习课程思政建设的研究与实践［J］. 高教学刊，2022，8（5）：193–196.

图 2　课程思政教学方案设计

## 三、“机器学习”课程思政建设

### （一）课程介绍

“机器学习”是近二十年来兴起的一门多领域交叉学科，涉及概率论、凸分析、算法复杂度理论等多门学科知识，具有较强的理论性和实践性。随着深度学习、神经网络等概念的不断出现，“机器学习”已经成为当下最热门、最前沿的课程之一。

在中国传媒大学的研究生培养体系中，“机器学习”是一门重要的必修课程和方法类课程，信息与通信工程、通信与信息系统、信号与信息处理、人工智能、新一代电子信息技术（含量子技术等）等专业的学硕、专硕学生都要学习这门课程。

### （二）教学案例

研究生课程“机器学习”中的数学理论及数学模型均较多，对于学生来讲，容易感到枯燥无趣，学习起来也有一定的难度。但如果能够利用好思政元素，深度挖掘数学之美、科技之能，让学生把课程的学习和个人对国家的贡献结合起来，无疑会给课堂增加更多的趣味性，也会增添学生学习的动力。

比如，在给学生们介绍什么是机器学习时，可以引用西蒙教授的观点：“如果某个系统能通过执行某个过程，就此改进它的性能，那么这个过程就是学习。”从这个观点可以看出学习的核心目的是改变性能，引申到人的身上，这一观点同样适用。学生不断学习的目的在于充实自己、获取知识、得到提高，而如果只是重复性地学习已经掌握的知识，不能达到认知升级的目的，那么即使表面上看起来十分用功，也不过是“伪学习”。

再比如讲到反向传播算法时，可以和信息论进行结合。在反向传播算法中，如果神经网络层数过多，那么误差信息就会逐渐消失，而在信息论中也有类似“信息逐层减少”的理论。当一种形式的“有序化（即信息）”转化为另一种形式的“有序化”时，必然伴随产生某种程度上的“无序化（即熵）”。引申到思政层面，当我们把信息向外传播时，必然会产生一定的信息损失，并同时生成一定的“无序”，因此，想要让信息传播得更全面就需要有更多的输出。而为了保证信息的平衡与对等，我们还需要在输出的同时保证外部信息的引入，这样才能达到“有序”。而这也正是我们坚持改革开放，坚持国内国外双循环，坚持在疫情期间不关闭国门的原因之一。

除了与信息论进行结合，反向传播算法还可以从鼓励学生坚持每天学习的角度进行分析。梯度消失和梯度爆炸是反向传播算法中十分重要的两个概念，这两个概念的区别就在于连乘因子的大小。当连乘因子小于 1 的时候，最终结果可能趋于零，就是梯度消失；当连乘因子大于 1 的时候，最终结果可能趋于无穷，就是梯度爆炸。这两个例子也告诉学生：如果每天多学习一些，最终就可能受益无穷；而如果每天少学习一些，最终就可能收效甚微。

除此之外，在讲到深度学习和卷积神经网络的时候，可以引入 AlphaGo 的例子；在讲到机器学习的应用的时候，可以向学生介绍深度学习和人工智能可能具有的安全、伦理、法律层面的隐患，让学生在探索前沿科技的同时保持对法律道德的敬畏之心。除了针对知识点的思政元素拓展之外，我们还可以把中国传统文化、文献资源、企业资源等融入课堂之中，利用所有有效的手段，让学生在学习知识的同时获得思想上的提高。

## 四、总结

思政教育近年来受到社会各界的广泛关注，开展好思政教育，对于学生、家庭、学校、社会而言意义重大。而开展新工科背景下课程思政教学的探索与实践，无论是对于我国社会发展的新形势，还是对于高校学生道德素质的培养，都是非常重要的。

本文围绕研究生课程“机器学习”简要探讨了课程思政实践与收获。课程思政任重道远，思政育人责任同肩。深入研究课程思政的新理念、新思路、新方法，为国家、为社会培养更多思想道德和专业能力双面开花的新时代人才，值得每一位教育工作者为之付出努力。

## 参考文献：

[1] 田丽欣，吕宏丽.专业教育与课程思政协同融合的《自动控制原理》课程教学探究［J］.现代农村科技，2023（8）：113-114.

[2] 夏峰，郑金秋，周再红，等.基于关联规则的课程思政研究与实践［J］.中国医学教育技术，2023，37（1）：67-70，75.

[3] 习近平.高举中国特色社会主义伟大旗帜为全面建设社会主义现代化国家而团结奋斗：在中国共产党第二十次全国代表大会上的报告［M］.北京：人民出版社，2022.

[4] 董劭伟，孙琦铭，周子怡.以党的二十大精神引领高校党建与课程思政的相互促进［J］.河北民族师范学院学报，2023，43（3）：6-13.

[5]“大思政课”我们要善用之（微镜头·习近平总书记两会“下团组”·两会现场观察）［N］.人民日报，2021-03-07（01）.

[6] 张艳艳.新时代高校“大思政课”的本质内涵、教学逻辑与实践路径［J］.电子科技大学学报（社科版），2023，25（4）：71-78.

[7] 冯欣，张杰，石美凤，等.人工智能专业的课程思政建设［J］.计算机教育，2022（11）：43-46.

[8] 陈美娜，何丽丽.高校创新创业教育模式下课程思政教育实施路径探究：以信息安全课程为例［J］.办公室业务，2023（14）：104-106.

[9] 张玉宏，蒋玉英，侯惠芳.可持续发展的思政工科课程探索与实践：以机器学习课程为例［J］.计算机教育，2021（11）：93-96，105.

[10] 王兴梅，赵一旭，战歌.新工科背景下机器学习课程思政建设的研究与实践［J］.高教学刊，2022，8（5）：193-196.

（张韬政，博士，中国传媒大学信息与通信工程学院副教授）

# “信息论与编码原理”课程思政设计与探索*

◎石东新　张亚娜

**摘　要：**课程思政是国家落实教学立德树人根本任务的战略举措，与中国传媒大学“立德、敬业、博学、竞先”校训的主旨十分契合。本文立足“信息论与编码原理”课程的内容和特点，探索课程思政的落实，精心设计思政案例，将马克思主义哲学方法论、社会主义人生观、社会主义世界观和社会主义价值观等思政元素“润物无声”地融入教学中并贯穿整个教学过程。

**关键词：**课程思政；信息论与编码；思政元素

课程思政是指把“立德树人”作为根本任务的一种综合教育理念，通过调动课程全要素，形成协同效应，遍历教学全过程，从而构建全方位的育人格局。这一教育理念与中国传媒大学“立德、敬业、博学、竞先”校训的主旨非常契合。2020年6月，教育部印发的《高等学校课程思政建设指导纲要》① 明确指出，全面推进课程思政建设是落实立德树人根本任务的战略举措。近年来，课程思政已成为教育教学改革中研究和探索的热点课题。“信息论与编码原理”课程是面向电子信息类专业学生开设的一门重要核心课程。在通信领域，信息论可称为通信的哲学，它从理论上揭示了通信过程的基本规律与能力界限；在信息科学领域，信息论为信息处理、信息传输和信息管理奠定了理论基础；在社会领域，信息论所蕴含的信息哲学思维成为大数据、人工智能等研究的有力工具。② 课程思政意味着对教育结构的改进，以实现知识传授、价值塑造和能力培养的多维度教育要素统一。因此，着力探索和研究“信息论与编码原理”课程的思政元素，精心设计课程思政案例，进行教学实施，就显得非常必要且重要。

---

* 本文系2023年度中国传媒大学教改项目“媒体工程技术虚拟教研室”（JG23101006）的阶段性成果。

① 教育部关于印发《高等学校课程思政建设指导纲要》的通知：教高〔2020〕3号［A/OL］.（2020-06-01）［2023-10-01］.http://www.moe.gov.cn/srcsite/A08/s7056/202006/t20200603_462437.html.

② 刘严，雷菁，黄英，等.“五环联动”的课程思政体系化方案建设与实践：以“信息论与编码基础”课程为例［J］.高等教育研究学报，2023，46（3）：77-82.

## 一、“信息论与编码原理”课程内容和特点

“信息论与编码原理”课程以香农信息理论为基础，着眼于信息度量、信源压缩、信息传输、差错控制四大主题，以概率论和随机过程为工具，研究通信系统中信息传输的有效性和可靠性问题，讲述信源的类型与特性、信源熵、信道的类型和特性、信道容量、率失真函数等香农信息理论以及信源编码、信道编码的基本理论和技术方法，着重介绍了信息的存储、传输和处理中的基本理论和一般规律，重点分析了三大香农基本定理，揭示了通信系统在信源无损压缩、有损压缩以及信道传输三个方面的极限性能。这些信息论与编码的基本理论和方法不仅适用于传统的通信领域，也能满足信息处理、自动控制、人工智能、经济和管理等其他领域的需要。通过该课程的学习，学生不仅能掌握信息论的相关知识、概念和原理方法，还能培养逻辑思维能力和创新能力，从而具有在信息领域从事科学研究、解决工程实际问题的能力。

“信息论与编码原理”课程内容丰富、理论性强，抽象概念多、数理逻辑强，有大量数学公式以及相关定理，且数学推演复杂，对学生的逻辑思维能力、空间想象能力要求较高，因此，学习和教学难度都较大。但同时，在所有信息类专业的核心课程中，“信息论与编码原理”课程是渗透性最强的一门[①]，以此为起点开展思政课程建设，能够迅速辐射影响到其他核心课程，并最终成为信息类专业思政建设的重要抓手。

## 二、课程思政设计的目标、思路和方法

### （一）课程思政设计的目标

“信息论与编码原理”课程思政设计的目标是用好课堂主渠道，对学生进行价值引领、精神培养，鼓励学生树立正确的世界观、人生观和价值观，将学生培养成为德智体美劳全面发展的社会主义建设者和接班人，从而实现“立德树人”的根本任务。

① 明洋，杨洋，罗向龙，等．新工科背景下信息论与编码技术课程教学改革探索［J］．高教学刊，2023，9（8）：43-46.

### （二）课程思政设计的思路

“信息论与编码原理”课程思政设计的思路是结合行业发展，突出前沿科技，扩展课程内容的深度和广度，拓宽知识面，挖掘专业知识背后所蕴含的精神文化价值和深刻的哲学含义，引发学生深入思考，引导并改善学生的思维方式，激发学生的学习兴趣，形成显性教育和隐性教育相融合的立体化的思政格局，让理论知识起到润物无声的育人效果。

### （三）课程思政设计的实现方法

1. 修订教学大纲，更新课标，明确思政模块，注重价值引领。

2. 思政元素驱动下的课程重构。挖掘课程内容背后的精神文化价值和深刻的哲学含义，设计制作能够体现“课程思政”特点的课件，合理规划思政元素的插入点，做到自然而巧妙，“润物无声”且合情合理。

3. 建设课程思政案例库。认真梳理、充分挖掘各章节知识点背后的思政元素，多角度、多维度分析归纳，建立思政案例库，并不断完善。

4. 课堂延伸。借助畅课平台、微信等信息化平台和工具，实现与学生的课下延伸交流，分享思政素材和案例视频资料等，进一步延伸并提升课程思政的教学效果。

## 三、课程思政元素设计及其建设内容

课程思政建设对教师和学生同时提出了更高的要求。[①] 教师一方面要增强思政认同感，提高自身的思政素养；另一方面在课程建设和教学实施中，应注意挖掘思政元素，精心设计教学案例，做好课前预习布置、课后调查与交流。同时，学生应端正学习态度，认真听讲，严格要求自己，独立完成作业，积极思考，做到举一反三、触类旁通。

### （一）课程思政元素设计

课程思政元素具有多样性和丰富性，立足于“信息论与编码原理”课程的内容和特点，我们从以下三个方面进行了课程思政元素设计。

① 郭里婷．“信息论与编码”思政教学的探索［J］．电气电子教学学报，2023，45（2）：100-103.

首先，马克思主义哲学方法论是唯物辩证法，它是对客观规律的正确反映，要求人们在认识和实践活动中一切从实际出发，实事求是，自觉运用客观世界发展的辩证规律，严格按规律办事。① 具体来说，我们将整体和局部的辩证关系、矛盾的对立和统一性、联系的客观性和普遍性、量变引起质变、主要矛盾和次要矛盾等哲学方法论应用于本课程的知识点中。

其次，社会主义核心价值观是社会主义核心价值体系的高度凝练和集中表达。集体主义、社会责任、奉献精神、公平正义、劳动光荣等价值观是社会主义意识形态的本质体现和内在价值取向，同时也是中华民族千年精神文化的积淀。② 具体来说，我们要培养学生的家国情怀，树立为国科研的责任感；坚持理想信念，培养创新的科研精神；培养团队精神，既有担当，又懂团结协作。

最后，社会主义人生观指以马克思主义为指导，深刻揭示人的本质及人生发展规律。人生观的核心问题包括人生目的、人生态度、人生价值等方面，其研究重点是人生的认知形态和实践形式。人生观教育是道德教育中的一部分，即指导广大青年确立正确的人生目的、态度、价值。人生观教育的现代内涵指以追求人生整体的自由全面发展为目标，引导人们确立正确的人生目的、人生态度、人生价值，实现有意义的人生。具体来说，我们要鼓励学生树立远大理想，把学习当作一种责任、一种精神追求，学习世界先进文化，刻苦钻研，与时俱进，提高自身的素质和能力。要加强思想道德修养，树立高尚的人格和品格，自觉弘扬爱国主义、集体主义。

### （二）课程思政建设内容

“信息论与编码原理”课程共 32 学时，分为 8 章教学内容，前续课程为高等数学、线性代数、概率论与数理统计。课程重点内容如表 1 所示。

**表 1 “信息论与编码原理”课程重点内容**

| 章节 | 重点内容 |
|---|---|
| 第1章 绪论 | 信息的概念和主要特征，通信系统的模型，香农信息论的研究对象和研究内容，概率论相关知识回顾 |
| 第2章 离散信源及其信息测度 | 信源的分类与数学模型，自信息量和熵的基本概念，离散无记忆信源，离散无记忆信源的扩展信源，离散平稳信源，马尔可夫信源，信源的相关性与剩余度 |

① 郭里婷．“信息论与编码”思政教学的探索［J］. 电气电子教学学报，2023，45（2）：100–103.

② 胡剑慧，陈晓静．珍视新时代大学生社会主义人生观价值观的生长：基于几个价值观认同度的调查分析［J］. 毛泽东邓小平理论研究，2018（7）：91–95，108.

续表

| 章节 | 重点内容 |
|---|---|
| 第3章　离散信道及其容量 | 信道模型及其分类，互信息和条件互信息的基本概念，平均互信息的性质，数据处理定理，信道容量的计算，信源和信道的匹配 |
| 第4章　无失真信源编码 | 分组码的码树表示方法，定长码和变长码的唯一可译条件，无失真信源编码定理，最优码、香农码等实际编码方法 |
| 第5章　限失真信源编码 | 信息率失真函数，限失真信源编码定理 |
| 第6章　有噪信道编码 | 常用译码准则，平均错误译码概率与编码方法，费诺不等式，汉明距离和信道编码原则，有噪信道编码定理 |
| 第7章　纠错编码 | 介绍纠错码的基本概念，线性分组码的基本概念 |
| 第8章　波形信源与波形信道 | 特殊连续型信源的差熵，具有最大熵的连续信源，高斯白噪声信道的信道容量 |

围绕以上教学内容，我们对课程进行了深度挖掘，精心设计了全过程知识点的思政内容（见表2）。

**表2　“信息论与编码原理”思政内容**

| 章节 | 知识点 | 思政内容 |
|---|---|---|
| 第1章　绪论 | 信息论发展史 | （1）讲述信息发展简史，引入“墨子号”量子卫星、北斗系统等实例，鼓励学生树立严谨求实的科学精神<br>（2）介绍香农的科学经历，鼓励学生学习其重视实践、永不满足的钻研精神，以及专注、一丝不苟的工作态度 |
| | 通信系统模型 | 引入整体和部分的辩证关系。信源编码和解码两个部分，提高传输的有效性；信道编码和解码两个部分，提高传输的可靠性；加密和解密两个部分，保障传输的安全性。每个部分都发挥自己的作用，才能保证系统的整体性能 |
| | 信源压缩和信道编码的作用 | 引入矛盾的对立和统一性。信源编码，通过压缩冗余，提高传输的有效性；信道编码，通过加入一些规律性冗余，达到纠检错效果。信源压缩去冗余和信道编码增加冗余是矛盾对立的，但在通信系统中，它们又是密不可分、统一的。因此，应预先规划系统的整体性能指标，再对信源编码和信道编码这一对矛盾双方进行折中优化设计，避免因过度追求某一方的性能而使另一方性能下降 |
| 第2章　离散信源及其信息测度 | 加密 | （1）增强安全观念和社会责任感<br>（2）讲述《马关条约》背后的故事，因密码泄露造成的丧权辱国条约内容的签订，培养数据安全意识，使学生能够认识到技术落后的危害，激发学生的爱国情怀和学习动力<br>（3）讲述日本偷袭珍珠港事件背后的故事，中国人破译日本密码，为反法西斯战争的胜利做出贡献。坚定学生的爱国热情，促发其积极向上的内驱力 |

续表

| 章节 | 知识点 | 思政内容 |
| --- | --- | --- |
| 第2章　离散信源及其信息测度 | 熵的概念 | （1）熵的物理意义表明了事物随机化的杂乱程度。自然科学往往研究的是熵增的过程，追求熵的最大化，如信源的压缩，寻求符号平均信息量的最大化，这样有利于用尽量少的符号携带尽可能多的信息，促进压缩效率的提升。人文科学、管理学则研究熵减的过程，寻求熵的最小化，追求秩序性、规则化，简化系统便于管理<br>（2）汉语可以说是世界上表达信息最丰富、信息密度最高的语言，以此激发学生的民族自豪感与爱国热情<br>（3）薛定谔说“生命以负熵为生”，引导并讨论“负熵”，鼓励学生自强与自律 |
| | 最大熵定理 | 所谓的最大熵定理其实就是指包含已知信息，不做任何未知假设，把未知事件当成等概率事件处理。根据最大熵原理，引申出团结协作的重要性及团队的力量，引导学生分析个人强和整体强的辩证关系，思考团队合作意识的重要性，培养学生乐于助人的团结协作精神 |
| | 马尔可夫链 | 通过引入马尔可夫链，为学生揭示出一个道理：将来只依赖于现在，与过去无关 |
| 第3章　离散信道及其容量 | 信息不增原理 | 信息经过处理后，一般只会减少，最多保持不变，不可能增加；要想获得更多、更精确的信息，必须多次对信源进行独立的测量。但无论怎样，所获得的信息也无法超过信源提供的信息熵。据此引申出一个道理：要多听多看，只有多角度分析才能更全面准确地认识和看待问题 |
| | 信道容量 | 信道容量是信道在某种条件下的最大传输能力。信道当中不可避免地有噪声和干扰，需要信道编码对信息加以保护，实现可靠的传输。推而广之，我们每个人的人生道路不可能平平坦坦，要用知行合一的思维方式和行为准则为我们的人生道路保驾护航 |
| | 信道级联 | 从量变开始，质变是量变的必然结果。有损信道进行级联，随着连接数量的增加，信息损失逐渐累积，信道容量就会逐渐减少为零。因此在工程实践中，要避免过多环节的信息处理，如果需要多级串联，就要控制好每一级的信息损失，以免量变累积导致质变。这也启发我们：好因素的积累，可以为实现事物良性质变创造条件，同时也要防止坏因素的积累，避免恶性质变的出现 |
| 第4章　无失真信源编码 | 熵编码 | 熵编码的核心思想是出现概率越高（自信息越少）的符号，应分配的码长越短。在我们的生活中，只有将更多的资源投入最重要的事情中，才更有可能获得成功 |
| 第5章　限失真信源编码 | 率失真 | （1）引入矛盾的主要方面和次要方面。在传输带宽受限的情况下，视频传输质量和信道资源占用是一组矛盾。为了保证多用户共享、公平和视频的可达，信道资源是矛盾的主要方面，传输质量是矛盾的次要方面，因此，可以允许对视频进行一定限度的失真预处理。当然，也要避免过度的失真处理和一味追求信道资源的共享而忽视了用户的接收体验<br>（2）有损信源编码控制失真的大小对信息进行压缩。任何事物都有它存在的价值，我们要辩证地看待事物，同时也要辩证地认识自己<br>（3）实际音视频数据传输，并不要求信息的无失真传输，而是在限定一定失真的前提下，尽可能要求信息传输的最小化。这提示我们：在实际工作生活中，有时不见得要尽善尽美，掌握好分寸和尺度，制定一个明确可达的目标，往往会更加有动力 |

续表

| 章节 | 知识点 | 思政内容 |
|---|---|---|
| 第6章　有噪信道编码 | 汉明距离译码准则 | 同样的汉明距离，可以选择不同的译码准则，得到不同的纠错性能。人生经常会面临选择，并且还是多选题，既要立足当下，也要长远考虑，不计较一时得失，选择最优解 |
| 第7章　纠错编码 | 信道编码 | 以引入最小的冗余度为代价来换取最好的抗干扰性能。额外的付出，换来友谊、团结。做事不要斤斤计较，付出是有回报的 |
| 第8章　波形信源与波形信道 | 最大熵定理 | 峰值功率受限和平均功率受限的信源，最大熵的条件不同。每个人的条件不同，判断的标准不同，鼓励学生立足自身优势求得未来发展 |

## 四、总结

本文以“信息论与编码原理”课程为例，围绕教学大纲内容深度探讨了课程思想建设，提炼了课程知识体系中所蕴含的思想价值和精神内涵，有效拓展了课程的广度、深度和温度，为学校落实“立德树人”根本任务作出了一定的贡献。

**参考文献：**


[1] 教育部关于印发《高等学校课程思政建设指导纲要》的通知：教高〔2020〕3 号［A/OL］.（2020-06-01）［2023-10-01］.http://www.moe.gov.cn/srcsite/A08/s7056/202006/t20200603_462437.html.

[2] 刘严，雷菁，黄英，等．“五环联动”的课程思政体系化方案建设与实践：以“信息论与编码基础”课程为例［J］. 高等教育研究学报，2023，46（3）：77-82.

[3] 张江鑫，张昱，徐思世．“信息论与编码”课程思政建设的一点思考［J］. 教育教学论坛，2023（11）：133-136.

[4] 郭里婷．“信息论与编码”思政教学的探索［J］. 电气电子教学学报，2023，45（2）：100-103.

[5] 黄昭县．“信息论与编码技术”融入课程思政的教学探索［J］. 教育教学论坛，2020（50）：37-38.

[6] 黄英，雷菁，刘严，等．工科研究生课程思政改革实践探索研究：以“信息论与编码”课程为例［J］. 工业和信息化教育，2022（9）：53-56.

[7] 庞宏．信息论与编码课程教学改革［J］. 西部素质教育，2022，8（12）：128-130.

[8] 刘刚，郭漪，肖嵩等．混合式教学在“信息论与编码理论”中的探索［J］. 电气电子教学学报，2020，42（6）：106-109，129.

[9] 李如玮，赵德群，黎海涛．关于网络教学如何保证教学质量的思考：以“信息论基础”课程教学为例［J］. 科学咨询（科技·管理），2021（3）：245-246.

[10] 明洋，杨洋，罗向龙，等 . 新工科背景下信息论与编码技术课程教学改革探索［J］. 高教学刊，2023，9（8）：43-46.
[11] 胡剑慧，陈晓静 . 珍视新时代大学生社会主义人生观价值观的生长：基于几个价值观认同度的调查分析［J］. 毛泽东邓小平理论研究，2018（7）：91-95，108.

（石东新，博士，中国传媒大学信息与通信工程学院副教授；
张亚娜，博士，教授，中国传媒大学信息与通信工程学院广播电视系副主任）

# 实践课程中的思政探索

## ——以“数字节目制作”课程为例

◎杨　宇

**摘　要：** 响应课程思政的教育理念，广播电视工程专业实践类课程“数字节目制作”进行了思政教育的设计和实践探索。本文介绍了该实践课程的背景和特点，分析了当前在理工科实践课程中融入思政元素面临的问题，探讨了依托产教融合实践平台进行课程思政实践的教学方法。

**关键词：** 节目制作；课程思政；教学案例；产教融合

教育兴则国家兴，教育强则国家强。长期以来，以习近平同志为核心的党中央高度重视学校教育工作。习近平总书记在党的二十大报告中提出，人才是第一资源，培养造就大批德才兼备的高素质人才是国家和民族长远发展大计，要实施科教兴国战略，强化现代化建设人才支撑。教育工作的根本任务就是立德树人，坚持为党育人、为国育才，思政教育的重要性排在所有教育工作之首。

无论是观看影视内容、享受移动媒体服务，还是收听广播或电子读书，只要人们打开电子设备获取信息，就离不开传媒行业提供的服务，传媒行业掌握着影响受众思维和生活方式的绝大多数宣传通道。为了巩固党在基层主流思想的舆论阵地，媒体行业从业者需要具备坚定的政治信念和正确的舆论导向能力。广播电视工程专业是面向广播电视、现代传媒和多媒体通信等领域，从事科学研究、系统设计与集成、技术开发与应用等方面工作的高级技术人才，该专业的学生毕业后将活跃在传媒行业的各个技术岗位中。而“数字节目制作”是面向广播电视工程专业本科生开设的一门必修实践课程，因此，在该课程的教学过程中，必须做好对学生的思政教育工作，在培养学生业务素养的同时，提高学生的政治意识。

相较于传统课堂教学，实践课程的教学形式更加灵活多样，它为学生提供了多种类型的教学资源，同时也为思政元素的融入创造了新机遇。传统课堂的思政教学必须

“用好课堂教学主渠道”[①]，而实践课程让学生有了更多时间脱离课堂，去自主学习。如何在实践课程中融入思政元素，如何让学生在自主学习和实践过程中潜移默化地接受思想政治教育，是每一位任课教师需要认真思考的问题。

## 一、“数字节目制作”课程概述

“数字节目制作”是面向广播电视工程专业本科三年级学生开设的一门实践课程，该课程帮助学生将以往所学的“融合媒体制作与播出技术”“数字电视演播室技术”等课程知识融会贯通，掌握数字节目制作中各种新设备的使用方法和原理，熟悉前期和后期节目制作流程。该课程从实战出发，要求学生创作与技术和科学相关的专题片，也就是说，把与媒体相关的新技术知识以专题片的形式展现出来。学生需要全程参与选题策划、剧本和分镜头本编写、拍摄、表演、动画、特技包装与后期制作。该课程不仅培养学生自主学习、独立思考、发现问题和解决问题的能力，同时也培养学生技术与艺术相结合的能力以及快速掌握媒体领域新技术的能力。此外，学生在课堂上需要进行课题展示与合作，这对于学生的交流能力、团队合作能力和领导力都有一定的要求。

## 二、“数字节目制作”课程的特点

### （一）宽领域与跨学科

广播电视和媒体技术工作的本质是服务于媒体生产与传播，其工作内容涉及跨学科的范畴。比如要设计、开发一套内容制播系统，技术人员就需要明确使用这套系统的一线创作人员的工作思路和需求，只有理解编剧、导演、摄像师、照明师、艺术设计等成员的行事意图，技术人员才能提供良好的技术支持。因此，本实践课程的教学不仅限于技术范畴，还覆盖内容策划、解说词编写、镜头设计、动画制作等艺术领域，学生需要将媒体技术产业中的技术方案与艺术需求有机结合，在工作中能够快速感知

① 胡涵锦. 关于思想政治理论课用好课堂教学主渠道的若干思考［J］. 思想理论教育，2017（3）：63-68.

产业中出现的新需求并能够解决新问题，进而实现科技创新。宽领域的学习与实践、多视角的探索与发现，对提高学生的综合素养和创新能力具有十分重要的意义。

### （二）时效性与开放性

高校培养的技术人才应满足社会和产业界的需要，那么，实践课程的内容就应基于目前的产业发展水平进行设计，避免使用落后的技术，或者与实际应用脱节。在媒体技术飞速发展的今天，实践课程的内容更新节奏要与产业发展一致，这是有一定难度的。除了教师自身应及时学习新知识外，课程还要紧密结合实际。在这方面，“数字节目制作”课程借助了学校产教融合平台——中国传媒大学与北京科旭威尔科技股份有限公司（简称科旭威尔）联合建立的“智能拍摄产教融合基地”——进行教学。参与授课的不仅有专业教师，还有传媒技术业的专业人士。教学内容紧紧围绕行业发展最新的热点问题，学生的实践过程是与产业同步的，形式新颖而且开放。

### （三）教学资源的多样性

课程资源是富有教育价值的、能够转化为学校课程或服务于学校课程的各种条件的总称。① 在传统课堂教学中，教师讲授占据了绝大部分时间，虽然也有互动环节和作业讲评，但是不能占用过多课堂时间，因此，课程资源主要集中在学校内。虽然学生为了完成作业会积极主动在网上查找信息，一定程度上扩展了课程资源范围，但是由于缺乏经验，能够接触到的课程资源依然有限。实践课程则不同，它预留了足够的课时用于学生的实践和教师一对一的指导，课堂讲授不再是最重要的部分，授课场所也不再局限于教室内，学生有充足的时间去体验和感受真正的行业工作。

### （四）内驱性与外驱性

实践课程以解决现实社会中的热点问题为核心，调动学生的内部驱动力，培养学生基于自身特点和知识储备来解决现实问题。每个学生的兴趣爱好不同，关注的社会活动和职业方向也有所不同。在课程中，教师需要从学生的自主选题开始就持续关注每个学生的所思所想，积极开展组内讨论，及时提供指导和帮助。教师负责做好驱动工作，控制所有学生的工作节奏，确保每一个学生不掉队。

---

① 范蔚 . 实施综合实践活动对课程资源的开发利用［J］. 教育科学研究，2002（3）：32-34，47.

## 三、课程思政设计难点

习近平总书记在全国高校思想政治工作会议上指出：“要用好课堂教学这个主渠道，其他各门课都要守好一段渠、种好责任田，使各类课程与思想政治理论课同向同行，形成协同效应。”目前，各高校都非常重视思想政治工作的开展，积极鼓励教师落实“课程思政”工作。“数字节目制作”课程思政设计面临以下难点：

首先，思政环节的切入点选择是非常关键的。本实践课程包括课堂教学、分组讨论、分组实践、研讨会、业界访谈、开题会、结题会等多个部分，我们需要考虑在哪个节点、以何种方式切入思政内容进而取得最佳的效果。

其次，“数字节目制作”属于理工科课程，课程内容是基于自然认知建立的知识体系。在实践课程中，学生接受教育的重点在于知识要点与技术手段的掌握、方法的运用以及作业流程，这些属于技术和知识层面。而思政教育通常属于人文社科类范畴，重点在于反映党和国家的意志、要求和政治导向。[①] 教师需要寻找潜藏在自然科学知识背后的人文社会元素，让思政元素与课程内容有机结合，衔接顺畅，不突兀、不刻意。

最后一个难题也是当前高校思政教育亟待解决的重要问题——如何让这一代年轻大学生爱听、想听、入脑入心。[②] 也就是说，教师需要想办法，让思政内容更贴心，更容易让学生产生共鸣；让话题与时俱进，更具时效性；调动学生的主观能动性，引导学生主动参与思政课程的建设。

## 四、思政环节设计实践

### （一）明确思政原则，第一堂课最关键

第一堂课是引入思政元素的关键节点。通常来说，教师在第一堂课上主要介绍课程目标、课程内容、课程开展方式。在介绍课程的知识目标、能力目标和价值目标的

① 余江涛，王文起，徐晏清．专业教师实践“课程思政”的逻辑及其要领：以理工科课程为例［J］．学校党建与思想教育，2018（1）：64-66.

② 郭海成．提升高校思想政治教育亲和力［N］．太原日报，2017-08-10（007）.

过程中，教师要让学生形成这样的意识：广播电视、新媒体等位于保卫国家意识形态安全的第一线，是党和国家舆论宣传工作的前哨阵地，是关乎治国理政、定国安邦的大事，对新闻工作者的思想政治觉悟要求极高。在课程开端设置思政“高起点”，才能有效形成课程的整体思政风格，从而在后续课程中做好思政发展。

### （二）全程坚持思政意识

思政意识需要贯穿课程始终，覆盖到每一位同学。在课程设计中，要时刻绷紧“思政”这根弦，紧扣立德树人的主题。坚持整体规划，同时重视实践课程的内容与思政教育同向共行，让思政教育与知识传授、能力提升和价值引领相协同。考虑到科技活动的人文后果是课程思政的生成基础①，在本课程的思政话题中，可以从媒体行业的“科技运用”角度切入，围绕“科技是国家强盛之基，创新是民族进步之魂，科技创新推动中华民族伟大复兴”展开话题。教师应遵循思政教育规律，从点滴做起，力求在每一个知识点、每一个范例上，有针对性、多层次、全方位地强化科技创新的思政元素，给予学生潜移默化的影响。

### （三）任务布置中的思政设计

为了顺利实现教学目标，本实践课程为学生设置了一项任务——制作一部与“智能拍摄”有关的科普类专题片。教师可以通过“任务驱动”，激发学生的学习动机，促进学生积极主动地选取学习资源，自主学习和探索，进行互动协作，从而完成既定目标任务。②任务类型分为“封闭型”任务（具有事先确定的答案或解决方案）和“开放型”任务（没有事先确定的答案和解决方案）。为了培养学生自主学习、探索创新的能力，本课程将任务类型设置为开放型，也就是内容主题、拍摄手段、表现形式都比较自由，围绕“智能拍摄”“科普类”“专题片”等关键点即可。任务设立后，教师抛砖引玉，介绍相关案例和参考，学生以小组的形式进行研讨、确定选题，此时也正是融入思政元素的绝佳时机。在任务中引入思政元素，可以对学生产生积极的影响。在接下来的主题选择、实例参考、素材选取过程中，学生就会自觉地采用更多的主旋律元素。

---

① 余江涛，王文起，徐晏清．专业教师实践“课程思政”的逻辑及其要领：以理工科课程为例［J］．学校党建与思想教育，2018（1）：64–66.

② 雷钢．“目标导向、问题求解、任务驱动”三位一体的双创实践教学平台研究［J］．实验室研究与探索，2021，40（1）：221–225，299.

### （四）问题求解中的思政元素

“问题求解”是指通过处理问题情境而进行的一系列认知加工活动，通过构设一系列复杂且有意义的问题情境，学生在情境中通过探索尝试、彼此合作解决实际问题，发现隐藏在问题里的科学知识，从而获得自主学习、解决实际问题的能力。①

在这种“问题求解”模式下，本课程会引导学生重点关注在全球智能拍摄相关技术领域我国自主品牌企业的成长和技术突破，比如，我国科研团队不畏艰难，在充满艰辛的学术道路上砥砺前行；在一代代中国科技工作者的努力下，我国智能拍摄设备市场逐渐从依赖进口到与国际产品分庭抗礼；等等。在结题会中，学生们会把这些发现自豪地与其他同学分享，进一步强化了课程思政教育。

### （五）产教融合中的思政元素

本实践课程为学生提供了教学资源——产教融合实践平台“智能拍摄产教融合基地”，该平台的成员公司——科旭威尔公司本身就是一家从事智能拍摄产品研发制造以及系统集成的中国公司。该公司曾为人民大会堂、中国教育电视台、清华大学等机构或单位提供智能拍摄解决方案，为企业提供数字转型基础建设，并承担了“嫦娥二号”“嫦娥三号”在西昌卫星发射中心以及太原卫星发射中心等发射基地的重大发射活动的智能拍摄工作。该平台可以为学生提供智能拍摄科技的第一手资料，这些都是非常好的思政素材。

## 五、结语

实践课程是创新教育的出发点和归宿，在实践课程中进行思政建设，是构建新时代课程思政格局的重要手段，体现了教育工作“立德树人”的根本目标。广播电视工程专业实践类课程“数字节目制作”基于自身的特点，从点做起、以点引线，在课程中贯穿思政教育，引导学生树立正确的世界观、人生观和价值观，实现了良好的思政育人效果。

① 雷钢.“目标导向、问题求解、任务驱动”三位一体的双创实践教学平台研究［J］.实验室研究与探索，2021，40（1）：221-225，299.

## 参考文献：


[1] 胡涵锦 . 关于思想政治理论课　用好课堂教学主渠道的若干思考 [J]. 思想理论教育，2017(3)：63-68.

[2] 顾钰民 . 遵循“三大规律”用好课堂教学主渠道 [J]. 思想理论教育导刊，2017(6)：71-75.

[3] 陈国松 . 我国重点大学本科工程教育实践教学改革研究 [D]. 武汉：华中科技大学，2012.

[4] 范蔚 . 实施综合实践活动对课程资源的开发利用 [J]. 教育科学研究，2002(3)：32-34，47.

[5] 余江涛，王文起，徐晏清 . 专业教师实践“课程思政”的逻辑及其要领：以理工科课程为例 [J]. 学校党建与思想教育，2018(1)：64-66.

[6] 郭海成 . 提升高校思想政治教育亲和力 [N]. 太原日报，2017-08-10(007).

[7] 雷钢 . “目标导向、问题求解、任务驱动”三位一体的双创实践教学平台研究 [J]. 实验室研究与探索，2021，40(1)：221-225，299.


（杨宇，博士，中国传媒大学信息与通信工程学院副教授）

# OBE 理念下“数字视音频处理”课程思政探索与实践 *

◎王彩虹

**摘　要：**OBE 理念也被称为成果导向教育理念，该理念采用反向设计的方式进行课程体系的建设。本文阐述了基于 OBE 理念，中国传媒大学广播电视工程专业“数字视音频处理”课程的建设情况，以及围绕该课程思政的探索和实践。

**关键词：**OBE 理念；数字视音频处理；课程思政建设

## 一、引言

课程思政作为一种综合教育理念，以立德树人为教育的根本任务，以构建全员、全程、全方位育人格局的形式实现各类课程与思想政治理论课同向同行，推动教学工作与学校德育工作相互结合，形成协同育人效应。2020 年教育部印发的《高等学校课程思政建设指导纲要》中提出“全面推进高校课程思政建设，发挥好每门课程的育人作用”，要求把课程思政融入课堂教学建设的全过程。“数字视音频处理”课程是中国传媒大学广播电视工程专业的一门专业核心课程，面向本专业大三学生开设。该课程在同类院校中并不多见，是对经典课程“数字图像处理”的升级。多年前，广播电视工程系立足专业特色，将“数字图像处理”课程进行扩展，开设了“数字视频处理”课程。伴随国家新工科教育发展，在通识教育和学科交叉融合的大背景下，广播电视工程专业进一步优化课程体系，将原“数字视频处理”升级为“数字视音频处理”。该课程包含了数字图像、视频及语音处理的基本理论和方法，涵盖内容多，具有内涵丰富、外延广阔的特点。也正因为如此，针对有限的课时和庞大的知识体系，我们需要仔细打磨课程，制订教学计划，甄选课程内容，同时将育知与育德有机融合，实现

* 本文系中国传媒大学信息与通信工程学院院级思政类教改项目的阶段性成果。

人才培养的目标。本课程以 OBE 理念为指导进行课程思政建设。

## 二、基于OBE理念的课程思政建设

OBE 理念也被称为成果导向教育理念，它以学习成果为导向，以学生为主体和中心，采用反向设计的方式进行课程体系的建设。① 当前人工智能迅猛发展，计算机视觉和自然语言处理等学科前沿成果迭出。“数字视音频处理”课程既需要聚焦前沿，也需要夯实学生的基础。对标视频图像增强、目标定位与跟踪、语音识别与处理等前沿热点，本课程从知识、能力和价值三个角度设置了课程目标（见表 1）。围绕课程目标和预期达成的效果，我们从课程内容、教学方法、教学过程、教学资源（思政案例库、问题库、习题库、试题库等）和考核方式等方面入手做出了教学改革。

表 1　“数字视音频处理”课程目标

| | |
|---|---|
| 知识目标 | （1）掌握图像处理的相关理论和方法，包括图像增强、形态学图像处理、几何失真校正等。<br>（2）掌握视频处理的相关理论和方法，包括运动估计和运动目标检测、视频格式变换等。<br>（3）掌握语音信号处理的相关理论和方法，包括语音生成系统和感知系统特性，语音生成模型，语音信号处理的时域、频域、倒谱和LPC分析方法，语音特征参数提取，语音识别处理模型等。 |
| 能力目标 | （1）培养学生应用所学知识解决实际问题的能力，为将来从事数字视音频处理相关工作打下基础。<br>（2）培养学生举一反三、融会贯通和理论联系实际的能力。<br>（3）通过实践，培养学生的调研能力、动手编程能力、团队合作能力、展示和表达能力等。 |
| 价值目标 | （1）通过讲述视音频技术国内外的发展史，使学生了解我们国家的科研实力和不足之处，培养学生爱党、爱国的情怀，激发学生从事相关行业工作的热情。<br>（2）介绍相关研究方向，引导学生思考科学和工程伦理道德，将所学用于符合人们利益的正途。<br>（3）通过严谨的学习和实际编程，培养学生脚踏实地、认真细致的工匠精神。 |

### （一）课程内容重建

“数字视音频处理”课程共有 48 学时，其中，理论课 32 学时，实验课 16 学时。相比庞大的图像、视频和音频处理知识体系，该课程面临“学时少、内容多”的问题，如何梳理知识内容、充分利用有限的课堂时间实现效果最大化是每一位任课教师需要认真思考的问题。在课程设计阶段，我们详细梳理了图像、视频和音频处理的研究方

① 杨晓丽，刘妹．思政融入 OBE 教学法在色彩搭配课程的实践与探索［J］．创新创业理论研究与实践，2021，4（13）：164–167.

向、脉络和知识体系，筛选最基础和最重要的内容，同时紧跟行业热点和科技前沿，将音频聚焦于语音，组织教学大纲，整理教学内容。

### （二）教学方法创新

以往的专业理论课多以教师讲授为主，实验课多采用“教师讲授、学生动手”的模式，导致部分学生的参与积极性不高。如何从“教师为主导”转向“学生为主导”，需要仔细设计教学过程，针对不同章节选择适当的教学方法，合理地引入 PBL、翻转课堂和平行课堂等，形成课程的教学方法体系。

### （三）教学过程升级

合理又引人入胜的教学过程，可以增强学生的学习效果。教师应充分利用课前、课中和课后三个阶段，优化教学过程。在课前，设计和引入教学案例，引导学生思考；课中合理安排教学内容；课后优化作业与考评方式，可以布置多种形式的作业巩固课程内容，增强学生对课程内容的理解。

### （四）融合课程思政

如何深度挖掘思政元素，做到与课程内容有机融合，不刻意、不做作，是课程思政的一个难点。教师应广泛调研资料，收集知识点背后的故事，同时也要向其他课程学习，在本课程中合理渗透思政元素，达到潜移默化的育人效果。

### （五）优化课程评价

本课程采用多种考核评价方法，如“平时 20%+ 实验 30%+ 期末 50%”“平时 20%+ 实验 30%+ 过程性考核 50%”等。但是，过程性考核的方式还有待进一步优化，需要进一步探索和改进，以评促学、以评促教。

### （六）建设教学资源库

打造立体化课件，需要不断丰富各类教学资源，建设资源库，包括课前案例库、课中“问题驱动教学”的问题库、思政案例库、习题库和试题库等。

## 三、课程思政的探索与实践

课程思政不能简单地理解成原有内容外加思政元素或案例，也不能视其为一种教学方法或者教学活动，从其本质上理解，课程思政是教育理念的创新或者说是教育价值的理性回归。为了充分发挥课堂教学在育人中的主渠道作用，育智亦育心，教师应认真分析课程思政的痛点和难点，设定思政目标，挖掘思政案例，提高课程思政的质量。

### （一）课程思政存在的问题

很多理工科专业课程本身就存在知识点多、课时紧张的问题，如何将思政元素有机融入课程，是每一位任课教师需要认真思考的问题。另外，基于 OBE 理念，目前的课程思政存在目标不够明确、教学效果难以评价等问题，这些都需要深入探索和实践。

### （二）课程思政的培养目标

结合课程特色，“数字视音频处理”课程的思政目标主要包括以下几个方面：

第一，介绍我国视音频相关领域技术的发展及应用现状，使学生了解目前我国在相关领域的技术实力，引导学生关注国家的新基建，增强学生的民族认同感和自豪感，培养学生的家国情怀。

第二，通过对计算机视觉、自然语言处理等人工智能热点领域中外学术成果的比较，一方面，引导学生树立自信心和自豪感，另一方面，鼓舞学生奋发图强，聚焦尖端科技，为祖国建设添砖加瓦。

第三，针对目前有些技术被应用于娱乐恶搞、电信诈骗等领域这一问题，引导学生思考技术应用中的法律及伦理道德，树立正确的世界观、人生观和价值观。

第四，理工科课程无论是理论原理还是编程实验，都需要学生具有严谨务实的科学思维和扎实内敛的工匠精神，通过设定可触及的目标、搭建课程的脚手架，激发学生的学习热情，使学生在实践中体会攻克难题的喜悦，激发学生的学习动力。

### （三）课程思政案例

例如，在“绪论”这一章节，我们介绍了视频和语音技术的发展脉络，给出在当前计算机视觉领域，我国与世界主要国家计算机视觉论文对比图（见图 1）。美国计算机视觉技术的相关研究工作起步最早，与我国及日、韩相比提前 10 年左右。21 世纪初，我国论文数量快速增长，超越日、韩，并逐渐与美国相接近。在计算机视觉产业链中，我国快速发展的企业主要集中在效益高、成果产出较快的技术层和应用层。对于基础层的芯片、算法框架等，虽然已有企业进行研发布局，不过我国仍处于较为明显的劣势。

美国和中国政府都把人工智能当作未来战略的主导。与互联网相似，中国将会成为人工智能应用的最大市场，拥有全球最多的用户和活跃的数据生产主体。在课程的最后，我们鼓励学生积极投身于相关领域，让中国人工智能技术有机会走得更远。

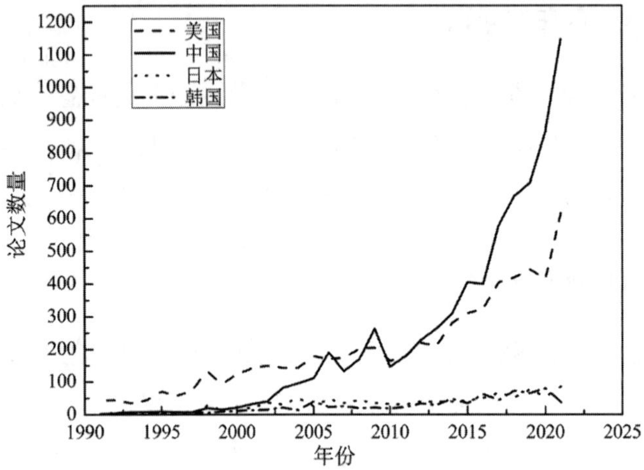


**图 1　世界主要国家计算机视觉论文对比图**

## 参考文献：

［1］杨晓丽，刘姝 . 思政融入 OBE 教学法在色彩搭配课程的实践与探索［J］. 创新创业理论研究与实践，2021，4（13）：164-167.

［2］孙秋野，黄雨佳，高嘉文 . 工科专业课课程思政建设方案：以《电力系统分析》课程为例［J］. 中国电机工程学报，2021，41（2）：475-486.

［3］单洁，卢光跃，黄琼丹 .“金课”背景下理工类课程思政内生式建设的研究：以数字信号处理课程为例［J］. 高教学刊，2022，8（20）：23-29.

［4］汪天凯，等 . 人工智能计算机视觉技术发展评价及预测［M］// 中国技术经济学会第二十九届学术年会论文集 .2022：52-60.

（王彩虹，博士，中国传媒大学信息与通信工程学院副教授）

# “数字图像分析与实践”课程思政建设探索与实践

◎潘　达　耿冰蕊

**摘　要：**数字图像处理技术是当今智能媒体时代的一门基础核心课程，在各个领域被广泛应用。为了引导传媒工科青年传承红色基因，继承老一辈科技工作者努力奋斗的精神，我们对研究生课程“数字图像分析与实践”进行了思政建设探索与实践。该课程秉承以思政为底色、以实践教学为核心、以立德树人为目标的建设理念，从教学内容和讲授模式两方面入手，采用演示法、实验法及案例法，在课程中植入丰富多样的思政元素，培养学生自主学习、独立思考和创新思维能力，实现思政与专业知识的融会贯通。

**关键词：**思政；数字图像处理；案例法

## 一、引言

党的二十大报告提出建立社会主义核心价值观、完善思想政治工作、推进思想政治一体化建设。因此，加强新工科与课程思政的结合是当前专业课程改革的重要方向，把思想政治教育贯穿于工科的整个教学过程是培育社会主义文化合格的传承者与建设者的重要手段，具有极其重要的现实意义。

在当今这个信息化和智能化飞速发展的时代，面对种类繁多的技术应用，人们很容易在技术浪潮中迷失自我，丧失信仰，忘记了创新技术究竟是为了什么，甚至会引发严重的社会后果。作为传媒类信息技术的学术重镇，中国传媒大学高度重视工科课堂的思政教育工作，始终将课程思政放在教学突出位置，从多角度、全方位积极推进思政课程改革：（1）提高教师的专业思政水准；（2）深入课程体系，挖掘思政元素，以思政案例引发师生互育同行；（3）加强思政教育与学生心理、生活及学业之间的联系，将思政教育与学生的职业素质、未来成长道路相结合。学校始终秉承以课程思政为底色、以实践教学为核心、以立德树人为目标的建设理念，提醒工科青年教师要注重在课程中融入价值观教育，时刻不忘中国科学技术的创新发展是向世界讲好中国故事的基石。

## 二、“数字图像分析与实践”课程教学及所面临的问题

“数字图像分析与实践”是电子信息类专业的必修课程之一，同时也是模式识别、计算机视觉以及机器学习等热门领域的基础学科。该课程的理论性、应用性较强，主要培养学生具备一定的图像处理能力，为今后的工作或继续求学深造打下坚实的基础。目前来看，该课程教学仍存在以下几方面的问题：

### （一）基础知识点繁多，缺乏动手实践

本课程的理论知识点繁多，在教学过程中，学生对于某些知识点的掌握只能浅尝辄止，不能深入理解。另外，该课程具有较强的实践性，学生对算法的实现主要是依照教师给出的示例代码，这极大地限制了对学生创新能力的培养。

### （二）教学内容过于笼统，深度不够

本课程的教学内容主要包括数字图像处理基础、图像变换、图像增强、图像复原、图像编码与压缩、图像分割、二值图像处理与形状分析等。一方面，这些内容的关联性不强，学生对课程内容难以形成整体认知；另一方面，如果教学方式缺乏新颖性，枯燥单一的课程内容也会让学生失去学习兴趣。

### （三）教学过程重技术，轻思政

传统的课堂教学，教师主要传授的是工程技术知识，缺乏思政元素，导致学生的学习目的不够明确，态度不够端正。

针对上述问题，我们以“丰富的课程案例教学”为导向，对“数字图像分析与实践”进行了课程思政改革。我们所设计的课堂实践活动，不仅注重学生理论知识的掌握及动手实践能力的培养，更突出了“立德树人”的根本目标。

## 三、“数字图像分析与实践”课程思政教学探索与实践

在教学中，我们秉承以思政为底色、以实践教学为核心、以立德树人为目标的建设理念，从教学内容和讲授模式两方面入手，采用演示法、实验法及案例法，在课程中植入丰富多样的思政元素，培养学生自主学习、独立思考和创新思维能力，实现思政与专业知识的融会贯通。

### （一）演示法

演示法即用数字图像软件程序直观呈现算法演示结果。如图 1 所示，用编写好的图像修复算法程序演示对红色经典影片的去噪、去划痕、扩大分辨率等。通过直观的案例演示，不仅可以将枯燥的理论具体化和形象化，同时在理论讲解和体验过程中，引入红色经典影片背后感人的故事，让学生接受了一场精神文化的洗礼，激发了学生的学习热情和兴趣，提高了课堂教学的效率。

图 1　案例演示法——经典影片修复

### （二）实验法

实验法是以实验验证的方式向学生展示算法从设计到实现直至运行出结果的整个流程。实验法的最大优点在于可以将理论与实践紧密联系，在理论学习过程中融入实际动手练习，提高了学生的数字图像处理能力和编程实践能力（见图 2）。

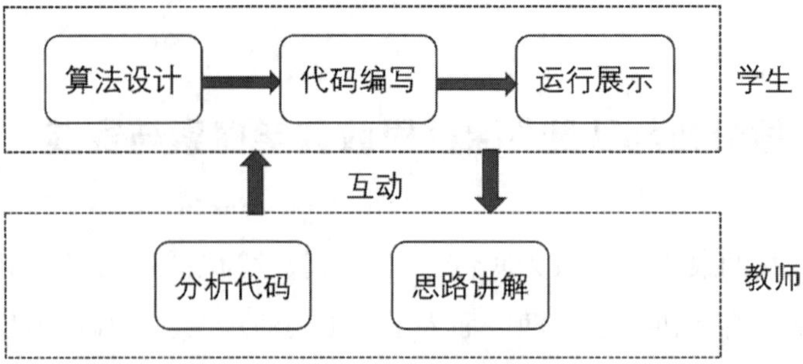


图 2 实验法流程

## （三）案例法

案例法即引导学生从案例出发，进行创新性思考，培养学生创造性解决实际问题的能力。如图 3 所示，我们让学生利用课堂上所学到的数字图像处理基础知识，研发一款“找茬”游戏智能分析处理系统，目的是快速查找两幅图中的不同之处。该系统能对“找茬”游戏做自动截图，智能分析差异区域，自动控制鼠标点击等。

对于大部分学生来说，初次编写代码并调试是一个艰难的过程，遇到一时解决不了的技术难题后容易丧失信心。为了鼓励学生迎难而上、刻苦钻研，我们在课程教学中引入了中国广播电视技术发展史（见图 4）、中国传媒大学的发展变化、广播电视技术在中国现代化进程中发挥的举足轻重作用等内容，引导学生树立正确的世界观、人生观和价值观，立志做社会主义事业的合格建设者和接班人。

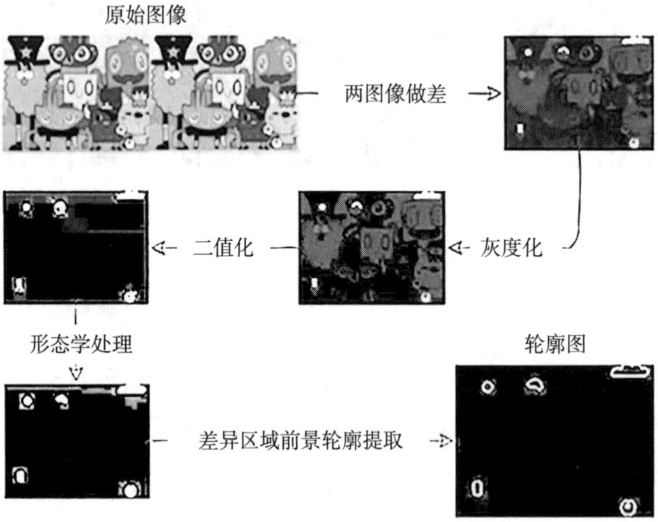


图 3 “找茬”游戏智能分析处理系统的数字图像处理过程

（a）　　（b）

图 4　（a）1958 年 3 月 17 日，我国第一台黑白电视机诞生；
（b）1958 年 10 月 1 日，第一次直播国庆大典

# 四、结语

本文对“数字图像分析与实践”课程思政建设进行了探索，尝试采用多种教学方法在课程中植入丰富多样的思政元素，包括讲述红色影片背后的感人故事、传播科学严谨的治学精神、讲授砥砺前行的广播电视技术发展史等，以此培养学生的自主学习、独立思考和创新思维能力，实现“立德树人”的目标。

**参考文献：**


[1] 赵欣，王颖洁，贾龙渊. 研究生“数字图像处理”课程教学改革研究 [J]. 教育教学论坛，2022（2）：94-97.

[2] 吴晓璇，李正茂，张新，等. 以创新实践能力培养为导向的研究生教学实践探索：以数字图像处理课程为例 [J]. 电脑知识与技术，2023，19（17）：169-171.

[3] 史彩娟，李伟，刘利平，等. “人工智能时代数字图像处理与分析研究生”课程教学改革探讨 [J]. 中国教育技术装备，2021（2）：100-101，104.

[4] 许佳奕，崔晨，李黎. 研究生“数字图像处理”课程的理论与实践教学体系建设探讨 [J]. 中国信息技术教育，2018（24）：93-96.

[5] 暴琳，张尤赛，王敏.《图像处理》研究生课程教学模式改革探究 [J]. 教育教学论坛，2016（46）：83-84.

[6] 冯登超，杜鹏飞，沈惠雅，等 . 应用型大学研究生数字图像处理课程教学改革探索［J］. 北华航天工业学院学报，2019，29（1）：42-44.
[7] 樊华丽，李敏，田运虎，等 . 高校思政教育与专业课程融合的实践与探索：以“数字图像处理”为例［J］. 中国教育技术装备，2023（9）：1-4.
[8] 赵继伟 . 课程思政建设的原则、目标与方法［J］. 中南民族大学学报（人文社会科学版），2022，42（3）：175-180，188.
[9] 韩宪洲 . 课程思政的发展历程、基本现状与实践反思［J］. 中国高等教育，2021（23）：20-22.
[10] 吴增礼，欧妍池 . 思政课教师在课程思政建设中的角色定位与价值实现［J］. 马克思主义理论教学与研究，2021，1（4）：115-123.

（潘达，博士，中国传媒大学信息与通信工程学院副教授；
耿冰蕊，博士，中国传媒大学信息与通信工程学院讲师）

# 基于 OBE 教学理念的“计算机网络程序设计”课程教学改革实践 *

◎耿冰蕊

**摘　要：**本文立足于《中国传媒大学 2022 年本科人才培养方案》，以工程认证工作为指导思想，针对目前“计算机网络程序设计”课程中存在的理论与实践相脱节、学生主动性不足、评价体系单一等问题，我们决定在教学理念、教学内容体系、课堂结构和考核评价等方面实施教学改革，引入 OBE 教学理念，通过自上而下的教学重构，实现课程内容的拓展，探索教学实践与理论相结合、培养目标与毕业要求相统一的有效途径。教学改革实践表明，新的教学模式可以充分提高学生学习的主动性和教学效果，培养学生的创新精神、工匠精神以及工程的实践能力，进一步促进学生的能力产出，达到毕业要求。

**关键词：**OBE 教学理念；课程结构；考核评价

## 一、OBE的概念、内涵与发展

### （一）OBE 的概念及其内涵

OBE（Outcome based education）成果导向教育，也可以称为产出导向教育或目标导向教育，是一种先进的教育理念。OBE 教育理念最早在 20 世纪 60 年代由美国的一些实验心理学家提出，之后在美国的一些学校和学科领域中应用。OBE 倾向于让所有学生都可以学习和获得成功。此后 OBE 在美国经历了 20 年左右的发展，1981 年，美国学者斯佩（Spay）在其著作《基于产出的教育模式：争议与答案》中对 OBE 进行了

* 本文系 2023 年度校级别教学改革创新项目“基于 OBE 教学理念的‘计算机网络程序设计’教学改革研究”（JG23101037）的阶段性成果。

明确的定义，并对这种教育理念进行了深入研究与探讨。书中明确定义成果导向教育为：清晰地聚焦和组织教育系统，使之围绕确保学生在未来生活中获得实质性成功的经验。[①] 从这个定义我们可以清晰地看出斯佩提出的这种教育理念，其中有着明显的目标产出导向，换言之，在这种学习模式下，学生最终学到什么、产出是什么、是否能获得成功，比学习的时间、学习的方式更重要。此后，为了解决工程教育与行业实践相脱离的难题，美国的教育范式从工程科学逐步转向工程实践。2001 年，美国工程教育认证协会全面接受了 OBE 理念。OBE 教育理念也成为美国、加拿大、英国等许多西方发达国家的主流教育理念之一。

### （二）OBE 教育理念在我国的发展现状

近十年来，OBE 教育理念在我国的教育教学中得到了迅猛的发展。随着 2016 年我国成为《华盛顿协议》中的正式成员，OBE 因为在工程实践教育中具有很好的指导作用，得到了中国工程教育专业认证协会的认证，正式在我国的高等教育教学中开始实践。[②] 传统的教育教学可以被认为是一种过程导向，强调学生严格遵循学校的规定程序，即按照课程表、教学实践和进度安排完成学习计划。在教学模式上，以知识为导向，强调知识的获取；以教师为中心，教师教什么，学生学什么。在毕业时，学生修满标准学分即可顺利毕业。

2018 年，教育部发布了《普通高等学校本科专业类教学质量国家标准》，指出与上述传统教育模式不同，OBE 教育模式，其原则和理念应该是以学生为中心、以成果为导向和不断持续改进。[③] OBE 教育模式的核心理念是遵循成果导向进行反向设计，由成果和需求决定培养目标和毕业要求。其实质是以学生为中心，重点关注学生“获得了什么”而不是教师“讲授了什么”，强调学生的主导地位，因此学生必须更多地参与到教学过程中，他们才是真正的责任者。[④] 持续改进是学生在学习后根据产出的成果和毕业要求，对教学过程和教学目标进行改进与优化。OBE 教育理念具有清晰、灵活、可比和可参与的特点。此外，OBE 聚焦于成果产出，这样就要求学生事先对要完成的课程目标有明确的认识。同时，它不限定任何教学方法，教师可以采用灵活多样的教学手段，而学生也可以根据所掌握的知识和技能，对教学成果进行比较。

①④ 杨志宏 . 浅谈成果导向教育（OBE）理念的起源、发展及理论基础［J］. 学周刊，2019，413（29）.

② 马发顺，尚增振，张坤朋，等 . 工程教育专业认证与 CDIO 培养模式探析［J］. 安阳工学院学报，2017，16（6）：4.

③ 刘福寿，王立彬，荆颖，等 .OBE 理念在《结构力学》课程教学中的探索实践［J］. 科教导刊—电子版（下旬），2021，000（010）：147-148.

### （三）教学实践课程简介

计算机网络是学习信息通信的基础，计算机网络编程更是每一位 IT 工作者和从业人员应掌握的基本技能，因此，学生在毕业时应具备一定的计算机程序设计与编程能力，以便为今后从事更专业化的媒体互联网设计与开发工作奠定坚实的基础。“计算机网络程序设计”是中国传媒大学信息与通信工程学院面向广播电视工程专业本科生开设的一门专业课程。本课程主要使用 Java 语言在 Windows 操作系统下进行网络程序设计。课程主要包括 Java Socket 编程、TCP/UDP 程序设计、Java 网络应用开发等实践教学内容。

根据《中国传媒大学 2022 年本科人才培养方案》以及相关工程认证工作[①②③]，中国传媒大学信息与通信工程学院广播电视工程专业的培养目标是培养具有坚实的数理基础和宽厚的电子信息类专业基础知识，掌握数字视音频制播技术、视频与音频处理技术、计算机与网络技术、融合媒体以及智能媒体技术等方面的专业知识和技能，具有应用专业知识解决科学研究或工程技术相关问题的能力的学生，毕业后能够在广播电视、互联网媒体和电子信息与通信等领域及相关产业中从事科学研究、技术开发、系统设计、技术支持和技术管理等工作的高级专业技术人才。根据该专业的培养目标，通过“计算机网络程序设计”课程的学习，学生在获得学分的同时，还应具备以下能力：（1）能够应用计算机网络基础理论和专业知识，并借助文献辅助对计算机网络通信领域的复杂工程问题进行识别、表达、解释与分析，以获得有效结论的问题分析能力；（2）能够设计满足计算机网络通信领域复杂工程的特定需求和功能的单元，并体现创新意识的设计开发解决方案的能力；（3）能够基于计算机网络的科学原理和方法对实验结果进行分析与解释，并通过信息综合得到有效结论的研究能力；（4）能够开发、选择与使用恰当的技术、资源和现代工具，进行复杂工程问题的预测与模拟的使用现代化工具的能力。

---

① 田甜．基于工程教育专业认证的多视角学业评价标准的构建［J］．科学大众：科学教育，2015（10）：3.

② 孟庆民，张立强，龙红明，等．基于培养解决复杂工程问题能力的实验教学改革研究［J］．安徽工业大学学报（社会科学版），2017，34（3）：2.

③ 张维维，李敏，许爽，等．工程教育专业认证背景下集群式信息处理课群建设［J］．现代教育科学，2017（7）：6.

## 二、教学难点

自从我国开始实行并推广工程教育认证后，国内基于 OBE 理念的课程改革成果也如雨后春笋[①]，但是，各个院校的软硬件平台、专业课程体系不同，各个专业学生的目标岗位不同，因此有必要结合本校、本专业的实际情况，从授课专业的培养目标出发，进行全面的分析与课程设计探索。为了更有针对性地实施教学改革，我们需要对教学中的难点进行分析。

### （一）理论与实践相脱节

“计算机网络程序设计”是一门理论性强、专业性强的专业课程，要求学生具备良好的逻辑思维能力和编程能力。传统教学以理论教学为主，不重视对实践能力和创新能力的培养。比如，只进行语法解释讲解和程序运行结果展示，学生实践练习少，知其然，不知其所以然，这样就会让学生觉得课程枯燥乏味，晦涩难懂，课程参与度低。此外，前几年的课程教学采用 C 语言编程，这种面向过程的编程语言不利于多人协作项目的开发，也不是企业中的首选编程语言，导致学校教学与工作实践一定程度相脱节的情况。

### （二）以学生为中心与学生主动性不足的矛盾

OBE 教育理念的核心是以学生为中心，强调学生的主导地位，学生必须更多地参与到教学过程中，他们才是真正的责任者。然而在教学实践中，学生的主动性往往较差，这就引发了以学生为中心与学生主动性不足之间的矛盾。

### （三）学习产出难以评价

大部分带有编程要求的课程更倾向于用代码功能实现的期末大作业代替期末考试，用“平时成绩 + 大作业”合计学生的最终成绩。而随着互联网的快速发展，学生很容易通过各种渠道获得有类似运行结果的代码，因此，简单的代码运行结果并不能很好地反映学生的学习成果与产出，无法考察学生的创新及综合能力，影响最终的教学评估结果。

---

① 吴鸿韬，李智，袁玉倩．基于 OBE 理念的 Web 前端开发技术课程教学改革［J］．计算机教育，2019（11）：4.

## 三、基于OBE教育理念的教学体系构建

针对本课程在教学实践中存在的问题，我们在新一轮的教学过程中，基于 OBE 理念和工程认证要求，重新制定了合理的教学目标，梳理了教学内容体系，从课堂结构和考核评价方案等多个层面实施了教学改革创新（见图 1）。

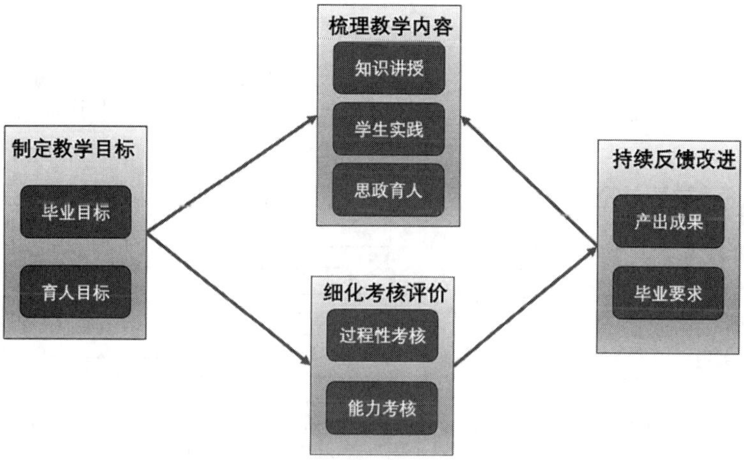


图 1 基于 OBE 教育理念的“计算机网络程序设计”课程教学改革总体思路

### （一）基于 OBE 教育理念设计自上而下的教学内容体系

为了解决理论与实践相脱节的问题，我们在新一轮的教学设计中，从培养方案和对应就业岗位需求出发，以毕业要求（初版，见表 1）中的能力要求为导向，在教学体系的各个层面实现理论与实践相结合，设计自上而下（毕业要求—应用层次—教学环节—教学内容）的教学体系（见图 2），最终下沉到教学内容的讲授与课堂学生的实践内容。将理论教学与实践教学相结合，摆脱代码逐行讲解，以完成程序任务为目的进行程序设计与讲解，调动学生的学习与动手实践兴趣。随着课程的推进，学生逐步掌握了分析问题的能力、使用现代化工具的能力、设计开发解决方案的能力与研究能力。此外，我们采用 Java 编程语言进行教学。一方面，Java 的多线程机制使程序能够并行运行，更适用于网络编程；另一方面，Java 具有良好的移植性和可协作性，是项目开发的优选编程语言。

表 1　课程对应的毕业要求指标

| 专业毕业要求 | 毕业要求指标 |
| --- | --- |
| 问题分析 | 能够将数学、自然科学和广播电视工程专业的基本原理综合地用于识别、表达、解释广播电视与传媒技术领域的复杂工程问题 |
| 设计开发解决方案 | 能够设计满足广播电视与传媒技术领域复杂工程的特定需求和功能的单元（部件），并体现创新意识 |
| 研究 | 能够基于科学原理和科学方法对实验结果进行分析与解释数据，并通过信息综合得到有效结论 |
| 使用现代工具 | 能够开发、选择与使用恰当的技术、资源和现代工具，进行复杂工程问题的预测与模拟 |

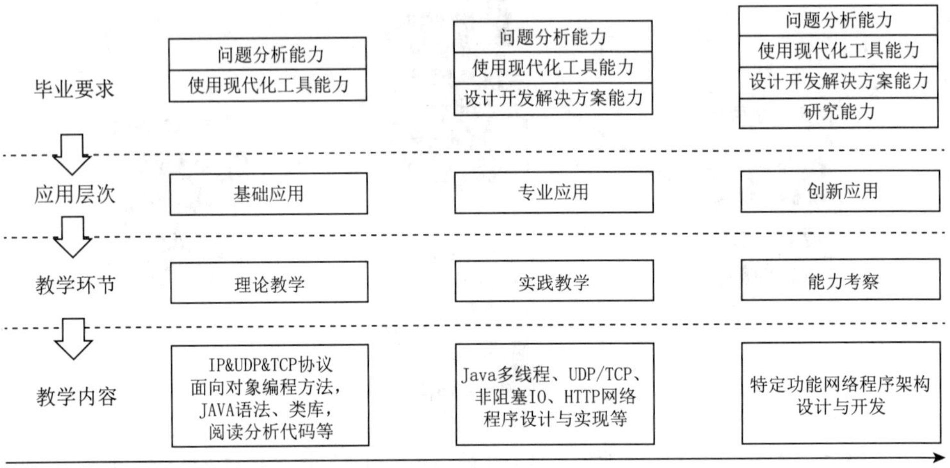


图 2　教学内容体系设计

### （二）教师引导、学生主导的课堂结构

为了解决学生主动性不强的问题，我们重新设计了课堂结构（见图 3），其中，实例讲解和理论讲解为教师占主导地位的环节，问题讨论、提出问题、实践练习为学生主导的环节。在实际教学中，教师应以实际案例为主线，引导学生对案例进行分析与程序设计，鼓励学生在课堂上与课后多进行思考，提交上机实践和上机作业，最终以报告形式进行教学成果呈现。

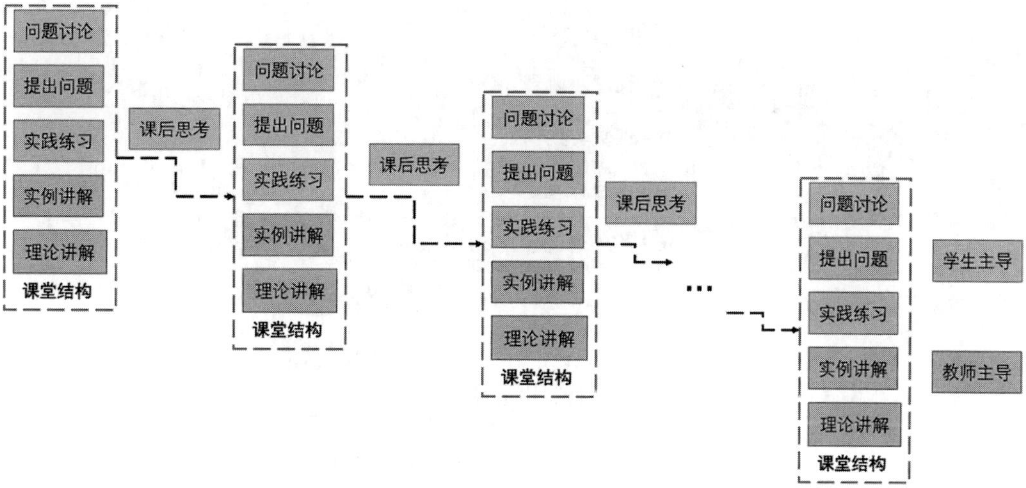


图 3 课堂结构设计

## （三）细化过程性考核与能力考核评价体系

为了解决学习产出难以评价的问题，我们围绕课程重新设置了考核评价标准（见图 4）。考核评价包括过程性考核和期末的能力考核，其中，过程性考核占 60%，期末的能力考核占 40%，按照这个标准对学生的学习成果和产出进行综合评价。过程性考核包括出勤记录考核、课堂表现考核、课堂实践考核和课后的思考总结考核，鼓励学生对学习体会和改进方法进行归纳总结。其主要考核的是学生的课堂表现以及编程的动手实践能力，也就是知识目标和技能目标的达成情况。期末的能力考核以开发小型项目、实现对应功能为目标，主要考查学生使用 Java 进行架构的设计与程序开发，考查范围包括：流程图框架设计是否完整、清晰、明确；代码设计是否符合开发要求；编程是否规范，是否有代码注释和功能说明；代码运行是否符合要求；报告撰写以及成果展示表述等。期末的能力考核重点考查学生一个学期的学习成果，以及分析、解决问题的能力，表达能力，开发能力，编程能力和创新能力等。

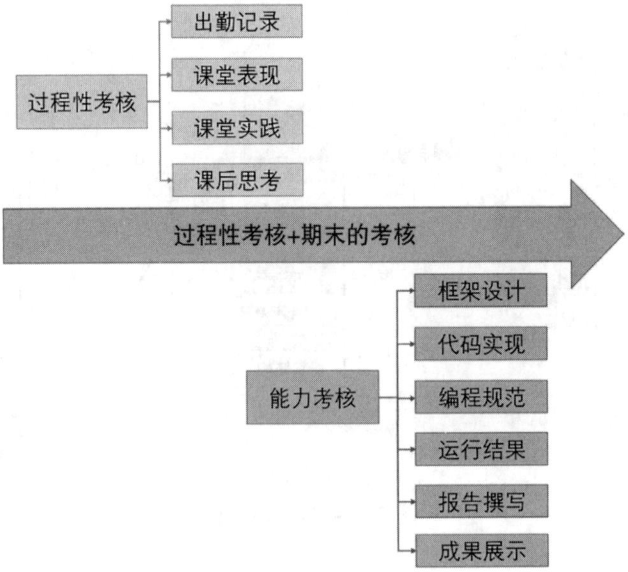


**图 4　考核评价体系**

## 四、阶段性成效与思考

经过一个学期的教学改革实践探索，学生们在课堂上确立了主体地位，积极参与到教学过程中。目前，该课程共有 12 名学生，实际教学周为 16 周，共计 48 学时。从图 5 可以看出，学期课程总访问量为 3,154 次，平均 5.476 次 / 人 / 课时。5 月份课程访问量出现了低谷是为了错开学校召开的“春季读书周”和运动会而进行了调课。从图 6 可以看出，个人最少访问次数为 136 次，平均 2.833 次 / 课时。个人最多访问次数为 522 次，平均 10.875 次 / 课时。与此同时，过程性考核 + 期末的能力考核的评价体系也提高了学生的课程完成度和作业提交率，有 10 次实践作业的提交率达到了 100%，还有 1 次实践作业的提交率为 91.67%，期末综合能力考核的报告提交率达到了 100%。

学生从课堂讲授中获得了知识，从实验报告和框架设计中提高了综合能力，达到了专业培养目标和毕业要求，实现了学校的人才培养计划。

针对本课程，除了应继续以成果为导向进行反向设计、优化教学内容外，未来还应结合实时事件，进一步优化思政育人，全面提高人才培养质量。

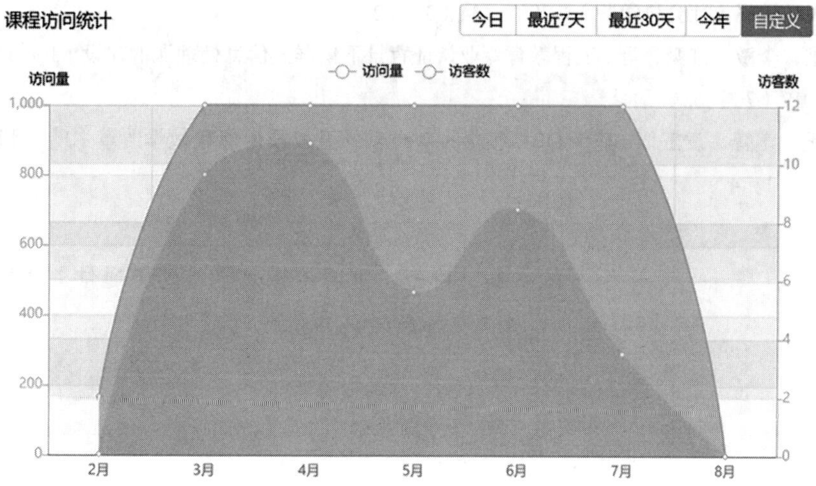


**图 5　课程总体访问统计**

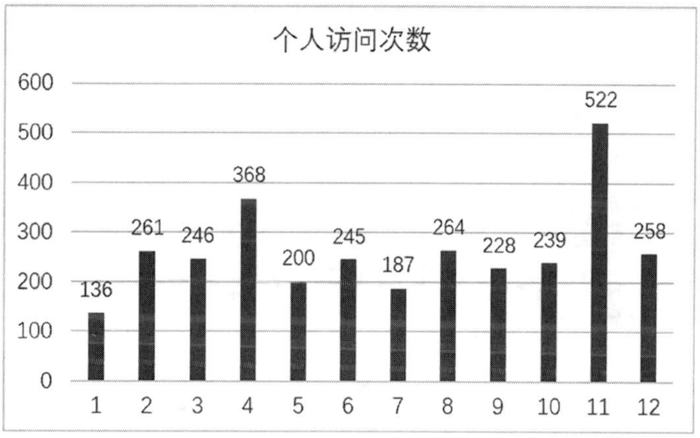


**图 6　课程个人访问统计**

## 参考文献：


［1］杨志宏．浅谈成果导向教育（OBE）理念的起源、发展及理论基础［J］．学周刊，2019，413（29）．

［2］马发顺，尚增振，张坤朋，等．工程教育专业认证与 CDIO 培养模式探析［J］．安阳工学院学报，2017，16（6）：4.

［3］刘福寿，王立彬，荆颖，等．OBE 理念在《结构力学》课程教学中的探索实践［J］．科教导刊—电子版（下旬），2021，000（010）：147-148.

［4］田甜．基于工程教育专业认证的多视角学业评价标准的构建［J］．科学大众：科学教育，2015（10）：3.

［5］孟庆民，张立强，龙红明，等．基于培养解决复杂工程问题能力的实验教学改革研究［J］．安徽

工业大学学报（社会科学版），2017，34（3）：2.
［6］张维维，李敏，许爽，等.工程教育专业认证背景下集群式信息处理课群建设［J］.现代教育科学，2017（7）：6.
［7］吴鸿韬，李智，袁玉倩.基于OBE理念的Web前端开发技术课程教学改革［J］.计算机教育，2019（11）：4.

（耿冰蕊，博士，中国传媒大学信息与通信工程学院讲师）

# “单片机原理与接口技术”课程思政探索与实践

◎李　真　苏志斌

**摘　要：**“单片机原理与接口技术”是电子信息、自动化、通信等工科专业的一门重要的专业课程。本文从“单片机原理与接口技术”课程思政建设的必要性、思政建设思路、课程思政设计与实施等方面进行了论述，探索该课程思政建设的具体实施方案。

**关键词：**思政探索；思政建设；单片机原理与接口技术

## 一、“单片机原理与接口技术”课程思政建设的必要性

2020 年 5 月 28 日，教育部印发了《全国高等学校课程思政建设指导纲要》(以下简称《纲要》)，《纲要》指出，要把思想政治教育贯穿人才培养体系，全面推进高校课程思政建设，发挥好每门课程的育人作用，提高高校人才培养质量。[①]《教育部高等教育司 2023 年工作要点》指出，加强课程思政高质量建设，推动形成育人新成效。发展大学生文化素质教育，深入挖掘各类专业课程和教学方式中蕴含的思想政治教育资源，破解课程思政“表面化”“硬融入”问题。[②] 所以，将思政育人理念融入专业课程教学是高校实现立德树人目标的必然要求。

本文以“单片机原理与接口技术”为例，论述该课程思政建设的思路与方法。针对该课程理论与实践相结合的特点，本文探讨了如何在理论教学中挖掘课程思政元素，并将其自然融入课堂教学中，在潜移默化中激发学生的科技爱国情怀，以及如何在实践教学中锻炼学生发现问题、解决问题的能力，培养学生的大国工匠精神和创新精神。

① 教育部关于印发《高等学校课程思政建设指导纲要》的通知（教高〔2020〕3 号）[R/OL].（2020-06-01）[2023-03-26].http://www.moe.gov.cn/srcsite/A08/s7056/202006/t20200603_462437.html.

② 教育部高等教育司 2023 年工作要点 [R/OL].（2023-03-29）[2023-08-30].http://www.moe.gov.cn/s78/A08/tongzhi/202303/t20230329_1053339.html?eqid=c65b7c150001141a000000066426aa9f&wd=&eqid=a593934600015d6000000004645629dd

## 二、“单片机原理与接口技术”课程思政建设思路

### （一）课程介绍

“单片机原理与接口技术”是电子信息类、自动化类、通信类等工科专业必修的一门专业课。单片机是将 CPU 和存储器集成在一个芯片上的单片微型计算机，它是智能控制领域实现信息采集与处理的核心工具，被广泛应用于智能仪器仪表、消费类电子产品、工业自动化和通信等领域。伴随着智能控制技术的发展及国家行动纲领“中国制造 2025”的发展需求，“单片机原理与接口技术”课程的重要性越发彰显。[①] 该课程内容抽象，关联知识点多，综合性、实践性与工程性强，教学难度大。在该课程的教学过程中，做好课程思政工作，将有利于激发学生的学习热情，指导学生找到正确的学习方法，提高学习效果，全面提升学生的思政素养。

### （二）明确课程思政目标

以往我们在制定教学目标时，只侧重考查学生掌握了什么知识，获得了什么能力，而忽略了对学生思想品德的培养。课程思政指专业教育与思政教育目标、方向的一致，也就是知识传授、能力培养、价值引领和育人导向的有机统一。[②]

“单片机原理与接口技术”课程的授课内容和培养目标是：了解单片机的基本概念，掌握 MCS-51 单片机的结构、工作原理、汇编语言程序设计及 C 语言程序设计、常用接口电路的原理及应用，具备独立开发设计单片机应用系统、独立解决实际相关问题的能力。

根据“单片机原理与接口技术”课程的授课内容和培养目标，以及教育部《高等学校课程思政建设指导纲要》中工学类专业和实验实践类课程思政的建设重点，我们确定了该课程的思政育人目标：学思结合、知行统一，提高学生发现问题、分析问题和独立解决问题的能力；激发学生的学习热情，培养学生科技报国的家国情怀和使命担当；培养学生严谨求实的科学精神、精益求精的大国工匠精神、勇于探索的创新精

① 姜忠爱，蔡卫国，牛春亮．单片机原理与应用教学模式与课程思政改革研究［J］．高教学刊，2020（9）：129-131.

② 王二兵，高成云，张跃忠，等．基于课程思政背景下药物化学课堂教学的探索与实践［J］．化工时刊，2021（2）：44-47.

神以及协同合作的团队精神。

### （三）课程思政建设的重点与难点

课程思政的目的是激发学生的学习热情，提高学生发现问题、分析问题和独立解决问题的能力，培养学生勇于探索、协同合作的精神，因此，如何找到课程思政与课程内容及学情的结合点就成为课程思政建设的重点。课程思政要有一定的广度，在理论讲授部分，教师应结合课程内容介绍单片机及其应用的国内外发展情况及行业前景，开阔学生的视野，引导其树立科学世界观。课程思政又要有一定的深度，在实践过程中，教师应将具体的系统设计案例与思政元素相结合，培养学生科学严谨的工作作风，激发学生攻坚克难的勇气，提高学生的创新意识。这些思政元素的融入是课程思政建设的难点。

## 三、课程思政设计与实施

### （一）思政手段多样化

以往在讲述单片机的发展史时，教师仅仅在课堂上给学生介绍常见的单片机生产厂家及其产品，学生基本听过就忘。近年来，课程组开始给部分学生发放课外调查问卷，请学生找出国内、国外的单片机生产厂家。学生们通过检索发现，国外的单片机生产厂家有很多，但是国内的厂家相对较少。由此我们在课堂上引申出一系列问题供学生思考，比如“华为事件”、芯片“卡脖子”现象等，请学生回答：这些现象给你什么启示？ 作为新时代大学生，肩负着中华民族科技复兴的重任，你觉得自己应该怎么做？这种课程思政形式的转变（即以教师输出为主转变为教师输出和学生参与相结合），激发了学生的参与热情，取得了良好的思政效果。

### （二）思政元素挖掘全面化

专业课程思政不仅是对思政课程的简单补充，更是让显性的思政内容在专业课程中得到深入的体现与隐性的贯彻。教师应遵循“思政”“专业”相长的原则，深入挖掘课程思政元素，明确课程中每个思政元素的切入点，理清思政元素与课程内容之间的关系（见图 1）。

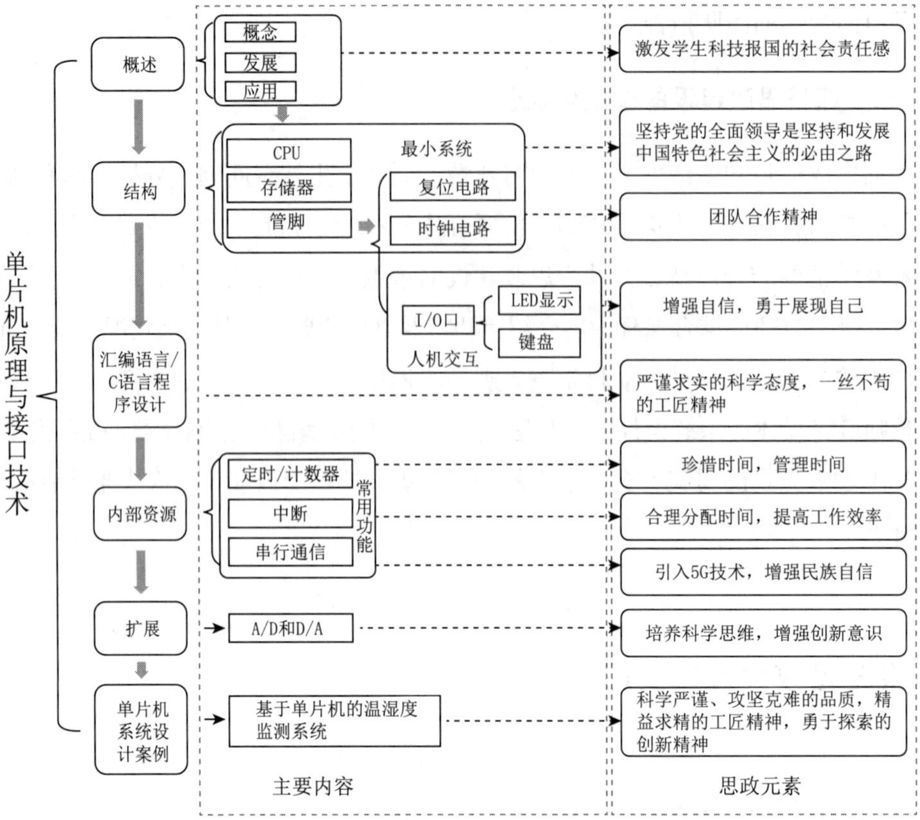


**图 1 “单片机原理与接口技术”课程思政设计**

### （三）思政教学立体化

思政教学立体化指从空间、内容、方法三个维度构建课程的思政教学。在空间上，采用立体化教学，从课堂教学、实践教学、网络教学和日常生活等各个方面开展思政教育，并相互融合，进而提升课程思政教学的整体效果。在内容上，采用研究型启发式教学，结合“单片机原理与接口技术”实践应用性强的特点，在课程应用设计阶段，采取分组研讨确定设计方案，启发学生的创新意识，引导学生发现问题、研究问题、解决问题。在方法上，采用互动式教学，具体体现为师生互动、生生互动、知行互动等。在师生互动过程中，扭转学生对思政课程的忽视心态，通过引入社会热点话题提高学生的参与度；在生生互动过程中，引导学生树立正确的人生观、价值观和世界观；在知行互动过程中，引导学生知行合一，真切体会到实践是检验和应用理论的最好方法。

## 四、结语

本文以“单片机原理与接口技术”课程为例，分析了专业课的思政目标、思政重点与难点以及该课程思政的具体实施方案。实践结果表明，将专业知识与思政教育相结合，不仅可以激发学生的学习热情，而且可以让学生对所学知识有更深刻的理解，增强了学生的社会责任感，培养了学生勇于探索的创新精神。

**参考文献：**

[1] 姜忠爱，蔡卫国，牛春亮.单片机原理与应用教学模式与课程思政改革研究［J］.高教学刊，2020（9）：129-131.
[2] 王博，黄永红，贾好来.“嵌入式系统及应用”课程思政教学实践［J］.电气电子教学学报，2020，42（6）：25-29.
[3] 张琦，孟俊焕，吴延霞，等.《单片机原理及应用》融入课程思政的实践与探索［J］.汽车实用技术，2020，45（22）：192-193.
[4] 韩清华，孟洪兵，施明登.思政教育与高校工科专业实践教学结合的研究［J］.教育现代化，2020，3（24）：186-188.
[5] 王二兵，高成云，张跃忠，等.基于课程思政背景下药物化学课堂教学的探索与实践［J］.化工时刊，2021（2）：44-47.

（李真，博士，中国传媒大学信息与通信工程学院副教授；
苏志斌，博士，副教授，中国传媒大学信息与通信工程学院
演艺工程技术系副主任）

# “声频技术”课程改革探索及思政元素设计*

◎刘京宇　苏志斌　王　爽

**摘　要：**“声频技术”课程是智能装备与系统本科专业必修的一门专业理论课程，教学内容涵盖了声频技术及音频信息处理各方面的内容。如何在一个学期的课程内合理有效地安排教学内容，并将课程思政与课程内容有机结合是一个值得研究的问题。本文结合笔者的教学经验，尝试对“声频技术”课程的教学改革、课程思政等方面进行总结，并列举了部分教学案例。

**关键词：**声频技术；课程改革；思政元素

## 一、引言

“声频技术”课程是智能装备与系统本科专业必修的一门专业理论课程，教学内容涵盖了声频技术及音频信息处理各方面的内容，不仅包括音乐音频的物理基础、数字音频信号处理等基础理论，还包括音频信号的特征提取与分析、音频分类识别等新技术，涉及了大量基础理论知识以及新技术。如何在一个学期的课程内合理有效地安排教学内容，并将课程思政与课程内容有机结合是一个值得研究的问题。本文结合笔者的教学经验，尝试对“声频技术”课程的教学改革、课程思政等方面进行总结，并列举了部分教学案例。

* 本文系 2022 年度校级教改项目“‘智能装备与系统概论’教材建设”（YL230100349/211）的阶段性成果。

## 二、课程改革及实施

### （一）教学内容设置及改革

“声频技术”课程是智能装备与系统专业必修的一门专业理论课程，考虑到本专业整体课程体系的设置以及前后课程的衔接关系，我们对课程内容进行了优化调整。调整后的课程内容主要分为三个部分：第一部分音乐声学基础、第二部分数字信号处理以及第三部分音频信号分析和处理技术。

第一部分音乐声学基础，主要包括音乐声的物理基础、听觉四要素的感知和计算、听觉心理学基础等。虽然学生在大学物理以及高中物理课程中已经接触了声学的基础知识，但对声音的感知尤其是声音主观感受与客观参数的对应关系还不够了解，因此，这部分着重讲授声音的主客观关联规律。

第二部分数字信号处理，包括傅里叶变换、信号的频谱分析等。这部分重点讲授傅里叶变换的物理意义，并着重强调音频信号频谱分析参数的选择，这是学习音频特征提取的基础。

第三部分音频信号分析和处理技术，包括音频信号的时域分析和频域分析、乐音信号的特征提取等。这部分重点讲授人工智能等新方法在音频信息处理中的应用。

本课程设有实验部分，该部分不仅有利于学生对课程的学习和掌握，也为学生学习后续课程和以后的工作实践打下坚实的基础。

### （二）培养目标及能力要求

“声频技术”为中国传媒大学智能装备与系统专业的一门专业核心课程。根据智能装备与系统专业“产业导向、行业牵引、学科交叉”的特点，围绕培养智能装备特色人才这一目标，本课程从顶层设计、知识体系、实验实习条件等方面构建了较为完善的具有文化科技、传媒特色的教学方案。本课程的主要教学日的是使学生熟悉声频技术的基础理论与算法，掌握音频信号的分析方法和信号处理技术。通过本课程的学习，学生不仅具备了声频技术所涉及的专业理论知识，同时逐渐养成了科学严谨、逻辑严密的理性思维方式，为后续课程和本领域更深入的研究做好了理论知识和技能储备。本课程的具体教学目标要求如表 1 所示。

表 1 “声频技术”课程教学目标要求

| | |
|---|---|
| 知识目标 | （1）熟悉并掌握数字信号处理的基本理论；<br>（2）了解声频技术的基本声学理论；<br>（3）掌握音频信号的时域和频域的分析方法以及乐音信号的分析方法；<br>（4）掌握音频信号的特征提取方法；<br>（5）掌握声频技术中所涉及的模式识别的基本理论和应用算法。 |
| 能力目标 | （1）具备声频技术所涉及的专业理论知识；<br>（2）具有科学严谨、逻辑严密的理性思维方式；<br>（3）具备独立解决实际相关问题的能力。 |
| 价值目标 | （1）满足现代工业、现代服务业及国家智能制造发展的战略需求；<br>（2）培养能够在演艺装备制造业、演艺信息技术服务等领域，胜任智能装备与系统研发、应用、服务与管理等工作的高素质专门技术人才；<br>（3）培养国家现代制造业迫切需求的复合型人才。 |

## 三、课程教学案例分析

这里以“声频技术”课程第一部分中的“音强的感知与计算”为例，说明教学内容的设计与安排。

教学内容：（1）音强的客观参数；（2）音强的主观参数；（3）音强参数的计算。通过本小节的学习，学生能够了解作为声音四要素之一的音强的基本概念，掌握听觉等响曲线的基本规律和频率计权曲线的基本含义，掌握音强声学参数计算的基本原理，为课程后续音频特征的提取学习打下坚实的基础。

教学重点：（1）声压级与响度级的关系；（2）音强特征参数的计算原理。

教学难点：听觉等响曲线的原理及规律、频率计算网络。

各部分的教学内容时间分配如表 2 所示。

表 2 “音强的感知与计算”教学内容时间分配表（20 分钟）

| 教学安排 | 教学内容 | 教学时间 |
|---|---|---|
| 引言 | 新课引入 | 1分钟 |
| 音强的客观参数 | 声压 | 2分钟 |
| | 声压级 | 2分钟 |
| 音强的主观参数 | 响度级 | 3分钟 |
| | 等响曲线 | 7分钟 |

续表

| 教学安排 | 教学内容 | 教学时间 |
| --- | --- | --- |
| 音强参数的计算 | 均方根能量 | 2分钟 |
| | 低能量帧比 | 2分钟 |
| 小结与作业 | 总结、布置思考题 | 1分钟 |

在教学方法上，本小节以讲授法和实验法相结合的方式，以启发式教学为主，结合公式推导、对重点问题的详细分析和生活实例，引导学生建立扎实的理论基础，让学生从实践者的角度积极思考、释放潜能，注重培养学生对音强基本概念的理解，激发学生学习的积极性和创造性。

在教学手段上，充分发挥多媒体教学的优势，以醒目的图片和言简意赅的文字，让学生建立起基本概念的框架；以等响曲线听音测试工具箱辅助教学，讲解构建等响曲线和频率计权网络的基本原理，进一步加强学生对等响曲线基本规律的理解和掌握；通过推导音强相关声学参数的计算原理，帮助学生掌握难以理解的重点知识并对理论公式推导结合实际进行实验验证，使学生能够掌握从实践到理论再到实践的科学研究方法。

课程总结：本节课程针对声音四要素之一的音强参数进行了讲解，重点介绍了声压级、响度级的基本概念，等响曲线的听觉特性，音频计权网络的使用场合以及音强特征参数的计算方法和原理，通过多种教学方法和教学手段的综合运用，培养学生对基本概念和原理的抽象理解能力，为后续课程的学习打下良好的基础。

## 四、思政元素设计

立德树人，在思政课程中引领、在通识类课程中浸润、在社科类课程中深化。然而，理工科专业课程的知识性强、逻辑推理深，与思政似乎“相距甚远”。如何让理工科课程的设计既满足工程教育认证，又能“潜移默化、润物无声”地融入思政元素，成为当前我们迫切需要解决的问题。

根据本专业的育人目标和专业特色，我们结合工程教育专业认证的要求，构建了学院人才培养的思政目标，并将这些目标分解到课程的讲授中。下面列举本科课程中思政元素设计的两个案例。

### （一）案例一：立体声技术与《义勇军进行曲》

立体声是声频技术中的一个重要概念，它指的是指具有立体感的声音。立体声技术通常指的是通过使用两个扬声器的配置来获得两个独立的音频通道，这样听者就可以产生从不同方位听到声音的印象。为了让学生更好地理解立体声的内容，我们在课程中设置了一个立体声与单声道的声音效果对比实验。在实验中用到的音频信号就是《义勇军进行曲》的音响片段。

1983 年《义勇军进行曲》正式被确定为中华人民共和国国歌后，中国唱片公司联合中国人民解放军军乐团和中国国家交响乐团及其附属合唱团，出版发行了恢复歌词后的由铜管乐合奏，管弦乐合奏、齐唱及管弦乐合奏 / 齐唱组成的立体声版标准国歌唱片。这套国歌唱片由于采用了立体声技术，更加突出了演奏、演唱的丰富生动细节，乐队层次清晰有致，气势雄浑壮阔。在实验过程中，学生不仅理解了立体声技术的内涵，同时也深刻体会到立体声技术所赋予《义勇军进行曲》的震撼音响效果。放眼世界，国歌作为国家的一种象征和标志，体现着国家精神和民族情怀。学生通过本次课程的学习，在潜移默化中提升了爱国主义情怀，课程收获了良好的教学效果。

### （二）案例二：音质修复技术与《二泉映月》

音质修复技术指运用音频信号处理技术对年久失修的历史音频样本进行数字化修复。例如，阿炳演奏的二胡曲，老一辈古琴、琵琶大师们演奏的乐曲，都已经成为国宝级的音响录音资料，这些录音资料具有极高的文献价值。然而，这些录音资料多数是在高保真数字录音技术普遍使用之前录制下来的，限于当时的录音技术条件以及记录载体自身的缺陷，一些早期的音频资料处于一种“濒危”的境地，亟待抢救和保护。音质修复技术就是其中一种重要的技术手段。

我们在音质修复技术的教学中也设计了一个演示实验，实验中所采用的音频信号就是民间艺人阿炳亲自演奏的《二泉映月》。1950 年夏季，中央音乐学院研究部的教授杨荫浏先生与同部的另一位教授曹安和，带着一台刚刚获赠的钢丝录音机奔赴无锡来为阿炳录音。然而，由于钢丝录音记录的频段范围较窄，频响曲线的低频和高频部分缺失严重，使得音频信号产生了非线性失真，乐器的音色发生了“畸变”，这就需要用到音质修复技术。

音乐信号的音质修复不同于语音信号，不仅需要准确还原频率、响度信息，还要还原乐器的音色信息，这就要求修复者具有一定的音乐修养。我们在课堂上向学生讲解了当时采录设备的参数特点、采录声学环境等内容，不仅让学生了解了音质修复的技术要点，同时也使其感悟到我国老一辈音乐家严谨的治学态度以及为保护和传承我国音乐文化遗产所做出的卓越贡献，于潜移默化中提高了学生保护和传承中国传统文化的意识，起到了很好的教学效果。

**参考文献：**

[1] 习近平．思政课是落实立德树人根本任务的关键课程［J］．求是，2020（17）．
[2] 韩宝强．音的历程［M］．北京：人民音乐出版社，2016.
[3] 郭超．国歌历程［M］．北京：中国国际广播出版社，2002.
[4] 高德毅，宗爱东．从思政课程到课程思政：从战略高度构建高校思想政治教育课程体系［J］．中国高等教育，2017（1）：43-46.
[5] 李骏扬．理工科课程中的思政与情感［J］．中国大学教学，2019（12）：4.
[6] 李伟．音频音乐与计算机的交融：音频音乐技术［M］．上海：复旦大学出版社，2019.

（刘京宇，博士，中国传媒大学信息与通信工程学院副教授；
苏志斌，博士，副教授，中国传媒大学信息与通信工程学院演艺工程系副主任；
王爽，博士，中国传媒大学信息与通信工程学院副教授）

# “数字电路与系统设计”课程思政建设的思考与实践 *

◎何　晶　刘昌银　杨　霏　杨　刚　张　鹏　关亚林

**摘　要：**课程思政教育是高校实现立德树人教育目标的重要举措。“数字电路与系统设计”是电子信息类专业一门重要的专业基础课，如何在课程中融入思政教育是作为教学组织者的教师亟须思考的问题。本文对“数字电路与系统设计”课程思政建设中的一些问题进行了思考，包括如何协调课程思政和课程内容体系之间的关系，如何使思政元素和课程内容有机结合；梳理了围绕课程思政建设的探索和实践，包括课程思政元素的挖掘以及课程思政实践。

**关键词：**课程思政；思政元素；数字电路与系统设计

## 一、引言

2020 年 5 月，教育部印发《高等学校课程思政建设指导纲要》，提出了“全面推进课程思政建设”的要求。教育是国之大计、党之大计，其根本任务是立德树人，而实现这一目标的重要举措是开展课程思政教育。[①] 在信息化、全球化的大背景下，课程思政教育是培养新工科人才的必然要求，在专业基础课中融合思政教育内容，是让学生认识社会价值、理解国家战略发展需要、自觉将小我融入大我的必要手段。

“数字电路与系统设计”是电子信息类专业一门重要的专业基础课，在整个课程体系中发挥承上启下的作用，主要介绍数字逻辑基本原理，组合逻辑电路模块，时序电路模块的分析和设计，现代数字设计的工具、手段和方法等，使学生能够运用现代工

* 本文系 2023 年度中国传媒大学校级教改项目“数字电路与系统设计教学团队建设”（JG23101012）的阶段性成果。

① 教育部高等教育司 . 高等学校课程思政建设指导纲要［EB/OL］.（2020–05–28）［2023–03–26］. http://www.moe.gov.cn/jyb_xwfb/s5147/202006/t20200608_463719.html.

具、手段和方法进行复杂模块和系统的设计。本课程为后续的专业基础课和专业课奠定了基础，对于培养学生的工程实践能力具有十分重要的作用。如何在这样一门重要的专业基础课中融入思政教育，于潜移默化中达到思政育人效果，是作为教学组织者的教师亟须思考的问题。

## 二、对“数字电路与系统设计”课程思政建设的思考

《高等学校课程思政建设指导纲要》中指出：“落实立德树人根本任务，必须将价值塑造、知识传授和能力培养三者融为一体、不可割裂。全面推进课程思政建设，就是要寓价值观引导于知识传授和能力培养之中，帮助学生树立正确的世界观、人生观、价值观，这是人才培养的应有之义，更是必备内容。”① 该《纲要》是全国高校开展课程思政的重要依托、推动力和总抓手。

习近平总书记指出，好的思想政治工作应该像盐，但不能光吃盐，最好的方式是将盐溶解到各种食物中自然而然吸收。在课程思政的建设中，教师要具备让学生敬重的学问与品行，要以自己的理想信念、道德情操、扎实学识、仁爱之心，通过自己的言传身教，让学生耳濡目染。各类课程都要以符合自身特色的方式，建构开展课程思政的有效路径。不同课程的课堂教学都要有机地融入思政元素，让价值引导的成分在课程设计和课堂教学中如盐在水，达到春风化雨、润物无声的育人效果。

在课程思政建设过程中，如何协调课程思政和课程内容体系之间的关系，如何使思政元素和课程内容有机结合，是值得我们思考的问题。

### （一）课程思政和课程内容体系的关系

理工科专业基础课通常具有较高的学科门槛和专业性，同时课程内容也必须和思政元素相结合，坚持正确的政治方向。因此，课程思政建设不能脱离课程本身的要求，课程思政的建设要依托于课程建设，应坚持课程内容的理论性和系统性，② 形式上的思政教育不应影响课程教学的连贯性，否则会造成学生知识结构的欠缺。

作为电子信息类专业的一门重要的专业基础课，“数字电路与系统设计”具有相对

① 教育部高等教育司．高等学校课程思政建设指导纲要［EB/OL］．（2020-05-28）［2023-03-26］．http://www.moe.gov.cn/jyb_xwfb/s5147/202006/t20200608_463719.html.

② 于歆杰．理工科核心课中的课程思政：为什么做与怎么做［J］．中国大学教学，2019（9）：56-60.

独立的知识架构和相应的教学体系。课程知识体系是课程的根本，课程思政必须建立在课程内容的基础上。如果没有好的课程建设，那么课程思政就将是无源之水，无本之木。尊重课程的知识体系和教学规律是开展课程思政的必要前提。

作为一门实践性很强的专业基础课，“数字电路与系统设计”课程不仅具有科学思辨的特点，还具有求真务实、精益求精的精神；同时，在当今国内外形势下，这门课程的内容又具有鲜明的时代性。这些特点实际上与思政教育的要求具有高度的一致性。

### （二）思政元素和课程内容的结合

理工科专业基础课有其自身的特点，如何把思政元素和课程内容有机结合，实现潜移默化的教育效果，是课程思政建设的重要目的。

在课程思政建设中，一种方式是“硬”结合，另一种方式是“软”融入。“硬”结合是在课堂上直接讲授大段的思政理论，这种方法看似把思政教育和课程内容进行了结合，但实际上，内容枯燥、自说自话，一方面，思政教育陷入了形式主义怪圈，另一方面也容易引起学生的反感，教学效果不佳。

“软”融入是指在课程建设过程中，坚持课程内容的专业性，坚持内容为王，“课程”为主，“思政”为辅。教师要探索思政元素和课程内容的融合点，思政元素的融入要在尊重课程学习规律的基础上，通过专业知识的传授和能力的培养来展示价值理念，促进学生政治素质的提高。

## 三、“数字电路与系统设计”课程思政建设的探索和实践

### （一）从多个层次挖掘思政元素

我们尝试从三个层次挖掘“数字电路与系统设计”课程中的思政元素。首先，从国家技术发展需求和电子行业的近况出发挖掘思政元素。比如，我们在课程中从当前中美竞争的角度切入，为学生讲解美国制裁中兴、断供华为，高端芯片领域被“卡脖子”等一些案例，强调“自主创新”的重要意义，培养学生的家国情怀，提升学生学习的责任感和使命感。

其次，引入IC技术的发展历史，从中挖掘思政元素。围绕数字系统设计方法、手段和工具在过去几十年的演变，芯片在过去几十年中集成度日益提高、功能日益复杂，

我们为学生讲解技术发展过程，激发学生的创新意识和开拓进取的精神。

最后，从课程知识点中挖掘思政元素。通过课程内容的学习，引导学生掌握科学的思维方法，形成科学的世界观和方法论。

### （二）在课程教学中有机融入思政元素

比如，在绪论部分，从芯片的发展引入“贸易战”“科技战”等当前热点，分析科技强国的重要性，激发学生的爱国热情，提升学生的责任感和使命感。

在门电路、存储器和可编程逻辑器件、模数和数模转换等部分，引入IC技术的发展历史，向学生介绍这些器件的发展脉络、发展水平和当前在系统中的应用，与其他专业基础课、专业课程的内容形成关联，使学生对当前技术的发展形成一定的认识，增强课程内容的现实感，激发学生开拓进取的精神。

在数字电路模块设计和系统设计方法等部分，通过对电路模块和系统设计方法的介绍，帮助学生建立科学的思维方法，提高学生解决复杂工程问题的能力，提升学生的工程意识和科学素养。

## 四、结语

思政教育与课程内容的结合不是一蹴而就的，需要不断地思考、探索和实践。课程思政包含爱国情怀、报国的使命感和责任感，也包含科学精神和脚踏实地的实干精神。教师需要不断提高自身的思政理论水平，结合教学内容挖掘和思考课程思政元素，将思政元素和课程内容有机融合在一起，实现润物细无声的深度育人效果。

**参考文献：**

［1］教育部高等教育司．高等学校课程思政建设指导纲要［EB/OL］．（2020-05-28）［2023-03-26］．http://www.moe.gov.cn/jyb_xwfb/s5147/202006/t20200608_463719.html.

［2］杜震宇．一切有形，皆含道性：高校理工科课程的课程思政原则与教学策略［J］．高等理科教育，2021（1）：19-25.

［3］于歆杰．理工科核心课中的课程思政：为什么做与怎么做［J］．中国大学教学，2019（9）：56-60.

［4］李漫红，于三三，母继荣，等．新工科背景下理工科课程思政教学的优化策略［J］．辽宁科技学院学报，2022（8）：55-58.

[5] 王颖，杨茂林，王海云，等. 新时代理工科课程思政研究：综述与展望[J]. 昆明理工大学学报（社会科学版），2023（4）：127–134.

（何晶，博士，中国传媒大学信息与通信工程学院教授；
刘昌银，博士，中国传媒大学信息与通信工程学院讲师；
杨霏，博士，中国传媒大学信息与通信工程学院副教授；
杨刚，博士，教授，中国传媒大学信息与通信工程学院信息网络技术系主任；
张鹏，博士，中国传媒大学信息与通信工程学院副教授；
关亚林，博士，中国传媒大学信息与通信工程学院教授）

# 混合式教学模式下"单片机原理与接口技术"课程思政建设的探索与实践

◎周德扬　孙象然

**摘　要：**教育部发布《高等学校课程思政建设指导纲要》全面部署课程思政建设并提出了思政教育要坚持学生中心、产出导向、持续改进，不断提升学生的课程学习体验、学习效果。遵循这一指导原则，高校课程思政建设应与时俱进，合理利用混合式教学的先天优势，面向产出重构课程内容，依据专业性质着力发掘课程思政元素，并融入理论学习和实践过程，从而提升学生的综合素质，为国家培育优质人才。此外，高校教学部门还应精心设计、持续改进混合式教学实施方案，科学合理地优化部署教学内容、方式、环节流程等，充分落实思政建设。

**关键词：**混合式教学；课程思政；单片机；因材施教

应党中央全面推进高校课程思政建设的要求，教育部发布《高等学校课程思政建设指导纲要》[①]全面部署课程思政建设，在各高校的积极行动下，已经取得比较显著的成效。但如何更合理地将思政元素与专业课程有机融合，依然是课程思政建设的关注重点。其不但受课程性质、专业知识内容的影响，更需要考虑教学模式、教学方法、教师能力、学生水平等多个方面。尤其是混合式教学模式作为一种新型的教学实施方案，逐渐在各大高校推广建设，已经成为未来教育发展的重要趋势之一。

## 一、混合式教学模式下思政教育研究的必要性

《高等学校课程思政建设指导纲要》明确指出，思政教育要坚持学生中心、产出导

① 教育部等十部门关于印发《全面推进"大思政课"建设的工作方案》的通知［EB/OL］.（2022-07-25）［2023-03-26］. http://www.gov.cn/zhengce/zhengceku/2022-08/24/content_5706623.htm.

向、持续改进，不断提升学生的课程学习体验、学习效果。[①] 而传统的课堂教学模式因其交流手段单一、价值引领不足、实践环节缺失等局限性，很难再满足上述要求，因此必须在教学模式上进行创新，尝试引入更多的互动环节，比如小组讨论、角色扮演、案例分析等，让学生在互动中深入理解和接受思政教育。

混合式教学将线上优质慕课和线下传统教学的优势有机结合起来，既保证了优质丰富的学习资源又满足了学生的个性化发展需求，实现了真正的“因材施教”。可见，采用混合式教学模式作为支撑思政融入的教学手段，有其一定的必要性和可行性。与此同时，如何更充分地利用混合式教学模式来开展思政教育也是教育改革的必然要求。

## 二、“单片机原理与接口技术”课程教学现状

“单片机原理与接口技术”课程是电气工程、应用电子技术、机电一体化、自动控制等专业的重要专业基础课。课程内容包括理论教学和实验教学两部分。[②] 理论部分以 MCS-51 系列高档单片机为主线，介绍单片机的结构、工作原理、内部资源、汇编语言程序设计、C 语言程序设计，以及单片机应用系统中的接口技术，并提供部分应用实例。实验部分主要学习编程开发软件，搭建仿真环境，利用单片机 I/O 口、内部定时器、中断、串口等模块进行应用接口设计与开发。

目前，“单片机原理与接口技术”采用的是 SPOC 混合式教学模式，并已经开展了三轮完整的教学周期。多元化的教学环节包括线下面授、线上慕课、线下实验、线上线下分组讨论、线上测试等。在课程思政建设方面，虽然教师能有意识地进行思政元素的挖掘和融入，但目前还存在以下问题。

### （一）思政意识不够深入

课程偏重于理论知识点的讲解、技能技巧的传授，忽略了思政元素的挖掘和融入。授课形式略显枯燥，对学生的吸引力不足，同时也缺少爱国主义精神、科学精神、工匠精神、奉献精神、工程伦理等思政元素的融合。

---

① 教育部等十部门关于印发《全面推进“大思政课”建设的工作方案》的通知［EB/OL］.（2022-07-25）［2023-03-26］. http://www.gov.cn/zhengce/zhengceku/2022-08/24/content_5706623.htm.

② 尚任.《单片机原理及应用》课程思政的实践探索：以“单片机的存储器结构”知识点讲解为例［J］. 吉林化工学院学报，2021（10）：32-36.

### （二）机械式的混合式教学

对混合式教学的理解停留于表面，仅仅为线上慕课自学和线下授课的表面理解，缺乏对线上慕课学习的管控和监督。

### （三）信息化手段单一，缺乏创新性

授课手段单一，目前仍停留在“PPT+ 视频”的电子化方案，并未充分利用线上教学平台的丰富高效的功能。如线上讨论、在线测验、互动教案、课堂弹幕等，这些更能激发学生积极参与课堂的兴趣。

### （四）考核机制不合理

考核仍停留在试卷的知识点考核阶段，无法充分体现学生的综合实践能力、创新能力、团队协作能力等。对于毕业目标和培养计划的达成度判断，缺少数据支撑。

## 三、“单片机原理与接口技术”课程思政改革要点分析

作为一门专业基础课，“单片机原理与接口技术”有着鲜明的专业特色和优势。对其进行课程思政改革，需要在深入研究本专业育人目标的基础上，挖掘专业知识体系中的思政元素，拓展课程的广度、深度和温度，全方位增加课程的知识性、人文性，提升引领性、时代性和开放性。[①] 具体应从以下几个方面着手分析和落实：

### （一）课程内容重构

“单片机原理与接口技术”是一门理论与实践并重的课程，涉及的知识点较多，如单片机的基本硬件组成、指令系统、汇报及 C 语言程序设计、输入输出接口、片内外设模块及其他扩展接口模块等。课程内容较为枯燥、抽象，特别是对于一些没有实际应用经验的学生来说，理解起来会有些困难。

只有在思政方针的引领下，有目的地对课程内容进行重构，才能解决以上问题。包括融入思政元素，提升课程的先进性；理清知识脉络，增加条理性；深挖知识点的

① 教育部等十部门关于印发《全面推进“大思政课”建设的工作方案》的通知［EB/OL］.（2022-07-25）［2023-03-26］. http://www.gov.cn/zhengce/zhengceku/2022-08/24/content_5706623.htm.

“来龙去脉”，保证知识获取的科学性；将知识内容与实际的生产生活进行类比学习，增加直观性。

### （二）思政元素挖掘

**1. 世界观、人生观、价值观引领**

如在第一章概述中，结合时事事件——从美国对华芯片封锁的无耻霸行到我国科研工作者研发“中国芯”的自强不息，讲述单片机类的芯片重要性关系到国家命运，引导学生不要盲目崇拜西方，应勤学不辍、强国有我，提升学生的民族自豪感和责任心。

**2. 家国情怀，拥军爱党**

在教学内容中增加军事应用案例，潜移默化地让学生明白自强才是硬道理，学好专业知识也可以保家卫国。

**3. 培养科学思维能力、创新能力等**

充分发挥学科优势，以科学认知规律为准绳，重新整合知识结构，深挖知识点背后的本质内容，培养学生掌握科学认知方法，学会辩证思考问题，能自主地发现问题、分析问题并解决问题。

**4. 专业有为，大国工匠**

将一件普通的事情做到极致，是需要恒心与毅力的。如在第四章“汇编语言程序设计”中，汇编语言相比 C 语言等中高级语言的优点是运行效率高，更贴近硬件。教师可以此为契机，提出“功能完成”和“实时效率”的问题，指出初学者以功能完成为主，而工程师不单单要实现功能还应考虑实时效率，尽可能降低硬件成本。因此，做工程设计需要具备精益求精的工匠精神。

**5. 人文素养，德育美育**

这部分内容可能在工程类课程中较少涉及，但教师也可以在某些原理的讲解过程中，通过类比法、联想法等发掘思政元素。如在第五章“定时器 / 计数器”部分讲解精确定时原理，提出守时是一种美德，让学生懂得珍惜时间，不仅要珍惜自己的时间，同时也要珍惜他人的时间。遵守时间的人会赢得更多的尊重，而且会交到更多的朋友。

**6. 居安思危，工程伦理**

这部分内容属于容易被忽视，但在日后的生产和生活中又是非常重要的，一旦疏忽就会酿成无法挽回的损失。如在第二章“单片机硬件原理”部分讲述堆栈工作原理，介绍堆栈溢出的危害，发散至黑客技术并上升到科技安全和国防安全高度，警示学生高科技犯罪的危害，增强学生的安全防范意识。

### （三）加强面向产出的教学实验

工科思政教育改革的一个重要手段是加强面向产出的教学实验。“单片机原理与接口技术”课程基于 OBE 理念，创建了 CDIO 工程教育模式，进行了基于“项目驱动”的实验教学创新探索，即将实验环节融入某一个或几个项目中，开展以项目为载体、以学生为主体、以教师为引领的教学活动。

同时，为了解决学生上实验课不专注的问题，我们优化了实验环节，将源程序代码敲写、原理图绘制布置为预习作业，将工程调试过程安排在实验课环节，并针对重点实验步骤录制视频教程，供学生课前预习以及课后参考。

## 四、混合式教学模式下思政教育实施方案设计

### （一）线上线下课程内容安排与思政侧重

混合式教学模式下的线上和线下的课程内容安排并不是简单的章节顺序轮换，而应发挥各个环节的优势，相互补充、有机融合。同时，思政元素的融入也应该根据线上和线下教学的特点采用不同的策略。

比如，线上教学的优势在于灵活性和可复现性，同时可搭配优质的慕课资源、在线测试等，使学生能够获得良好的学习效果。缺点是线上学习全靠自觉，教师监管不到位。线下教学的优势在于教师能更好地掌握学生的学习状态，并有针对性地给予指导。不足之处在于课时安排不够灵活，对于知识点的讲授，无法兼顾所有学生的理解程度。

为了发挥线上、线下教学各自的优势，教师可以将枯燥的、抽象的理论知识点的讲授交给线上引进的优质慕课资源，同时在线下教学中，突出知识点的系统性、关联性，组织学生讨论重点和难点问题，落实好实验环节。

在思政的融入方面，线上内容围绕培养学生的价值观、爱国精神、工匠精神、专业自信等展开，线下教学则注重对学生科学思维、逻辑分析、开拓创新等能力的培养，全面提升学生的综合素质。

### （二）教学环节设计及思政效果保障

如图 1 所示，本课程分为线上慕课初学引导、线上问题讨论、线下重点知识讲解及答疑、线上慕课重温、章节总结及作业练习、线上自测等若干环节。

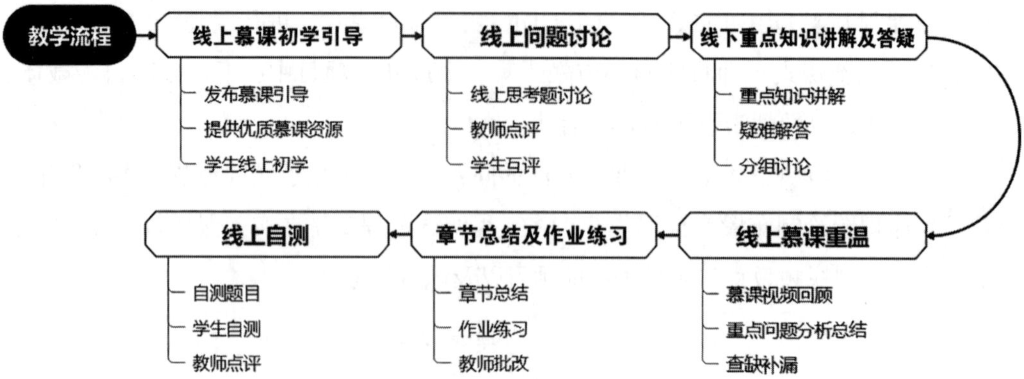


图 1 “单片机原理与接口技术”理论部分教学流程

将预习落实为引导式慕课初学，抛出发散性讨论问题，让学生思考后并分享自己的理解。教师可以根据线上讨论环节的情况，有针对性地在线下进行重点知识的讲解、复杂问题分组讨论等。针对后续关联知识点，继续进行有目的性的启发，力争做到课程结束后，让学生对课堂上遗留的问题和未知的知识点有继续探索的兴趣或有系统的、高视角的理性认知，保证下一环节的顺利进行。最后布置章节总结及作业练习，结合有效的在线自测，保证知识点的学习效果。

### （三）实验教学改革助力课程思政

本课程基于 OBE 教育理念，进行“项目驱动式”实验教学改革，优化实验环节。实验教学改革遵循的设计理念及主体方向分别见图 2 及表 1。

图 2 “单片机原理与接口技术”实验教学设计理念

表 1 实验改革主体方向

| 方向 | 内容 | 概括 |
|---|---|---|
| 项目驱动 | 设计若干相对复杂的微工程项目，将繁杂、枯燥的知识点转变为实际工程问题，有待学生独立探索、解决 | 目标明确，兴趣提升<br>工程开发，能力锻炼<br>前后衔接，温故知新 |
| 任务分级 | 按照难度分基础、优秀、完美三级任务。课上保证实现基础任务，尽量完成优秀任务，课后进行完美任务创新实践 | 阶段成就，不断激励<br>基础提高，产出达成<br>任务拓展，优者更优 |
| 虚拟仿真 | 规避硬件损毁风险，提高课堂效率，提供课外延拓的平台支撑，使学生脱离实验室束缚 | 平台可靠，课内高效<br>虚拟环境，课外拓展<br>软硬兼顾，综合实践 |
| 闯关考核 | 按照逻辑顺序设立若干考查要点，采用设计实现、程序改编、调试纠错、仿真观测、问题分析、经验总结等多种多样的方式进行考核 | 层层递进，由浅入深<br>多样考核，告别枯燥<br>调试分析，引发思考 |

除了以上具体实施方案外，本课程还融入了一些过程评价机制，科学合理地判断课程目标达成情况，以便能持续对课程进行改进。

## 五、教学反思

“单片机原理与接口技术课程”的教学改革，经过三轮实践及分析和改进，目前已经基本达成了基于混合式教学模式的思政教育目标。学生评价良好，目标达成度较高。但其中也存在一些比较现实的问题。首先是环节设置过多，导致建课工作量较大，这不但要求课程负责人合理分工，在教学各环节中，教师也应发挥主导作用。其次，环节紧密环扣的同时也导致在实际教学过程中学生课后任务的加重。针对这一问题，教师可以设计梯度课业内容及评分标准，让懂的学生“少做、精做”，不懂的学生“能做、愿做”。最后一点，思政元素的融入不够精准到位，教师还需要在教学内容设计过程中不断完善。

**参考文献：**

[1] 教育部等十部门关于印发《全面推进“大思政课”建设的工作方案》的通知［EB/OL］.（2022-07-25）［2023-03-26］. http://www.gov.cn/zhengce/zhengceku/2022-08/24/content_5706623.htm.

[2] 尚任.《单片机原理及应用》课程思政的实践探索：以“单片机的存储器结构”知识点讲解为例［J］. 吉林化工学院学报，2021（10）：32-36.

[3] 李瑞萍. 中国传统文化课程中思政元素的开发与思考［J］. 三门峡职业技术学院学报，2020，19

（3）：59-63.
［4］杨冬梅．“课程思政”与二维动画技术课程教学的融合［J］．文教资料，2020（29）：232-233.

（周德扬，中国传媒大学信息与通信工程学院讲师；
孙象然，博士，副教授，中国传媒大学信息与通信工程学院
电子信息工程系副主任）

# “计算机视觉”课程思政建设的探索与实践

◎于　瀛

**摘　要：**本文以课程思政建设为核心，首先，从“计算机视觉”课程的设立需求入手，分析课程思政对课程建设和人才培养的重要性；其次，从教学目标、教学内容、教学手段等方面深入探讨课程思政的具体落实与实施；最后，结合课程评价与效果进行了全面总结。

**关键词：**课程思政；计算机视觉；雨课堂

## 一、引言

2016 年 12 月，习近平总书记在全国高校思想政治工作会议上阐明了思政课在立德树人、全面育人中的重要地位与关键作用。

2020 年 5 月，教育部印发《高等学校课程思政建设指导纲要》，提出课程思政建设要全面推进。

在《中国传媒大学 2018 版教学培养计划》的修订过程中，学校结合计算机视觉近年来的研究和发展趋势，在中国传媒大学工科本科专业中增设了“计算机视觉”课程。结合课程思政建设的要求，“计算机视觉”课程从启动伊始，紧密围绕立德树人的根本任务，深入挖掘课程中的思政元素。课程团队从教学目标入手，依托教学内容，探索融合思政元素的教学模式与方法，将思政元素与课程教学全过程进行有机结合，引导学生立足于国情进行专业知识学习，力求从知识、能力和价值观三个方面取得教学成效。

## 二、基于课程思政的教学目标

近两年，课程思政建设，尤其是理工类专业课程思政建设，成为高校课程建设的重点与难点。大多数理工类专业教师多以传授专业知识为重点，较少关注对学生进行思想政治教育。

“计算机视觉”是中国传媒大学工科专业的一门基础课程。在深刻把握课程思政内涵与价值的基础上，要想发挥好“计算机视觉”课堂教学主渠道的作用，需要探索并实现思政与课程融合的教学目标。这主要涉及以下两个方面：一方面，以育人为核心，积极将思政基因注入课程各个环节，探索覆盖课程全过程的混合式教学模式与方法，教师在传授专业知识的同时，也应培养学生树立正确的世界观、人生观和价值观。另一方面，以“新工科”为背景，结合国内外相关领域的发展现状，提升学生解决实际工程问题的能力，培养学生的家国情怀，使其成长为能力和品格兼备的新型工程师。

## 三、基于课程思政的教学措施

在“计算机视觉”课程思政的探索与实践中，笔者所在的教学组紧密结合教学目标，充分利用课程载体，以教学内容为基础，通过“雨课堂”开展混合式教学，以多元化的课程评价体系为反馈，整合多种教学资源，力求多层次、多角度构建育人格局。

具体包括如下四个方面：

### （一）教学团队

加强和提高教学组成员的思想政治素养，强化教师主体的育人理念，做好课堂教学第一责任人，使课程与思想政治理论同向同行，形成协同效应。

### （二）教学内容

丰富教学内容，挖掘专业知识中蕴含的思想、哲理和精神，从思政内容与专业知识的“契合点”入手，精心设计教学案例，不生搬硬套，将思政元素“润物细无声”地融入知识传授过程中，把面向知识与技能的课堂教学转变为融合思政的多维度课堂教学。

### （三）教学模式

创新教学模式是拓宽课程思政教学方法的途径之一。除了课堂教学外，教学组还在课前、课间、课后和实验等环节借助新媒体、互联网等途径，立体化展示计算机视觉领域的发展与创新以及科研人员的努力与坚持，将大国工匠精神贯穿课程教学各环节，完成寓“道”于“教”。

### （四）评价体系

教学组以专业教学内容为载体，建立了多元化的评价体系，侧重过程考核，保障课程思政的教学效果。思政元素被纳入课程考核，并建立了配套的考核评价体系，包括与思政教学相关的实验、平时作业、随堂互动、期末设计等都被纳入总评中。具体实施措施与手段包括：严格执行考勤制度，培养学生守时认真的学习态度；利用“雨课堂”进行师生互动，随时检查教学效果，培养学生专注投入的学习作风；鼓励学生以小组为单位完成作业和实验，培养学生合作沟通、表达及思辨能力。

多元化的评价体系能够提升课程思政的教学效果，促进学生个人综合素质的提升。

## 四、基于课程思政的教学实践

### （一）教材选用

“计算机视觉”课程选用的教材是2017年电子工业出版社出版的《计算机视觉——一种现代方法（第二版）》。

### （二）教学内容

分层三维重建是“计算机视觉”课程的教学重点之一，指从多幅二维图像恢复欧几里得空间（四维空间）的三维结构时，不是一步完成，而是分步分层进行的。课前，教师发布预习内容，请学生回顾在以往的学习生活中如何解决现实难题，尤其是用常规方法不能解决的问题。课上，围绕分层三维重建的具体知识点，通过“雨课堂”发布互动题目，邀请学生参与讨论。课后，将分层重建的内涵本质迁移到学生的学习和生活中，引导学生对问题做分解，分步骤解决现实难题。

## 五、教学效果

### （一）知识的掌握与积累

在覆盖课程大纲的前提下，教学组深入挖掘计算机视觉知识体系和各知识点中蕴含的思政元素，准确把握知识传授与价值引领的内在逻辑，激活了思政育人环节。学生在案例中不仅学习到了专业知识，而且能够将所学到的专业知识应用于实际，获得了一定的知识积累。

### （二）能力的培养与提升

“计算机视觉”开设于本科三年级，学生已进入专业课学习阶段。将“计算机视觉”课程从单纯的专业知识学习拓展为以思想政治为根基的专业教育，在提高学生的专业素养与能力的同时，也为其后续的学习与生活做好了铺垫。

### （三）树立正确的价值观

在“计算机视觉”课程思政教学中，笔者引导学生立足于国情进行专业知识学习，将个人发展与国家民族的命运紧密联系在一起，树立正确的价值观。教学组积极发掘专业知识中蕴含的价值、精神和思想，将思政元素融入教学全过程，实现了课程思政与专业课程建设的辩证统一。

在 2020—2021 年春季学期课程教学结束时，教学组针对选课的 53 名学生通过“雨课堂”发起了问卷调查，从总体教学效果、理论教学效果、实践教学效果和双师教学效果四个方面收集学生的反馈，结果如图 1 所示。从学生的反馈结果来看，“计算机视觉”课程思政不仅成功帮助学生了解了计算机视觉领域应用，对于引导学生树立正确的“三观”也起到了良好的辅助作用。

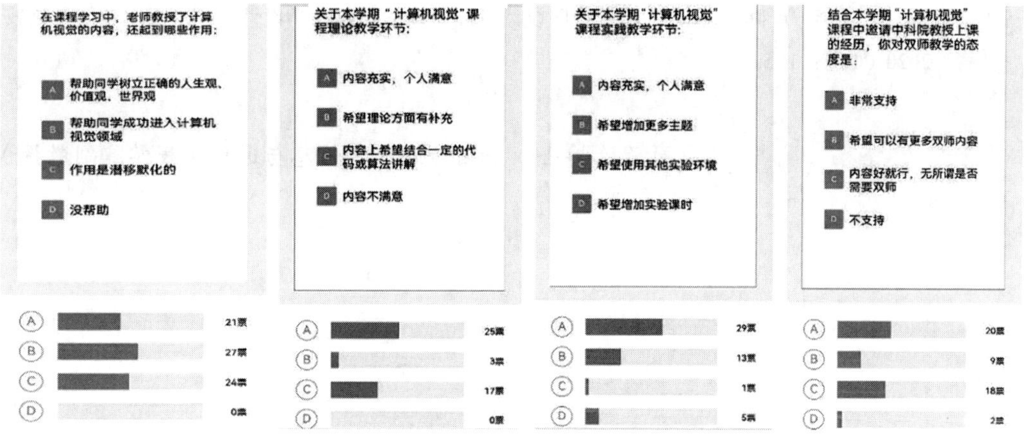


（a）总体教学效果　（b）理论教学效果　（c）实践教学效果　（d）双师教学效果

**图 1　教学反馈**

## 六、结语

以上笔者对“计算机视觉”专业课的思政建设过程进行了梳理。从教学反馈来看，目前的探索和实践取得了一定的成效，为后续进一步深入开展课程思政建设打下了良好的基础。

### 参考文献：

［1］习近平．在全国高校思想政治工作会议上强调：把思想政治工作贯穿教育教学全过程 开创我国高等教育事业发展新局面［N］．人民日报，2016-12-09.

［2］郎振红．高校理工类学科课程思政建设的实践研究［J］．大学教育，2020（11）：23-26，50.

［3］章忠民，李兰．从思政课程向课程思政拓展的内在意涵与实践路径［J］．思想理论教育，2020（11）：62-67.

［4］王荣．“双一流“大学立德树人之路径选择［J］．江苏高教，2020（11）：104-108.

［5］王轶卿，张翔．新工科建设中实施课程思政的理论与实践［J］．河北师范大学学报（教育科学版），2020（11）：59-62.

［6］万慧琳，户国．工科专业课程践行课程思政的路径探析［J］．大学教育，2020（12）：87-89，99.

［7］王子赟，王艳，纪志成．面向新工科的《电力电子技术》课程思政教学改革［J］．高教学刊，2020（35）：140-143.

［8］吴恩鸿．课程思政的实施路径探析［J］．科教文汇，2020（31）：48-49.

[9] 刘卫国，奎晓燕，严晖，等.“计算机程序设计基础”课程思政教学设计 [J]. 工业和信息化教育，2020（11）：1-5.

（于瀛，博士，中国传媒大学信息与通信工程学院副教授）

# 教学改革创新

# “十四五”新征程中“新工科”实验教学改革创新研究

◎靳晓芳　章文辉

**摘　要：**本文从国家“十四五”规划及全面推进“四新”建设出发，指出国家对教育工作者提出的新任务、新要求，阐述了教育、科技对我国社会发展的重要影响；特别是从信息与通信工程专业实验教学角度出发，提出开展创新型实验教学体系建设的思路及方法；针对目前工程训练中心面临的问题，指出结合虚拟仿真实验和传媒专业特点的发展方向；同时，对产学研教育开展也提出了具体的实施方案。

**关键词：**信息与通信工程专业；创新型实验教学；工程训练中心；虚拟仿真；产学研

## 一、引言

《国民经济和社会发展第十四个五年规划和 2035 年远景目标纲要（草案）》①（后述简称“草案”）作为指导今后 5 年及 15 年国民经济和社会发展的纲领性文件，新发展阶段、新发展理念、新发展格局的“三新”主线贯穿全文，彰显了高质量发展的主题。草案对经济社会发展提出了指导方针和主要目标，并多次提到与我们息息相关的教育和科技的发展定位。

## 二、“十四五”草案对教育、科技领域的战略部署

科技创新是教育发展的前进动力和重要任务。我们正处于百年未有之大变局时期，

① 国民经济和社会发展第十四个五年规划和 2035 年远景目标纲要（草案）[EB/OL].（2021-03-05）[2021-03-11]. https://baijiahao.baidu.com/s?id=1693383825900547520&wfr=spider&for=pc.

国际和国内形势都异常严峻，在这紧要关头，唯有发展科技才能立于世界民族之林，加大我国、我党的国际影响力。过去，我们的国家一穷二白，先进科技没有，先进的生产力更是没有。在中共中央的统一领导下，经过一大批科技人员、干部和职工的共同努力，中国自行制造的第一颗原子弹于 1964 年 10 月 16 日在新疆罗布泊爆炸成功，这一次成功的科研攻关代表了中国科学技术的新水平，提高了中国的国际地位。迈入 21 世纪，新科技成果更是层出不穷：航母下海、蛟龙深潜、“嫦娥”绕月、宇航员出“天宫”挥舞国旗漫步太空、量子反常霍尔效应、测出量子纠缠速度下限、世界首个存储单光子量子存储器、国防科大“天河”二号获世界超级计算机五连冠、500 米口径球面射电望远镜，等等。这一系列科技成果帮助中国科技事业实现了从零起步到领跑世界的历史性跨越，这都要归功于中国共产党的正确领导和老一辈科技工作者的不懈努力。

如今，作为高校教师，我们更应该紧密团结在以习近平同志为核心的党中央的周围，发奋图强，用我们的青春、热血、忠诚和担当，共筑强国梦。我们要带领优秀的学生们成为新一代科技创新的原动力，占领科技的制高点。“十四五”草案的提出进一步坚定了科技工作者的信心。研究表明，在科技创新基础能力、科技创新投入能力、科技创新产出能力和科技创新成果转化能力这四项指标对高校科技创新能力贡献度所占权重的比较中，科技创新成果转化能力贡献最大，其次是科技创新投入能力，最后是基础能力。这样的排名表示高等院校想要实现科技创兴能力的稳步提高，最重要的是提高高校科技创新投入能力和成果转化能力。[①] 想要实现师生的科技成果转化，就需要提高科技创新投入能力，设立科学的创新教育体系。同时在草案中，国家大力倡导的互联网、大数据、人工智能等技术正是我们学院、我们身边的教师所从事的科学研究，如何让这些优秀的科技成果落地，转化为产业，进而促进经济的发展，是每一位教育工作者需要认真思考的问题。

## 三、“四新”建设为教育界带来的重大变革

2018 年教育部印发《关于加快建设高水平本科教育全面提高人才培养能力的意

---

① 蔡万刚，郑建国．高校科技创新能力评价比较研究［J］. 社会科学家，2019（10）：49-53.

见》等文件，决定实施“六卓越一拔尖”计划。[①]该计划的总体部署便是全面推进“四新”建设，提高高校科技服务经济社会发展能力。由此，“四新”也成为高教界关注的热点。

“四新”建设中强调了人才培养的具体任务，强化教育总体战略部署，通过实施“六卓越一拔尖”计划，全面推进新工科、新医科、新农科、新文科建设，提高高校科技服务经济社会发展能力以及人才培养能力。[②]其中，新工科是主动应对第四次工业革命的“先手棋”，要着眼“新的工科”和“工科的新要求”，加强战略急需人才培养，提升国家硬实力。如何定位新工科建设，教育部高等教育司司长吴岩表示，新工科将建设一批未来技术学院，加强未来科技创新领军人才的前瞻性和战略性培养；布局一批现代产业学院，推动高校建强优势特色专业，强化应用型人才培养。“新形势下，建设‘四新’专业不仅是为了契合社会需求，培养大量‘新型人才’，也是为了优化高校学科结构，提升高校整体竞争力。而‘四新’专业的建设势必大范围改变传统学科构成，高校学科布局大洗牌或将来临。”[③]

## 四、中国传媒大学信息与通信工程专业创新实践课程体系构架

### （一）实践教学体系的构架

“新工科”建设为教育领域培养产业需求的人才提供了指导方向，也提出了挑战。[④]其专业涵盖了人工智能、大数据、智能制造等 19 个类别，存在新兴交叉复合型学科专业，但更多的是老专业融合新科技，升级改造后的传统专业。[⑤]经济和产业形势的变化，对工程和科技人才提出了新的和更高的要求。“要求科技和工程技术人员具备宽广的基础知识、更高的创新能力、具备综合实践和解决复杂工程问题的能力。”[⑥]

---

① 中华人民共和国教育部.加快建设高水平本科教育　全面提高人才培养能力［EB/OL］.（2018-10-17）［2023-03-26］. http：//www.moe.gov.cn/jyb_xwfb/s271/201810/t20181017_351821.html.

② 唐洁，吴屹，蒋珍菊.新四科背景下地方高校本科人才培养方案的构建与实践：以西华大学为例［J］.高教学刊，2020（24）：151-154.

③ “四新”建设列为教育部下半年工作重点［N］.中国科学报，2020-09-23.

④ 朱达欣，曾台盛，蔡丹琳.新工科背景下的信息学科创新模式实践［J］.福建电脑，2021，37（9）：142-144.

⑤ 杜秀华，祝娟，王妍.“新工科”背景下面向工程能力培养的“工程图学”课程体系建设［J］.黑龙江教育（理论与实践），2021（9）：84-86.

⑥ 委福祥，王延庆，刘洪涛，等.“新工科”背景下材料专业实践教学体系探索［J］.实验室研究与探索，2019，38（1）：197-200.

为了尽可能提高学生的技能，中国传媒大学信息与通信学院实验教学中心为自己设定的首要任务是培养学生的动手、实践及创新能力，在教学过程中逐步提升学生全方位的能力和素养。图 1 为中国传媒大学信息与通信工程学院创新实践课程体系构架。分层次实验教学体系的建设，既保证了对学生基本专业技能的训练，又为学生提供了锻炼其创新意识和充分发挥其创造能力的空间。①

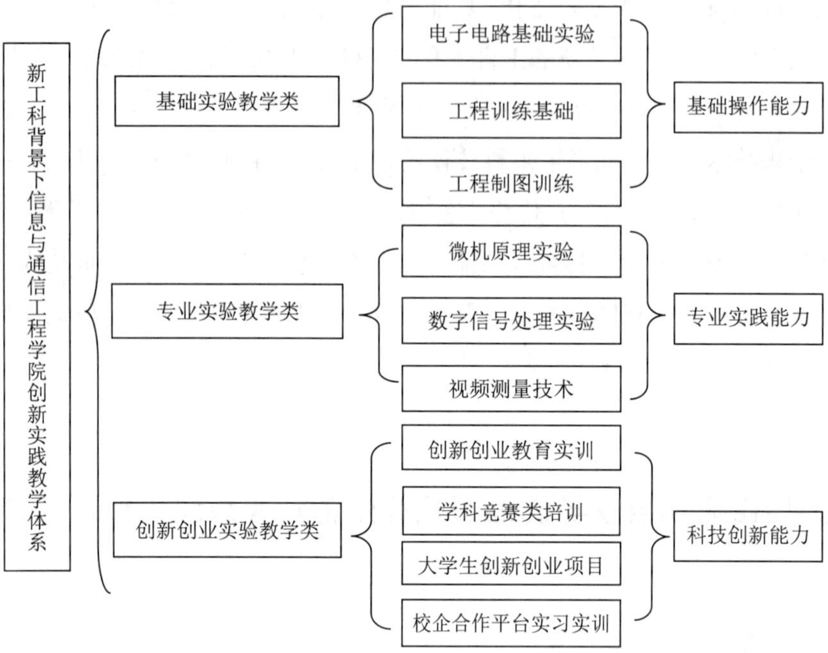


**图 1　中国传媒大学信息与通信工程学院创新实践课程体系构架**

## （二）基础实验教学类——工程训练中心的建设与发展方向探索

### 1. 工程训练中心建设的必要性

经济的进步促进了工程技术职业的全球化发展，工程专业人才的跨国流动成为一个现实问题。“不同国家、地区工程教育的体制不同，界定和评价其办学水平、人才培养质量，实现各国工程教育专业认证趋于实质等效；各国认证组织签订互认协议，相互承认彼此认证过的工程专业（或专业方向）及其所授学历、学位，已经成为全世界工程专业教育界和工程技术界共同关注的问题。”② 工程教育的人才培养必须面向工程实际，加强工程训练，在考虑工程教育专业认证的前提下，建立工程训练中心。学校

①② 罗正祥 . 工程教育专业认证及其对高校实践教学的影响［J］. 实验室研究与探索，2008，27（6）：1-3.

多次强调要大力推进学科融合发展，这与国家提出的新工科、新文科的理念不谋而合。依托工程训练中心的资源优势建设面向全校大学生的创新培训实验平台，并以制度创新来保证大学生创新培训体系的健康发展。① 目前，我校金工实践实训对象是信通学院、智媒学院的学生。每年参与金工实习的学生数量400人左右。按照新工科的发展理念，我们将传统金工实践实训逐步引到现代新兴技术与传统制造工艺融合的道路上来，使金工实践实训既保留了传统工艺的劳动素质培育，又结合了现代制造业的最新技术，为实现协同创新打下了良好的基础。

**2. 面向传媒专业的发展探索**

按照新工科和新文科的学科融合以及协同创新理念，我们将金工实践实训的培养对象拓展到数字媒体艺术、动画、舞美、新闻学、广播电视学、广告学、播音主持艺术等专业的学生。例如，舞美、动画、数字媒体艺术、广告学等专业同学做出来的作品完全可以应用3D打印技术、激光雕刻技术制作出来，然后应用钳工技术，精雕细刻出成品。动画、影视专业的VR技术应用，其底层支持基础是金工实践实训的内容，也包括广播电视学的竖版电视等。

**3. 目前工程训练中心面临的问题**

目前，一些规模化的工程训练中心占地面积庞大，日承载能力在300—500人之间，且大都添置了价格不菲的柔性制造系统，即FMS（Flexible Manufacture System），是一组数控机床和其他自动化的工艺设备，由计算机信息控制系统和物料自动储运系统有机结合的整体。在授课时，这类设备存在许多的不足：（1）设备贵重且大型化，学生难上手，难以形成实操教学。设备闲置率较高，教学的投入产出比较差。（2）设备互联水平较低，孤岛现象较严重，智能化无法充分体现。有些FMS可看到学生在电脑端的操作，但使用人数太少，教学规模无法体现。（3）柔性度难以体现，产线任务缺少变化，容易成为刚性自动化生产线。有些教学型FMS上承载的智能制造技术含量偏少，学生无法接触智能制造的核心知识点，只看固定程式的演示，使得课程内容缺少挑战性。② 工程训练要更加关注过程信息的采集和传输，让学生了解过程中的数据处理，同时也要培养学生了解建模所依据的工程逻辑等。

---

① 梁延德．加强实训中心建设，提高学生实践能力发展：访大连理工大学工程训练中心主任梁延德教授［J］．中国现代教育装备，2010（19）：41-43.

② 梁延德．面向新工科，抓好新基建，提升示范中心的人才培养［C］// 新工科背景下示范中心建设与人才培养论坛，2021.

#### 4. 解决思路

首先，工程训练中的金工实训，一方面采用的是已在国家虚拟仿真教学平台上播放的虚仿课程，另一方面自主研发了适应本校、本专业的虚拟仿真课程，双轨并行。我们计划研发关于焊接及大型自动化生产线的虚拟仿真课程，同时为学生配备一定数量的金工设备，做到课程虚实结合，同时在课程中，尽量配合我校艺术类及文科相关专业的需求，一并开展规划设计。

其次，用项目驱动的思想设计工程训练中心的教学课程。学校每年都有大量的本科生需要进行大学生创新创业项目或者毕业设计。部分需要进行作品设计，目前由于条件有限，许多学生都是通过软件仿真的方式进行作品展示。如工程训练中心落成，很多想象中的作品就能通过 3D 打印、车工、钳工、激光雕刻等各种金工设备得以真实呈现，这对于提高学生的学习兴趣、挖掘学生的制作潜能有巨大帮助。

最后，在基础性金工项目外，我们还可以探索“高配版本”课程，如提供高精度的 3D 打印机、桌面型刻字机、绣花机、金属打印机、机械雕刻机床、激光切割机、智能小车套件、激光切割机组装套件等高端设备，全面满足学生的各种需求，让学生们“天马行空”的想法有真正实现的可能。

### （三）创新创业实验教学类——产学研合作的发展方向探索

#### 1. 产学研合作育人的必要性

新工科的内涵是：以立德树人为引领，以应对变化、塑造未来为建设理念，以继承与创新、交叉与融合、协调与共享为主要途径，培养未来多元化、创新型卓越工程人才。为了实现这一目标，学校广泛开展实习实训和社会实践，培养学生的实践能力和创新能力。“产教融合聚焦于生产—传播—转化‘有用知识’的基本原则，立足于大学—企业间的紧密关系，驱动科学—技术—产业—区域互动融合发展，催生新兴科技产业，顺应—推进—引领产业技术变革，开创科学型区域新经济模式的高等工程教育理论与实践融合的教育哲学思想体系。”① 校企以项目为载体，打破学生的专业界限，开展跨专业、跨领域培养，强化学生创新应用能力。② 让师生走进企业，参与实践，了解企业在创新变革中的痛点和需要；请企业实践者走进课堂，搭建互动平台，了解高校教学科研的着力点。这一体系有助于保障跨界合作、协同育人、专业共建，提升

① 谢笑珍 . MIT“初心”初探：基于产教融合的视角［J］. 高等工程教育研究，2021（5）：166-172.

② 赖冬寅，吴琦，梁益铭，等 . 机电一体化专业产教融合协同育人模式的创新与实践：以提升学生创新创业能力为例［J］. 农机使用与维修，2021（9）：101-103.

学生的专业素养和能力。

**2. 目前实践课堂面临的主要问题**

一直以来我们的传统教学都是以课堂为中心，以教师讲授为主，这样的教学理念容易形成学生积极性不高、学习被动的局面，不利于培养学生的创新观念。为了解决这一问题，我们进行了产、教、研协同创新探索。

**3. 解决方法**

在创新教育理念的指导下，各高校都将培养更多的具有创新意识、创新能力、创新精神的大学生作为重要的目标。大学生在积极参与科技创新实践活动的过程中，创新精神与创新能力得到了有效的培养，这就是大学生的科技创新能力。① 首先，鼓励师生积极参与各类学科竞赛，包括人工智能类、机械设计类、电子竞赛设计类、程序设计类等。其次，及时更新知识储备，把社会需求和优秀技术引入实验教学。突出学科特色，侧重培养学生专业领域的工程实践能力和科研创新能力，将人才培养与企业需求无缝对接。此外，建立科研和实验教学双轨交互运行机制，实现科研成果向高质量实验教学成果转化。②

## 四、结语

实践教学作为工程性人才培养的关键环节，必须区别于传统的教学理念，运用新的教学思路，设计符合新工科人才培养需求的课程教学模式。习近平总书记提出："实施创新驱动发展战略，建设创新型国家，为实现'两个一百年'奋斗目标提供强大科技支撑，是时代赋予我国广大科技工作者的历史使命。"我们坚信在前期工作的良好基础上，开展创新型实验教学改革，必将为社会培养出急需的，科学研究能力、技术开发能力、组织协调能力俱佳的高层次工程技术人才。

**参考文献：**

[1] 国民经济和社会发展第十四个五年规划和 2035 年远景目标纲要（草案）[EB/OL].（2021-03-05）[2021-03-11]. https://baijiahao.baidu.com/s?id=1693383825900547520&wfr=spider&for=pc.

① 孙玉山，张国成，曹建，等. 基于大学生科创项目的新工科人才培养[J]. 教育教学论坛，2020（40）：202-203.

② 王毅，张沪寅，黄建忠. 新工科人才培养导向的竞赛类实践课程设计[J]. 实验技术与管理，2020，37（8）：167-171.

[2] 蔡万刚，郑建国. 高校科技创新能力评价比较研究［J］. 社会科学家，2019（10）：49-53.
[3] 中华人民共和国教育部. 加快建设高水平本科教育　全面提高人才培养能力［EB/OL］.（2018-10-17）［2023-03-26］. http：//www.moe.gov.cn/jyb_xwfb/s271/201810/t20181017_351821.html.
[4] 唐洁，吴屹，蒋珍菊. 新四科背景下地方高校本科人才培养方案的构建与实践：以西华大学为例［J］. 高教学刊，2020（24）：151-154.
[5] 朱达欣，曾台盛，蔡丹琳. 新工科背景下的信息学科创新模式实践［J］. 福建电脑，2021，37（9）：142-144.
[6] 杜秀华，祝娟，王妍. “新工科”背景下面向工程能力培养的“工程图学”课程体系建设［J］. 黑龙江教育（理论与实践），2021（9）：84-86.
[7] 委福祥，王延庆，刘洪涛，等. “新工科”背景下材料专业实践教学体系探索［J］. 实验室研究与探索，2019，38（1）：197-200.
[8] 梁丽. 构建分层次实验教学体系 培养创新型人才［J］. 实验室研究与探索，2014，33（1）：217-219.
[9] 罗正祥. 工程教育专业认证及其对高校实践教学的影响［J］. 实验室研究与探索，2008，27（6）：1-3.
[10] 梁延德. 加强实训中心建设，提高学生实践能力发展：访大连理工大学工程训练中心主任梁延德教授［J］. 中国现代教育装备，2010（19）：41-43.
[11] 梁延德. 面向新工科，抓好新基建，提升示范中心的人才培养［C］// 新工科背景下示范中心建设与人才培养论坛，2021.
[12] 谢笑珍. MIT“初心”初探：基于产教融合的视角［J］. 高等工程教育研究，2021（5）：166-172.
[13] 赖冬寅，吴琦，梁益铭，等. 机电一体化专业产教融合协同育人模式的创新与实践：以提升学生创新创业能力为例［J］. 农机使用与维修，2021（9）：101-103.
[14] 孙玉山，张国成，曹建，等. 基于大学生科创项目的新工科人才培养［J］. 教育教学论坛，2020（40）：202-203.
[15] 王毅，张沪寅，黄建忠. 新工科人才培养导向的竞赛类实践课程设计［J］. 实验技术与管理，2020，37（8）：167-171.

（靳晓芳，博士，中国传媒大学信息与通信工程学院高级实验师；
章文辉，博士，教授，中国传媒大学信息与通信工程学院副院长）

# 研究生实践课程改革的思考

◎朱　兵

**摘　要：**目前，我国的专业硕士教育发展很快，专硕学生占比已经超过研究生招生人数的60%。但与此同时也出现了一些问题，其中之一就是工科专业培养学硕化，专硕学生缺少参与实践的机会，导致毕业生的专业实践动手能力不强。本文对相关现象进行分析，并提出了一些改进建议和对策。

**关键词：**专业硕士；实践教学；产学研结合；工程教育

## 一、引言

### （一）专业硕士研究生教育的发展现状及其重要性

专业硕士研究生教育在近年来蓬勃发展，成为高等教育体系中的重要组成部分。随着社会的快速变化和经济的发展，越来越多的学生选择攻读专业硕士学位，以提升自己在职场上的竞争力。专业硕士研究生教育旨在为学生提供深入的专业知识和实践技能，以满足不断变化的职业需求。这一教育形式的快速增长，不仅有助于培养高素质的人才，还对国家和地区的经济发展和社会进步产生了积极的影响。

在我国，专业硕士研究生教育的发展尤为显著。政府采取了一系列政策措施，鼓励高校开设专业硕士课程，并为学生提供奖学金和贷款支持。这些措施有效地推动了专业硕士研究生教育的蓬勃发展，使越来越多的学生获得了高水平的专业知识和技能，为他们的职业生涯铺平了道路。

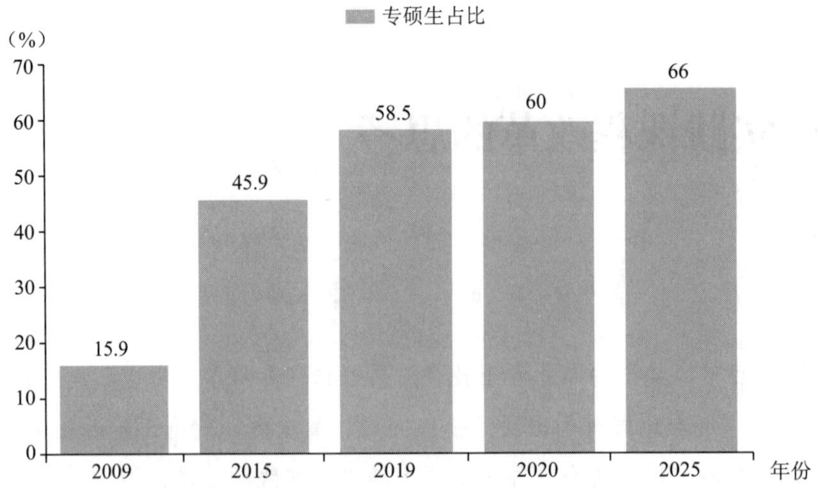


**图 1 我国 2009—2025 年专硕生发展趋势占比**

笔者统计了我国从 2009 至 2025 年相关年份的专硕招生比例，如图 1 所示，2009 年国家对研究生教育进行了重大调整，当年的专业硕士招生人数在硕士招生总人数中占比仅为 15.9%；到 2015 年，专硕占比达到了 45.9%；从 2019 年开始，专硕生的招生比例开始接近甚至超过 60%。国家在《专业学位研究生教育发展方案（2020-2025）》中明确规定，到 2025 年，专硕招生规模将扩大到硕士研究生招生总规模的 2/3 左右。

### （二）实践教学在专业硕士教育中的地位

专业硕士实践教学是一种高等教育模式，旨在培养学生在特定领域或职业中具备高级知识和实际技能的能力。与传统的学术硕士课程不同，专业硕士教育更注重实际应用。

实践教学一直被认为是专业硕士研究生教育的核心要素之一。与传统的本科教育不同，专业硕士研究生教育更加强调实际应用和职业发展的紧密联系。实践教学可以帮助学生将理论知识应用于工作实际，培养他们的动手操作能力和问题解决能力。这对于专业硕士研究生来说尤为重要，因为他们通常是已经在职场上有一定经验的人士，他们需要通过学习获得更多的专业知识，并提升自己的职业素养。

实践教学包括实习、实训、项目工作等形式，它们可以让学生在真实的工作环境中积累经验，了解实际工作的要求和挑战。因此，实践教学不仅有助于学生的专业发展，还有助于他们更好地适应职场需求，提高就业竞争力。

### （三）实践教学改革的动机和意义

尽管实践教学在专业硕士研究生教育中的地位十分重要，但随着社会的不断发展和职业领域的变化，现有的实践教学模式和方法也需要不断更新和改进。实践教学改革成为亟待探讨的问题。改革的动机来自多个方面。

首先，随着社会的发展，职业领域的要求也在不断变化。传统的实践教学模式可能无法满足现代职场的需求，因此需要对实践教学进行改革，以适应新的挑战和机遇。

其次，学生的需求也在不断演变。现代学生对于专业硕士研究生教育有着更高的期望，他们希望通过学习获得更多的职业发展机会。实践教学改革可以满足学生的需求，提高他们的满意度和就业率。

最后，高校和教育机构也需要不断创新，提升教育质量和竞争力。实践教学改革可以提升高校的教育水平，增强其吸引力和影响力。

## 二、专业硕士实践教学存在的问题

### （一）现行教学方法的限制

传统的教学方法可能不足以满足专业硕士实践教学的需求，因为这种教学模式更强调实际应用和实践技能的培养。

**1. 课堂教学限制**

传统的课堂教学可能无法充分模拟现实情境，有些教师在教学和指导专业硕士生时，依然沿用的是对学术硕士的指导方式，教学模式偏学术化，无法达到实践教学的目的（学生应在教师指导下，以实际操作训练为主，获得感性知识和基本技能，提高自身的综合职业素质）。

**2. 课堂之外的实践环节与专业理论无法紧密耦合**

目前，专业硕士教学仍较多地依附于传统学术硕士的师资力量，缺乏具有明显职业背景和实践经验丰富的导师队伍来保证学生实践能力的提高。另外，由于高校中的实践教学资源不足，部分学生自己到校外企业实习的现象较为突出。

## 三、基于工科专硕相关专业职业技能实训课程的校内实践教学改革

为了提升实践环节的教学水平，中国传媒大学针对工科专硕相关学科特色，结合学科发展和行业优势，建设工程专业职业技能实训校内实践课程，探索职业与学术相统一的实践教学改革新方法。

### （一）实践教学改革思路

第一，按照“实际、实用、实践”的原则，坚持“强素质、重实践”的理念，以应用能力为主线，选择教学内容，构建新的教学体系。

第二，以实践能力提高为主旨，优化理论教学体系，并重构以学生为中心的课程整合，以应用为目的，以必须够用为原则，以方法课程及理论基础课程为基础。

第三，实践课程形式要多元化，以学生发展为核心，让学生按需进行实践。建立实验与分散式、模块化实践相结合的实践课程体系。

第四，丰富育人体系，强化全员全阶段育人理念，努力营造应用型人才培养环境，从管理制度、课程设置及教学安排上提高对应用型人才培养的重视力度，并加大专业学位教学实践方面的理论和制度研究。

第五，采用主动学习的方法，鼓励学生提出问题、解决问题、参与讨论以及在实践中学习，培养学生的批判思维、问题解决能力和自主学习能力，让学生应用所学知识来解决实际问题。

### （二）实践课程建设方案

**1. 建立与专业培养目标相适应的实践教学体系**

工程硕士专业实践教学体系要与工程领域任职资格相联系。工程硕士的课程设置和教学体系建设的核心要以提升学生的实践能力为目的，紧抓职业资格认证，同时与行业相关竞赛相结合，最大限度地培养学生与行业资格相匹配的技术能力。

**2. 建立符合工程实践要求和规律的教学体系**

按照由浅入深、由低到高、由理论到实践的认知规律，将理论教学和实践教学相结合，将认知体验、技能训练、创新能力培养等环节有机贯穿于研究生培养过程中，积极引导学生参与课程讨论，提出问题并合作解决问题，养成主动学习的习惯。

**3. 建立与学生发展相适应的实践课程体系**

以人为本，从学生实际情况出发，坚持理论与实践相结合、实践与学生个体差异需要相结合的原则。（1）校内实践课程。重点拓展与毕业设计、相关竞赛和就业相关的实践课程，对于实验课程和模块化实践课程，要针对实践能力培养的具体环节进行设计，重点训练学生某些方面的实践能力。（2）加大校外实践基地的建设。校外实践基地能够为学生提供真实的工作场景，让学生把所学到的知识用于企业的生产环节，实现企业和学校共同培养人才。（3）依托导师、学科和实验室资源而推进的校企产、学、研结合，是一种重要的实践形式，可以把学校产生的成果直接运用到实际生产当中。（4）师资队伍的多样性。为了提供高质量的实践教育，具有多样化教育背景和实践经验的师资队伍是必不可少的，可以形成不同学科领域的交叉融合。

**4. 建立与实践教学体系相适应的评价体系**

建立与实践教学相适应的评价体系，对学生的实践过程和综合素质进行更为客观的评价，激励学生积极动手实践、参与工程项目、参加学科竞赛等。

### （三）实践课程建设收益

**1. 突出专业硕士研究生的行业特色**

中国传媒大学工科专业硕士大部分将在广电及其相关领域就业。对于从外校、外专业考入中国传媒大学的研究生来说，实践课程是学生了解广电行业的一个绝佳平台。通过培训，学生可以深入了解广电相关知识以及广电相关企业对人才的需求是什么，进而弥补本科专业知识体系的不完善，为后续的研究生论文撰写和应聘工作搭建良好的知识框架。

**2. 与职业资格认证结合，提升研究生就业能力**

专业学位教育的特点是学术性与职业性紧密结合在一起，职业背景特征比较明显。实践课程的建设，为工科专业硕士在校学习期间提供了一个理论与实践相结合的平台，提高了学生理论联系实际的能力；学生也可利用该平台学习的内容，参加相关职业资格认证考试及行业竞赛，提高综合竞争力。

**3. 与企业相关应用进行结合**

按照企业提出的功能需求进行实践类课程教学，不仅可以为学生创造一定的实习机会，同时也可以减少企业对相关研究的投入，便于企业对学生进行全面考核。

**4. 与教师科研相结合**

将教师的科研任务引入实践教学当中，不仅可以加强教师对学生的指导，而且有利于教师科研进度的推进。

## 四、结语

工程教育“回归工程”的实质在于其主导地位由实践取代理论的变化。理论与实践必须结合，且必须以工程实践为主导。面对当前“工科理科化”，我们要积极行动起来，从社会、学校、导师、研究生等多方面着手，积极提出有效的改进方案，实现专硕教育与工程实践的有机结合，为社会培养合格人才。

**参考文献：**

[1] 曹德旺等 25 名科学家和企业家联署呼吁：“工科理科化”亟待扭转［N］. 中国科学版，2023-03-13.
[2] 朱高峰 . 为培养高层次应用型人才作出贡献［J］. 应用型高等教育研究，2016（2）：1.
[3] 朱高峰 . 关于工程教育和一般教育问题的再思考［J］. 高等工程教育研究，2021（1）：1-9.
[4] 苏有鹏 . 研究生扩招继续，专硕“春天”到了？［N］. 南方周末，2021-09-23.
[5] 马万华 . 多样性与领导力：马丁·特罗论美国高等教育和研究型大学［M］. 北京：教育科学出版社，2011.

（朱兵，博士，中国传媒大学信息与通信工程学院副教授）

# 基于学生评教的课程教学改革思考与实践

◎蓝善祯　张　岳

**摘　要**：学生评教，从逻辑上说，代表教育消费者对教育供给者的评价，是促进高校教师重视教学质量的重要措施之一。在教学改革中，充分发挥学生评教的积极作用，具有非常重要的意义。针对当前学校的学生评教工作只在学期末进行，无法让当期学生受益，以及存在评教问卷内容单一、标准不明确等问题，我们提出了一种结合课程特点的多阶段灵活评教方法。实践表明，该方法能够明显提高学生对课程的满意度和喜爱程度。

**关键词**：教学改革；学生评教；以学生为中心

推动高校内涵式发展，培养理论基础扎实、实践能力强、具有探索创新精神的大学生，是当前高等教育面临的首要任务。大学的核心任务是人才培养，大学教学的本质应该是“以学生为中心、以能力培养为导向”的研究性教学，倡导学生自主性学习和研究性学习。①

“注重核心素养立意的教学评价，发挥评价的导向、诊断、反馈作用，丰富创新评价手段，注重过程性评价，实现以评促教、以评促学，促进学生全面发展。”②让学生参与到教学评教中，充分听取学生的感受和意见，凸显了“以学生为中心”的教育理念。现如今，学生评教作为教学评价中非常重要的组成部分，是学生对教师的教学质量和教学态度进行评价的一种反馈方式，并已成为高校教学改革主流。

然而，传统的学生评教主要是由教育管理部门组织完成的，学生以匿名的方式在课程学期结束后填写评教表，并对教师的教学情况进行评分。这种评教方式不可避免地存在评价内容单一、评分标准不明确、反馈问题即使得到改进也不能让当期课程学生受益等问题，导致学生评教的效果不明显，甚至毫无效果而言。如此下去，学生对

① 王晓萍，刘玉玲，梁宜勇，等．“以学生为中心”的教法、学法、考法改革与实践［J］．中国大学教学，2017（6）：4.

② 教育部办公厅关于印发《基础教育课程教学改革深化行动方案》的通知［EB/OL］．（2023-05-23）．［2023-08-30］.http://www.moe.gov.cn/srcsite/A26/jcj_kcjcgh/202306/t20230601_1062380.html.

评教工作越发不重视，随意性增强，逐步失去了学生评教本来的意义。

为了摆脱学生评教工作面临的窘境，充分体现“以学生为中心”的内涵，我们提出了一种结合课程特点的多阶段灵活评教课程改革思路和方法，并以数据结构与算法课程为例，引导教师注重过程性、实践性、发展性评价，促进学生全面健康发展。

## 一、“以学生为中心”的理念与科学基础

学生是学校培养的主体，教学工作应以学生为本，即一切教学活动要围绕培养学生来展开。“以学生为中心”既不是放任学生，也不是听从学生，其本质是教师要开展以激发、引导为主的研究性教学，学生要在教师指导下开展研究性学习，是具有目标、路径、质量控制等要求的一个新的教学范式。① “以学生为中心”的理念在我国教育系统中得到广泛应用，并逐渐成为本科教学改革的主流。

之所以“以学生为中心”能够成为教学改革的主流，是因为其更加科学。② 无论社会如何发展，技术、实践、方法如何变化，始终有一样东西不会变，即人的大脑。大脑不会变，大脑的发展方式、工作方式和学习功能也都不会变。因此，好的教学方法一定要符合大脑的特点和功能。只有充分发挥大脑潜能的实践与方法，才能有效提高学生学习的效果与效率。

### （一）大脑发展

大学生正处于18—25岁理性和理性能力发展的巅峰期，这一阶段的主要发展任务是认识自我和融入社会。大脑会超量分泌荷尔蒙，使人在精神、体力、耐力、承受力等方面都达到顶峰，此时大脑发展也达到顶峰。大学教育应抓住大脑发展的这个关键期，帮助学生通过活动与实践提升各方面的能力，促进学生大脑与心智的健康发展。

### （二）积极学习

积极的情绪和动机可以激发学生主动学习的热情。在学习中，知识的有用性、对象的真实性、任务的挑战性、过程的社会性、活动的互动性都可以促进学生积极学习。

---

① 王晓萍，刘玉玲，梁宜勇，等.“以学生为中心”的教法、学法、考法改革与实践［J］. 中国大学教学，2017（6）：4.

② 赵炬明. 聚焦设计：实践与方法（上）：美国“以学生为中心”的本科教学改革研究之三［J］. 高等工程教育研究，2018（2）：30–44.

有用性、真实性、挑战性、社会性、互动性是激发学生主动学习的五个基本要素，也是“以学生为中心”进行教学设计的要点。此外，大脑奖励“学会”而非“学习”。是“学会”让大脑产生兴奋荷尔蒙，激发学习的积极性，这也是优秀学生取得成功的奥秘之一。因此，教学要关注“学会”，学习任务难度要适中，要能把学生从舒适区带到发展区，但也别送到“恐怖区”。

### （三）有效学习

学习是知识建构。对于学生来说，有效学习需要自律，自觉反思与自我控制能提高学习效果。学习是活动，学习能够引起行为变化。学习是经验，经验可以塑造大脑。学习与情景相关，适当的情景可以促进学习。大脑奖励“学会”，“学会”激发学习的积极性。学习需要合作，合作可以促进学习。学习是积累，需要足够的时间，记忆需要重复，多样化重复可以提高记忆。学习有个体差异，个性化学习可以提高学习效果。

“以学生为中心”应遵循“三中心”原则，即以学生发展为中心、以学生学习为中心、以学习效果为中心。始终坚持从科学原理出发去理解和规划教学活动，比较容易取得成效，较少犯原则性和方向性错误。[①]

## 二、学生评教工作流程及其局限性

### （一）工作流程与问卷情况

目前，大部分高校的学生评教工作由教育管理部门来组织完成。在课程结束后，学生在教务系统平台以匿名的方式填写评教问卷，对教师的教学情况进行评分。评教问卷通常包括客观题和主观题两个部分。

表 1 为某高校学生填写的客观题问卷题目，每道题目对应的评分如表 2 所示。系统平台统计每个题目对应评分的人数，计算该题目得分，最后计算所有题目的平均分，作为该课程教师的评教得分。

① 赵炬明 . 聚焦设计：实践与方法（上）：美国“以学生为中心”的本科教学改革研究之三［J］. 高等工程教育研究，2018（2）：30-44.

表 1　某高校学生评教的具体问卷内容

| 序号 | 问卷内容 |
| --- | --- |
| 1 | 教师模范遵守教学纪律，备课认真，准备充分，对学生严格要求。 |
| 2 | 教师批改作业细致，答疑耐心，指导认真，要求严格，并能及时向学生反馈。 |
| 3 | 课程选用了很好的教材，教师还向学生提供了丰富的学习素材和资源。 |
| 4 | 教师在课堂上呈现的教学内容充实，信息量丰富，能够激发学生深入学习和继续探索的兴趣。 |
| 5 | 教师能够设计很好的课堂互动，引导学生深入思考；教学互动效果好，学生参与度高。 |
| 6 | 教师的讲授条理清晰，重点与难点突出，能够有针对性地引导学生深入学习。 |
| 7 | 教师讲授与学生研习的时间安排合理，善于引导学生开展研究性学习，效果好。 |
| 8 | 教师注重通过这门课程培养提升学生的综合能力（专业素养）。 |
| 9 | 学习内容足够丰富，学业负担（作业量、文献阅读量等）适当，能够起到督促学生加强投入、认真学习的作用。 |
| 10 | 通过本门课程的学习，我得到了很大收获。 |

表 2　某高校问卷对应选项情况

| 序号 | 选项 |
| --- | --- |
| 1 | 非常满意 |
| 2 | 比较满意 |
| 3 | 一般 |
| 4 | 不太满意 |
| 5 | 很不满意 |

## （二）存在问题

从表 1 和表 2 所列的问卷题目我们不难看出，这样的学生评教存在一些问题。

**1. 评价内容单一**

全校各个学院课程众多，全部采用统一的问卷，显然无法精准反映出学生对课程的真实评价。针对不同类型课程，应设置有针对性的问卷。

**2. 评分标准不明确**

以表 1 中的第 2 个问卷题目为例，“教师批改作业细致，答疑耐心，指导认真，要求严格，并能及时向学生反馈”。这一题目涉及五个方面的内容，评分标准中并未给出具体如何评价。同时，表 2 中的选项“非常满意、比较满意、一般、不太满意和很不满意”的界限模糊，每个学生心中对“非常满意”的标准也不同。

### 3. 评教时间节点太迟

学生在课程结束后进行评教，任课教师根据学生反馈的问题对课程进行调整和改进，从表面上看，这是一个闭环，没有大的问题。然而，考虑到每届学生的学风和特点各不相同，上一届学生的标准未必完全适合下一届学生。就算适合，当期课程学生也无法从中受益。这是非常令人遗憾的一件事。因为学生自己不能从中受益，严重影响了学生的评教意愿，容易让学生对评教这项工作的意义认识不到位、态度不认真，进而导致评教结果不够准确。这一点从主观题的回答中我们也可以明显地察觉到。

### （三）学生评教工作本身的局限性

学生评教本身具有很大的局限性，即使学生渴求高质量的教育，完全真实表达自己的想法，也不能代表他们的评价就很客观、准确。因为教与学是一对矛盾的共同体，部分学生会根据自身的需求和喜好来评价教师授课的好坏，主观性较强，不能真实反映教师的授课水平和能力。

## 三、基于学生评教的课程改革思考与实践

优秀的课程一定是教师和学生们共同完成的，是教与学的互相促进。教师和学生之间的关系，类似于赛龙舟中的鼓手和划手。划手是整条船的核心动力所在，鼓手则控制着比赛的节奏。课程的教学应以学生为中心，即以学生发展为中心，以学生学习为中心，以学习效果为中心。

为此，基于学生评教的课程改革不能完全依赖教育管理部门的评教结果，我们从以下几个方面给出建议：

### （一）破除学生与教师之间的心理壁垒

教与学本身是一对矛盾的共同体。长久以来，出于人的自我保护心理，很多学生在心理上和教师保持一定的距离。如何破除学生与教师之间的心理壁垒，就成为教师应该首要解决的任务。教师应主动融入学生群体，增加与学生之间的互动，建立彼此之间的信任，让学生消除心理上的陌生感与畏惧感，成为学生心目中可尊敬的师长、可信赖的朋友。

### （二）告诉学生你对他们的高期望

1987 年，齐格林和盖姆森提出了优秀本科教学七原则，其中“告诉学生你对他们的高期望”“强调花时间完成任务”对于教师来说是很重要的两项原则。“因为如果学校和老师对学生抱有较高期望并付出额外努力，这些期望就会化为学生实现自我的愿景。”① 在教学过程中，教师应该把课程目标明确地传达给学生，并对他们提出期望，同时提醒学生避免急功近利，用时间积累收获好的学习成果。

### （三）结合课程特点的多阶段灵活评教

评教时间节点应分散在学期的不同阶段，学期初、期中前后和学期末。针对不同课程的特点、不同的时间节点，评教内容的侧重点也应有所不同。学期初，将问卷重点放在课程期望、授课艺术、教学态度等方面；期中前后，将问卷重点放在教学内容与教学方法上；学期末，将问卷重点放在学习收获和教学效果上（见图 1）。

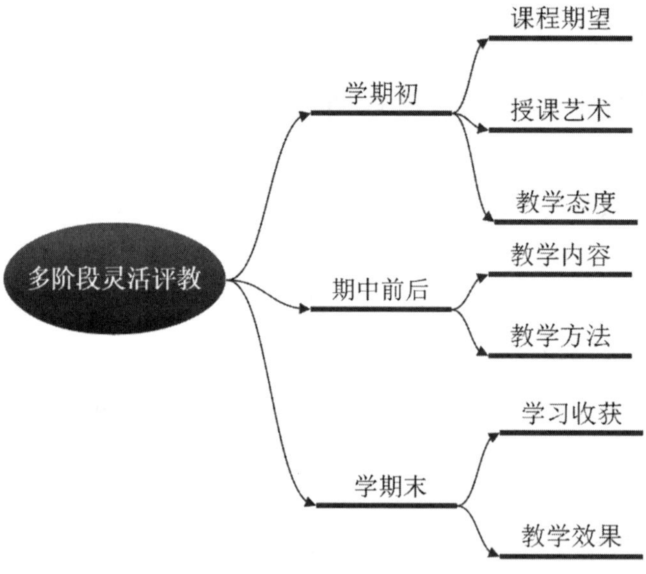


**图 1　多阶段灵活评教思维导图**

以数据结构与算法课程为例，在学期初，教师应首先了解学生们的编程基础情况，以及对课程的期望。期中前后，安排学生对顺序表、链表、栈和队列等教学内容与讲练结合的教学方法进行评教。学期末，重点对各种数据结构的形式、基本运算、排序

① 赵炬明 . 聚焦设计：实践与方法（下）：美国“以学生为中心”的本科教学改革研究之三［J］. 高等工程教育研究，2018（3）：29–44.

和查找算法的掌握情况以及学生的整体收获进行问卷调查。

从数据结构与算法课程的评教效果来看，学生们对课程的满意度较高。该评教方法被推广应用至其他课程，如传媒导论、信息论等，效果同样明显。

**参考文献：**

[1] 王晓萍，刘玉玲，梁宜勇，等．“以学生为中心”的教法、学法、考法改革与实践［J］．中国大学教学，2017（6）：4.

[2] 教育部办公厅关于印发《基础教育课程教学改革深化行动方案》的通知［EB/OL］．（2023-05-23）．［2023-08-30］.http://www.moe.gov.cn/srcsite/A26/jcj_kcjcgh/202306/t20230601_1062380.html.

[3] 赵炬明．聚焦设计：实践与方法（上）：美国“以学生为中心”的本科教学改革研究之三［J］．高等工程教育研究，2018（2）：30-44.

[4] 赵炬明．聚焦设计：实践与方法（下）：美国“以学生为中心”的本科教学改革研究之三［J］．高等工程教育研究，2018（3）：29-44.

（蓝善祯，博士，中国传媒大学信息与通信工程学院副教授；
张岳，博士，中国传媒大学信息与通信工程学院副教授）

# 面向传媒领域人工智能专业的协同教学模式探讨*

◎陶竹林　杨丽芳　殷复莲

**摘　要：**本文探讨了面向传媒领域人工智能专业程序设计课程的教学模式，阐述了当前教学模式中存在的问题，针对问题，提出了结合在线训练、学科竞赛的协同教学模式。实践证明，目前我们所采用的教学模式对于提升学生的程序设计能力、算法思维能力和团队协作能力，助力培养具有国际化视野的传媒领域人工智能人才，起到了非常重要的作用。

**关键词：**传媒；人工智能；教学模式；协同教学

## 一、引言

随着人工智能的广泛应用，各行业对人工智能专业人才的需求激增。为满足行业需求，大量高校基于自身特色，纷纷设立人工智能专业，构建人工智能人才培养体系。依托媒体融合与传播国家重点实验室，中国传媒大学于2020年设立了人工智能专业，该专业致力于培养面向传媒领域的人工智能人才。在面向传媒领域的人工智能人才培养体系中，我们设计了大量理论与实践相结合的课程，培养学生的程序设计和算法思维能力，对于加深学生的专业理解、激发学生的研究潜力有重要作用。

然而，目前的课程体系还不能满足实际需要，程序设计类课程的教学还是以讲解语法知识为主，然后通过简单的实例进行实践，缺乏对学生实践能力和算法思维的培养。① 这也导致很多学生在学完一门或多门程序设计语言后，不能应用编程解决一些基本问题，实践动手能力不足。本文所探讨的将研究理论和实践相结合的协同教学模式，其主要涉及以下方面的创新：（1）基础程序设计课程教学模式探索；（2）在线评测

＊ 本论文受到2020年度电子信息类专业教学指导委员会教改项目（2020-YB-08）的支持。

① 王湛，陈岩，杜文静，等. 能源与环境系统工程专业新生研讨课的教学模式探讨［J］. 中国电力教育，2021，8（8）：64-65.

系统协同教学模式探索；（3）学科竞赛协同教学模式探索。

## 二、基础程序设计课程教学模式探索

当前，程序设计类课程是各大高校工科专业的必修课。通常情况下，各专业会在不同学期开设多门程序设计类课程，例如C语言、C++、Java、Python等，课程的覆盖面广、数量多。然而，众多的程序设计类课程并不能提高学生的程序设计能力。本课题组2020年秋季学期曾在面向大三学生开设的自然语言处理课程中，调研了本班学生学习Python语言的基本情况。调研结果显示，尽管学生普遍学习过Python编程语言，且绝大多数学生完成了多门程序设计类课程的学习，但是基本无人能够熟练应用所学到的知识，且实践和调查结果基本保持一致（见表1）。

表1

| 学生数量 | 多门语言 | 学过 Python | 熟练应用 |
| --- | --- | --- | --- |
| 39 | 39 | 38 | 0 |

因此，培养学生熟练掌握一门编程语言，是必不可少的环节。不同的程序设计类课程一般都会占用一定的学时，例如48或64学时，且每门课程的大部分课时都用在了介绍本门语言的语法知识上，课程实践时间相对较少。而基本语法知识的讲解较为枯燥，学习效果不佳。如果加大课程实践，让学生在实践过程中应用该编程语言去解决实际问题，就不仅能让学生在反复使用的过程中加深对语法知识的理解和掌握，同时还能强化其算法思维，提升其解决实际问题的能力，在解决问题的过程中增加学习乐趣。然而，如果每门程序设计类课程都加大实践学时，则会加大学生的学业压力。

如何在不增加学时的前提下，提升本门课程的学习效果，强化学生的算法思维和解决问题的能力，我们探索了如下教学模式：学生选择一门必修的核心基础程序设计类课程，加大该课程的实践学时；减少其他程序设计类课程或降低其他程序设计类课程的理论学时。一旦学生深入学习了某一门课程，则不仅能够提高自身的专注力，快速提升程序设计能力，还能培养自学能力。即使降低其他程序设计类课程的学时，他们也能相对轻松地掌握，甚至可以通过自学快速掌握其他程序设计类课程的理论知识。

结果表明，当学生具备良好的程序设计能力后，他的自信心也会增强，从而为后续的算法思维提升、专业课程学习打下坚实的基础。然而，加大实践学时，不可避免地会增加教师的教学工作压力，对师资队伍建设提出了更高的要求。

## 三、在线评测系统协同教学模式探索

在线评测系统可实时自动评判学生代码中的语法错误，并通过评测数据测试代码的正确率和执行效率。各教学单位可根据本单位的课程需求，利用开源的 OJ 框架（如 hustoj）来开发自己的在线评测系统，也可借助很多公司提供的定制在线评测系统服务。自建在线评测系统的主要问题是高质量题库的建设难度比较大。目前，针对各种程序设计竞赛，有很多开放的在线评测系统，例如 Codeforces、POJ、ZOJ、HDU 等，这些 OJ 系统提供了很多免费的训练题。其中，Vjudge 在线评测系统还支持将 Codeforces、HDU 等不同 OJ 系统上的题目自由组建开展练习，且支持修改现有题目的题面和样例数据。

本研究探索了在线评测系统的协同教学模式。为解决自建题库的难题，本研究根据学生当前所学知识以及编程水平，从各大 OJ 系统选择合适的训练题组建私有题库，并通过修改题面的方式融入智能媒体知识，使得教学更加灵活方便，具有突出的传媒特色，也更具有趣味性。

结果表明，该模式不但能够缓解教学压力，更能有效地提升学生的课程学习效果，提高了学生的程序设计实践动手能力。然而，仅仅提高程序设计能力是不够的，还需要进一步提升学生的算法思维能力。

## 四、学科竞赛协同教学模式探索

学科竞赛不仅可以检验学生的专业知识和实践能力，还可以考察学生分析问题和解决问题的算法思维能力，提高学生的创新能力。学科竞赛不仅是高校创新人才培养的重要手段，而且是用人单位选拔人才的重要依据。为进一步规范管理、推动和发挥学科竞赛类活动在教育教学、人才培养等方面的重要作用，中国高等教育学会《高校竞赛评估与管理体系研究》专家工作组从 2018 年开始发布了全国普通高校学科竞赛排行榜，并给出了竞赛排行榜内的竞赛项目名单。这些入选的竞赛项目名单以教育部发布的大学生竞赛资助项目为主要依据，综合考虑权威性、影响力和国际性原则遴选而出。[①]之后每年 2 月发布新的全国普通高校学科竞赛排行榜，更新竞赛排行榜内的竞赛项目名单。其中，ACM–ICPC 国际大学生程序设计竞赛、中国高校计算机大赛—团体程序设计天梯赛、“蓝桥杯”全国软件和信息技术专业人才大赛的软件类都是程序设计类的竞赛。本课题组教师从 2016 年开始担任中国传媒大学竞赛主要指导教师，带领学生参加了 ACM–ICPC 国际大学生程序设计竞赛和 CCPC 中国大学生程序设计竞赛（后面统称这两项竞赛为 ACM 竞赛）。

**表 2　ACM 竞赛对 30 名本科毕业生的影响**

| 总人数 | 有效果 | 效果显著 |
|---|---|---|
| 30 | 20 | 5 |

如表 2 所示，在这 30 名毕业生中，有 20 名学生认为参加学科竞赛提高了自身的编码能力、算法思维、分析问题和解决问题的能力；其中 5 名学生认为影响效果显著。与此同时，我们也关注了学科竞赛对学生综合成绩的影响。学生要在学科竞赛中获得良好的名次，尤其是在诸如 ACM–ICPC 国际大学生程序设计竞赛这种具有国际影响力的顶级赛事中获奖，需要在课下投入大量的时间和精力，或许这会影响到学生整个大学期间的学习计划，这也是我们非常关注的问题。本课题组教师自 2015 年至今参与指导了中国传媒大学的 ACM 竞赛，通过近五年对学生综合测评成绩的观察，我们发现对于大部分学生而言，投入学科竞赛不仅不会给其带来负面影响，反而会增加他们的学习兴趣，为其后续的专业学习打下良好的基础（见表 3）。

**表 3　学科竞赛对综合测评的影响**

| 总人数 | 有提升 | 无影响 | 有影响 |
|---|---|---|---|
| 30 | 22 | 7 | 1 |

本研究拟探索借助学科竞赛来进一步提升学生的学习内驱力，以赛促学。我们完善了学科竞赛的协同教学模式，并陆续解决了实践过程中经费不足、激励政策不明显等问题。结果表明，本专业学生不但在学科竞赛中屡次获奖，在科研方面也显示出更强的自信。此外，学校层面对学科竞赛也表现出了足够的重视，并给予了相应的经费支持，保证了学科竞赛的良性发展。而对于参赛学生来说，虽然参与学科竞赛会占用其一定的课余时间，但它能够促进学生个人的发展。同时，本研究也争取到了对于学

① 中国高等教育学会《高校竞赛评估与管理体系研究》专家工作组 . 中国高校创新人才培养暨学科竞赛评估（2012–2017）[ EB/OL ] .（2018–02–02）[ 2023–08–30 ] .https://kwpy.haust.edu.cn/__local/A/9B/1D/B70F74518CF811B63AD4EED3CB0_1DE2A105_9C0F2.pdf.

生和指导教师的相应激励政策。在学生激励方面，获奖学生可以折抵一部分学分、综合测评加分、保研加分等，或在经济上获得一定的奖励；在教师激励方面，指导教师可以获得工作量的折算，或从职称评定、奖金等方面获得鼓励。具体可结合学科竞赛的权威性和影响力，制定《学科竞赛管理办法》来量化等级。学科竞赛对于提升学生的实践动手能力、算法思维和团队协作能力等都有积极的促进作用，能为人工智能专业后续的专业学习夯实基础，提供助力。

## 五、结语

人工智能人才培养是国家战略的重要组成部分，高校结合自身资源优势，综合构建人才培养体系，具有十分重要的意义。本研究基于中国传媒大学面向传媒领域人工智能专业的人才培养，探索了基础程序设计课程教学模式、在线评测系统协同教学模式以及学科竞赛协同教学模式。综合结果，本研究认为，结合在线评测平台和学科竞赛的人工智能人才培养方法具有一定的科学性和可行性。最后，基于当前的研究结果，课题组将进一步探索面向传媒领域人工智能专业学生科研学术能力的培养。

**参考文献：**

[1] 王湛，陈岩，杜文静，等．能源与环境系统工程专业新生研讨课的教学模式探讨［J］．中国电力教育，2021，8（8）：64-65.

[2] 喻梅，于瑞国，王建荣，等．程序设计类课程教学与学科竞赛结合的研究［J］．实验室科学，2019，22（1）：237-240.

[3] 敬超，范培．基于 ACM/ICPC 程序设计竞赛驱动的信息类专业计算思维课程改革探讨［J］．电脑知识与技术，2019，15（33）：94-95.

[4] 周晓琳，解静，刘勇，等．面向程序设计竞赛的人才培养模式实践与探索［J］．大学教育，2020（7）：144-146.

[5] 中国高等教育学会《高校竞赛评估与管理体系研究》专家工作组．中国高校创新人才培养暨学科竞赛评估（2012-2017）［EB/OL］．（2018-02-02）［2023-08-30］.https://kwpy.haust.edu.cn/__local/A/9B/1D/B70F74518CF811B63AD4EED3CB0_1DE2A105_9C0F2.pdf.

（陶竹林，博士，中国传媒大学信息与通信工程学院副教授；
杨丽芳，博士，中国传媒大学信息与通信工程学院副教授；
殷复莲，博士，教授，中国传媒大学科学研究处副处长）

# “新工科”教育理念下面向电子设计竞赛的教学改革融合思考

◎孙象然 周德扬

## 一、引言

新时代人才强国战略是提高综合国力、实现中华民族伟大复兴的重要举措，受到党和国家的高度重视。而培养造就一大批引领未来技术与产业发展的卓越工程科技人才，为我国产业发展和国际竞争提供智力支持和人才保障，成为指导全国高校人才培养的重要方向。2017 年，教育部分别在复旦大学和天津大学召开了针对“新工科”教育的研讨会，促成了新工科建设的“复旦共识”和“天大行动”，并逐步形成了“新工科”的教育理念，以应对全球新一轮科技革命和产业变革所带来的新机遇和新挑战。①

## 二、“新工科”教育理念的内涵和特点

### （一）“新工科”教育理念的内涵

“新工科”教育要求全面推行“学生中心、成果导向、持续改进”的先进理念，面向所有学生，关注学习效果，塑造优质的教育文化，注重持续提升工程人才的培养水平。其强调树立创新性、综合化、全周期工程教育的新理念，优化人才培养的全过程以及各个环节，着重培养学生的创新设计能力、建造能力、运行能力以及服务能力。

① 李华，胡娜，游振声 . 新工科：形态、内涵与方向［J］. 高等工程教育研究，2017（4）：16-19.

“‘新工科’教育注重大力提升学生解决复杂工程问题的能力，加大课程的综合化力度，积极推广案例教学、项目式教学等研究性教学方法，以及综合性项目的实训手段。强化学生的工程伦理意识以及职业道德，将之融入日常教学环节，注重文化的熏陶，培养具有造福人类和可持续发展理念的现代工程师。”[①]

### （二）“新工科”教育理念的特点

#### 1. 跨学科交叉

新工科涉及多个领域知识和技能的交叉融合，如信息技术、计算机科学、智能制造等，鼓励学生具备跨学科的综合性知识和技能，掌握技术融合的能力。

#### 2. 创新性引领

注重培养学生的创新能力，鼓励学生从实际问题出发，探索需求、解决问题、实现创新。

#### 3. 综合性实践

强调将理论与实践相结合，通过实验课程、实践项目、实习实训等方式，引导学生综合运用所学知识解决实际问题，提高学生的实际动手能力和综合应用能力。

#### 4. 国际化视野

提倡教育的开放性和国际交流合作，鼓励学生到国外交流学习，推动全球化合作与创新，提升学生的发展空间。

## 三、“新工科”理念指导下的全国大学生电子设计竞赛

全国大学生电子设计竞赛（简称“电赛”）是教育部和工信部共同发起的面向大学生的学科竞赛和群众性科技活动，其主要目的是推动高等学校促进信息与电子类学科的课程教学质量的提升，以及课程体系和课程内容的改革。[②] 近些年全国大学生电子设计竞赛在“新工科”理念的指导下，在竞赛机制和题目设计上不断推陈出新、与时俱进，[③] 其对课程教学的引导主要体现在以下几个方面：

---

① 钟登华．新工科建设的内涵与行动［J］．高等工程教育研究，2017（3）：6.
② 吴蔚．全国大学生电子设计竞赛对实验教学改革的启示［J］．实验室研究与探索，2007，26（11）：3.
③ 谭亚丽．参加全国大学生电子设计竞赛的几点体会［J］．西安邮电学院学报，2011（S1）：110-112.

### （一）推动跨学科交叉

“新工科”理念强调学科交叉，鼓励不同专业的学生组队参赛。在电子设计竞赛中，学生需要综合运用电子、信息、计算机、自动化等学科的知识，进行系统设计和实现。跨学科组队可以促进不同专业的学生互相学习、互相启发，提高解决问题的能力和创新思维。

### （二）注重实践和应用

“新工科”理念注重实践和应用，强调理论知识与实际应用的结合。在电子设计竞赛中，学生需要基于实际应用需求，进行电子系统的设计和实现。竞赛题目通常涉及实际问题的解决，需要学生具备实践能力和应用技能。

### （三）培养创新精神

“新工科”理念注重培养学生的创新精神，鼓励学生在参赛过程中进行创新性的设计和尝试。在电子设计竞赛中，学生需要在给定的时间内完成指定的设计任务并实现一定的功能。这就要求学生具备独立思考和创新的能力，能够提出新颖的解决方案，并开发自主知识产权。

### （四）强化团队协作

“新工科”理念强调学生的团队协作能力。在电子设计竞赛中，学生需要组成团队，分工合作，共同完成任务。这就要求学生具备一定的团队合作精神与沟通能力，彼此之间能够发挥各自的优势，提高工作效率和成功率。

## 四、电赛和课程改革的融合——以2023年电赛题目为例

### （一）运动目标控制与自动追踪系统题目分析

“运动目标控制与自动追踪系统”作为2023年电赛的E题，要求参赛者设计一个能够自动识别和追踪屏幕上的运动目标，并控制云台使一个激光光斑能够跟随目标运动的系统。如图1所示，该系统包括两部分：一为模拟目标运动的红色光斑位置控制

系统；二为指示自动追踪的绿色光斑位置控制系统。其涉及运动目标控制、计算机视觉和自动追踪等相关技术。该题目的解决方案主要涵盖硬件和软件两个部分的如下五个关键技术点：

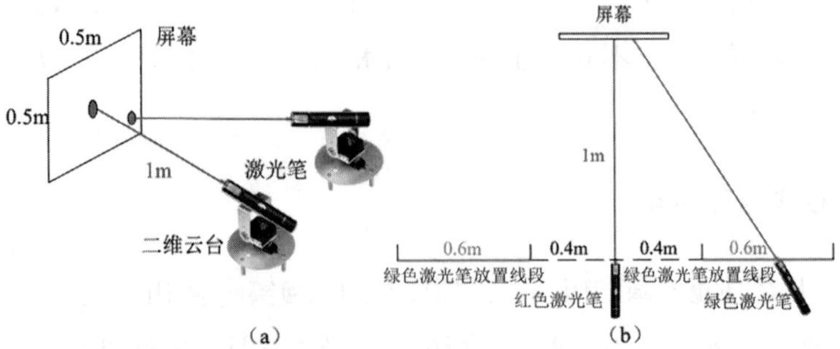


**图 1　运动目标控制与自动追踪系统结构示意及摆放位置图**

**1. 图像处理技术**

使用 OpenCV 或其他图像识别模块，识别出红色和绿色光斑并确定各自的位置，通过算法实现对红色和绿色光斑的识别和追踪。

**2. 控制系统设计技术**

根据识别到的光斑位置，通过控制算法移动光斑进行追踪，使用 PWM（脉冲宽度调制）信号控制云台或电机等设备的运动。

**3. 光学技术**

为了使红色和绿色光斑在屏幕上清晰可见，需要使用特定波长的激光，并通过光学镜头将光斑聚焦在屏幕上。

**4. 硬件系统开发**

通过单片机、其他微处理器以及嵌入式系统实现对云台或电机的控制，完成对图像的采集和处理。同时，对于整个系统来说，还需要有相应的电源电路和控制驱动电路的配合。

**5. 控制系统算法**

即根据控制系统实现对光斑的自动追踪。

在具体的课程内容方面，可针对 E 题解决方案所涉及的关键技术，在课程中引入相关专业课程的分析方法，在课程实验环节，引入题目涉及的实际系统，以此提高学生的综合分析能力和创新思维能力。[①]E 题关键技术和课程对应关系如表 1 所示。

---

① 郭云林．重视电子竞赛 推进教学改革——谈参加全国大学生电子设计竞赛的体会［J］．电气电子教学学报，2003（1）：63-66.

表 1　E 题关键技术和相关课程对应关系

| 关键技术 | 课程编号和名称 | |
|---|---|---|
| 图像处理技术 | 2111030151 | 数字图像处理 |
| 控制系统设计技术 | 2111030129 | 单片机原理与接口技术 |
| 光学技术 | 2111000000 | 大学物理 |
| 硬件系统开发 | 2111030129<br>2111010032<br>2111010028 | 单片机原理与接口技术<br>数字电路与系统设计<br>电子电路基础 |
| 控制系统算法 | 2111030130 | 自动控制原理 |

## （二）信号分离装置题分析

“信号分离装置”作为 2023 年电赛的 H 题，是一道涉及信号处理的题目，要求参赛者设计并制作一个装置，能够将输入的复合信号分离为两个或多个不同频率或不同特性的信号，以便后续处理或分析，具体如图 2 所示。该题目的解决方案主要涉及软件处理算法和硬件电路两个部分的如下五个关键技术点：

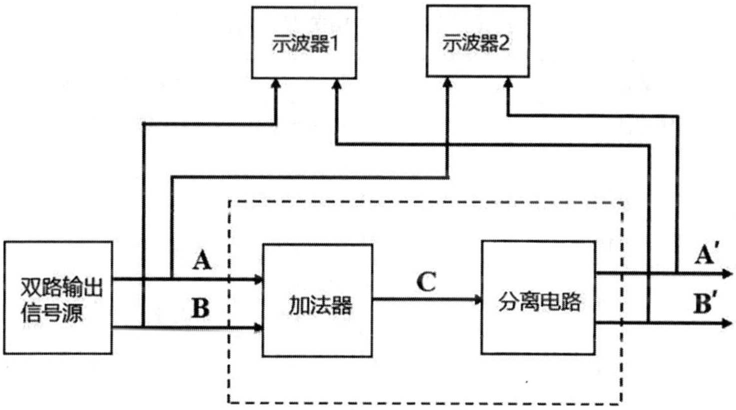


图 2　信号分离装置框图

### 1. 频域特性分析

在设计信号分离装置之前，我们需要对待分离信号的频域特性进行分析。通过对信号进行傅里叶变换，可以得到信号的频谱图，从而了解信号的频率分布情况，为后续的滤波器设计提供依据。

### 2. 滤波器设计

根据频域特性分析的结果，设计合适的滤波器来实现信号的分离。滤波器可以采用数字滤波器或模拟滤波器，具体选择取决于应用场景和需求。

**3. 信号采样和量化**

对于实时的信号分离，需要对输入信号进行采样和量化。采样率要足够高，以捕获信号的所有重要信息，同时，量化位数也要足够多，以减少数字化误差。

**4. 数字信号处理算法**

在分离装置中，应用数字信号处理算法来进一步处理和分析分离出的信号。例如，可使用各种滤波算法来消除噪声、提取特征或者进行信号重构等。

**5. 硬件系统开发**

将设计的算法和滤波器在微处理器硬件上进行实现，可以选择合适的硬件平台和编程语言，如 MCU、FPGA、DSP 等。同时，注意优化算法，以适应硬件的计算和存储能力。

针对 H 题涉及的通信和信号相关的专业知识对学生的综合分析能力要求更高，在课程内容方面，教师可以对内在知识点进行梳理，在课程实验环节，教师可以要求学生采用仿真软件进行动手实验，提高学生的综合分析能力和解决实际问题的能力。H 题关键技术和课程的对应关系如表 2 所示。

**表 2　H 题关键技术和相关课程对应关系**

| 关键技术 | 课程编号和名称 | |
|---|---|---|
| 频域特性分析 | 2111030096 | 数字信号处理 |
| 滤波器设计 | 2111010028<br>2111030096 | 电子电路基础<br>数字信号处理 |
| 信号采样和量化 | 2111030009 | 通信原理 |
| 数字信号处理算法 | 2111030082<br>2111030096 | 信号与系统<br>数字信号处理 |
| 硬件系统开发 | 2111030129<br>2111010032 | 单片机原理与接口技术<br>数字电路与系统设计 |

## 五、结语

以“新工科”教育理念为指导，将电子设计竞赛和课程内容进行深度融合，对于优化教学内容、创新教学方式、加强实践环节、激发学生兴趣等必将产生深远的影响。“新工科”教育改革是一项长期而艰巨的任务，需要我们不断地进行探索和实践。未来我们将进一步完善相关方案和措施，以更好地促进“新工科”教育的实施和发展，更好地培养具有创新精神和实践能力的电子设计人才。

**参考文献：**


[1] 李华，胡娜，游振声．新工科：形态、内涵与方向［J］．高等工程教育研究，2017（4）：16-19.

[2] 钟登华．新工科建设的内涵与行动［J］．高等工程教育研究，2017（3）：6.

[3] 吴蔚．全国大学生电子设计竞赛对实验教学改革的启示［J］．实验室研究与探索，2007，26（11）：3.

[4] 谭亚丽．参加全国大学生电子设计竞赛的几点体会［J］．西安邮电学院学报，2011（S1）：110-112.

[5] 郭云林．重视电子竞赛 推进教学改革：谈参加全国大学生电子设计竞赛的体会［J］．电气电子教学学报，2003（1）：63-66.



（孙象然，博士，副教授，中国传媒大学信息与工程学院电子信息工程系副主任；

周德扬，中国传媒大学信息与工程学院讲师）

# OBE 理念与 PDCA 循环模式在高校教务管理中的应用与思考

◎杜景鑫

**摘　要：**当前不断变化的社会需求和持续增长的学生期望，使得国内各大高等院校的教务管理工作面临严峻考验。众所周知，高效、全面的教务管理是高校良好运作的基础和关键要素之一。教务管理涉及学生培养方案管理、课程建设、学生评估、考试考核、教学质量监控等多个方面。为了应对这些挑战，近年来，很多新颖的理念和方法被引入高教管理体系中，其中便包括 OBE（Outcome-Based Education）理念和 PDCA（Plan-Do-Check-Act）循环模式。它们的结合与应用可能为高校教务管理工作带来重要改进。

本文旨在探讨 OBE 理念如何与 PDCA 循环模式相结合，以提高高校教务管理的质量和效率。首先，本文将介绍 OBE 理念和 PDCA 循环模式的定义并讨论它们在高校教务管理中的应用。接着，本文将通过对 OBE 理念和 PDCA 循环模式特点的结合与对比，阐述该方法将如何促进学生成绩和教育质量的双向提升。最后，本文将提出未来教务管理新模式的发展方向和思考。

**关键词：**教务管理；OBE 理念；PDCA 循环模式；高等教育

## 一、引言

不断变化的社会环境对高等教育提出了更高的要求，高校需要不断改进其教务管理方法，以适应新的挑战和机遇。党的十八大以来，习近平总书记曾多次就高等教育问题发表重要讲话。习总书记强调：教育是国之大计，党之大计。随着国际局势的变化，科技竞争也越发激烈。可以预见的是，一轮轮科技创新和产业迭代，将在未来不断地冲击现有的教育行业体系：更快速的学科融合、更丰富的专业类别、更新颖的技术将不断涌现，这将推动高等教育产业不断进步，人才培养和创新驱动将成为今后我国在国际上谋求竞争优势的核心战略。①而 OBE 理念与 PDCA 循环模式为高校教务体系提供了一个有力的工具，满足了高校提高教育质量、培养学生的核心能力并不断适应时代变化发展的需求。这一模式的应用需要高校管理者、教师和学生的共同努力，以实现教育的可持续发展、提升社会价值。

OBE 理念即成果导向理念，它强调学生的学习成果和能力培养并着重于明确定义期望的学习成果，以确保学生在毕业时具备特定的知识、技能和能力。这种方法将学生的学习放在首要位置，强调课程和教学的设计应根据这些学习成果来进行。与此同时，PCDA 循环模式是一种管理工具和一种持续改进的管理方法，用于持续监测和改进教务管理流程。

## 二、OBE理念与PDCA循环模式的概念、特点以及在高校教务管理工作中的应用

### （一）OBE 教育理念

OBE 教育理念是一种以学习成果为导向的教育方法，强调学习的目标和结果，而非传统的课程内容和教学过程。它的核心思想是以学生为中心定义明确的学习成果，确保他们具备实际的、与学位相匹配的技能、知识，从而更好地为未来的职业发展和社会挑战做准备。OBE 教育理念的主要特点包括：

**1. 明确的学习成果**

OBE 教育理念要求在课程设计的早期即明确定义学习成果，这些成果包括知识、技能、能力、价值观等方面，要求是明确的、可衡量的，并与高等教育院校的使命和目标相一致。对于理工科院系来说，这一点显得更为重要，因为成果导向教育是工程教育认证下人才培养的核心理念。②具体来说，教务员可以依托学生培养方案和课程大纲与授课教师进行统一筹划，按照明确的学习成果来设计课程，并确保每个课程的目标与人才培养的使命和学位要求一致。

---

① 钟登华 . 新工科建设的内涵与行动［J］. 高等工程教育研究，2017（3）：1–6.

② 刘锴，孙燕芳 . 基于 OBE 教育理论的高校教师培养研究［J］. 黑龙江高教研究，2017（6）：59–61.

**2. 以学生为中心**

OBE 的核心理念就是以学生为中心，关注学生们的需求，激发学生们的潜能和兴趣，强调个性化的培养方式，以适应不同学生的特点和发展方向。

**3. 重视教学方法**

OBE 教育理念鼓励教学方法的多样化，包括互动式教学、项目型学习、实践经验等。因此，授课教师可以根据学习成果选择合适的教学方法，例如，更多地应用案例分析、增加实践教学的占比等。

**4. 评估与反馈**

对教学过程的评估是另一个重点。评估应该与学习成果直接相关并能够提供及时的反馈。为了确保学生的表现与学习成果相关，建立有效的评估体系对高校来说就显得尤为重要。除了传统的考试、作业、实验报告等评估方式外，各高校还可以增加更多过程性考核的内容。同时，及时的反馈也是很有必要的，可以帮助学生改进。

**5. 持续改进**

高校教务部门应依托学生评教的结果反馈定期评估和改进教育过程，以确保课程体系和教育理念能够适应不断变化的发展需求和客观环境。

### （二）PDCA 循环模式

PDCA 循环模式是一种管理和持续改进的方法，被广泛应用于各种组织和领域，旨在提高效率、质量和效果。该模式最初由美国学者爱德华兹·戴明提出，因此也被称作“戴明环”，将其作为教学全面质量管理的基本模式是把质量管理、质量提升纳入一个科学的逻辑过程。[①]PDCA 循环模式在高等教育中的应用主要包括四个步骤：

**1. Plan（计划）**

首先要确定目标和预期结果。计划包括制定战略、设定目标、规划资源、确定度量标准、制定集体的行动方案。对于高校教务管理来说，则意味着确定学校或院系的教育目标、发展新课程或科研项目、规划教育资源等。

**2. Do（执行）**

这一阶段要开始实施计划的具体行动。对于高校教务管理来说，包括执行研究项目、开展教学活动、提供学生服务和学术支持，以及实验室建设等。

---

① 翁跃明，薛瑞峰.PDCA 循环模式在现代高等教育管理中的应用［J］. 中国管理信息化，2011，14（24）：146-148.

**3. Check（检查）**

在这一阶段，收集和分析数据是关键，然后根据数据评估实施的效果是否与计划一致。评估内容包括学生的学习成绩、科研项目中期审核、课程评教结果、学生建言献策反馈等。高校可以使用这些数据来核查计划的有效性，学生的学习进展以及教育目标是否达成。

**4. Act（改进）**

此为该循环周期的最后一步，即根据上一阶段的检查结果，教务部门采取必要的措施来改进和优化其运作。具体包括变更或停开课程、改进教学方法、重新分配教育资源等。在高校中，这也可能会产生诸如调整课程结构、提供教师进修或改进学生支持服务等对下一个循环周期产生一定影响的决策。

PCDA 模式反复循环，帮助高校不断改进和适应变化，以提供更高质量的教育和服务，满足学生和社会的需求。

## 三、OBE理念与PDCA循环模式的结合与对比

总的来说，在高校教务管理中，OBE 理念与 PDCA 循环模式有很大的关联性和共同性。其一，OBE 理念强调以成果为导向的综合性评估，与 PDCA 的检查和改进阶段相契合。通过将 OBE 的学习成果与 PCDA 的检查结果关联起来，教务部门可以更好地了解学生是否达到了期望的成果，并采取必要的改进措施。其二，OBE 理念鼓励课程和教学的不断改进，与 PDCA 的循环改进过程相符。因此，二者的结合是相得益彰的，将 OBE 理念与 PDCA 循环模式结合在一起可以提高教育质量，提升教学管理效率，使高校能够更好地实现教育目标。这种结合遵循了目标导向、数据驱动和连续改进的原则，有助于高校更好地应对不断变化的教育环境。

### （一）OBE 理念与 PDCA 循环模式结合的优势

在高等教育领域，将 OBE 理念与 PDCA 循环模式结合在一起，具有多方面的优势：

**1. 提高系统性和连续性**

PDCA 是一个循环性的过程，它强调不断地规划、执行、检查和行动。将 OBE 理念与 PDCA 循环模式结合在一起，可以保证在以学生为中心的前提下，使教育质量管

理成为一个连续不断的过程，而不是一次性的举措。这样的特点与高校教学中，学期学年循环往复的特点相适应，同时也可以让教学管理的各个环节形成闭环式管理，提高管理效率。[①]

**2. 明确的目标和期望**

OBE 理念要求明确的学习目标和预期结果。在 PDCA 的规划阶段，这些目标和期望能够被具体定义，并在执行和检查阶段用作参考点。

**3. 数据驱动决策**

PDCA 循环模式强调数据的收集和分析，以识别问题和改进机会。将 OBE 理念与 PDCA 循环模式相结合，教务部门可以用数据来评估学生在 OBE 指标上的表现，并采取相应的措施来改善教育质量。依托目前的数字化办公条件并配合一定的数据分析和处理，这种优势将发挥得更为明显。

**4. 持续性改进**

OBE 理念和 PDCA 循环模式都充分体现了不断改进的特点。结合这两种教育理念，高校可以建立相应的奖励机制，例如奖学金或优秀成果奖，鼓励教职员工和学生持续性改进。

**5. 适应性较强**

教育领域的需求和标准是随着时代发展不断变化的。将 OBE 理念与 PDCA 循环模式相结合，高校可以通过定期评估和调整适应，确保教育质量仍然符合最新的要求。

**6. 提升竞争力**

结合 OBE 理念和 PDCA 循环模式，学校可以提高其教育质量，借此提升学校的声誉和综合竞争力。

### （二）OBE 理念与 PDCA 循环模式的不同之处与可能存在的风险

尽管 OBE 理念和 PDCA 循环模式在教育管理中有很多相似之处，但也存在一些明显的不同。同时，将它们结合使用可能会带来一些潜在的风险。

**1. OBE 理念与 PDCA 循环模式的不同之处**

首先，OBE 与 PDCA 所关注的焦点并不完全相同：OBE 关注的是学生的学习结果和目标，强调明确的学习目标和期望结果；PDCA 则侧重于过程管理和持续改进，强调在执行过程中不断识别问题、采取措施改进。其次，OBE 与 PDCA 的考量时间周

① 吴云月 . 基于 PDCA 理论的高校教学管理业务流程设计［J］. 教育进展，2022，12（11）：4734-4739.

期不同：OBE 通常涵盖学生培养计划的整个周期，从课程设计到学生毕业；而 PDCA 更注重短期循环，通常用于持续改进和问题解决的过程管理，在高校中应用，更适合以学期或学年为一个周期，往复递进。最后，OBE 和 PDCA 目标的侧重点不同：OBE 的目标是以学生为中心，确保学生在毕业时具备一定的技能、知识和能力；相比之下，PDCA 的目标是不断改进、优化教育流程和方法，更侧重于高校业务能力的提升。

**2. 二者结合可能带来的潜在风险**

（1）复杂性增加：将 OBE 和 PDCA 相结合可能增加了教育管理的复杂性，因为要同时关注学习结果和过程改进，这可能需要有更多的资源和时间做保证。

（2）目标冲突：OBE 和 PDCA 的目标可能会发生冲突。例如，为了提高学生的学习成果，有必要调整课程和教学方法，但这也可能会影响到已经建立的教学流程。

（3）过度集中于数据：两者的结合可能导致过度强调或依赖数据收集和分析，而忽视了其他因素，如教师素质、学生需求等。这可能导致过度标准化的模式，而忽略了教育的多样性。

（4）沟通与合作挑战：二者的紧密结合有赖于跨学科、跨部门的沟通与合作。如果合作不紧密或信息流通不畅，则可能会导致实施难度增加。

（5）教学负担加重：随着二者的结合，对数据的统计和流程的监管等工作也会相应增多，无形中增加了教职员工的负担。

总之，如果想要成功地将 OBE 和 PDCA 结合在一起，高校应建立良好的沟通与合作机制，保障各部门和教职员工之间的有效协作，同时权衡监管工作流程与数据统计，达到提高教育质量并持续改进的目的。

## 四、未来高校教务管理新模式的发展方向和思考

当前高校教务管理面临着包括技术整合和数据管理、课程设计和创新、学生服务、教学质量提升、工程认证以及国际化冲击等多重挑战。这些挑战在很大程度上反映了教育领域的复杂性。高校教务管理工作需要不断自我变革和创新，而精细化管理和有效的领导、决策正是克服这些挑战的关键。本文所引入的 OBE 与 PDCA 相结合的管理模式可能会成为未来高校教务体系应对挑战的有效解决方法。

在未来，高校将继续保持投资于数字化教务管理系统的趋势，以提高教学、学术管理和学生服务的效率；通过整合各种数据源为学生和教职员工提供一站式服务，制

定更有效的教学策略。此外，个性化学习将成为主要的关注点。OBE 与 PDCA 相结合的管理模式可以为学生提供个性化的学习建议和资源，满足不同学生的需求和学习风格。同时，新模式将持续关注学术质量和专业认证，确保课程内容和教学能够满足相关标准；帮助高校追踪学生的学习成果，为工程认证和教学评估提供必要的数据。此外，支持教师的持续专业发展也将成为新模式的一部分，以确保他们具备应用新技术、采用创新教育方法的能力。

**参考文献：**

[1] 钟登华 . 新工科建设的内涵与行动［J］. 高等工程教育研究，2017（3）：1-6.
[2] 刘锴，孙燕芳 . 基于 OBE 教育理论的高校教师培养研究［J］. 黑龙江高教研究，2017（6）：59-61.
[3] 翁跃明，薛瑞峰 .PDCA 循环模式在现代高等教育管理中的应用［J］. 中国管理信息化，2011，14（24）：146-148.
[4] 吴云月 . 基于 PDCA 理论的高校教学管理业务流程设计［J］. 教育进展，2022，12（11）：4734-4739.

（杜景鑫，助理研究员，中国传媒大学信息与通信工程学院本科教学办公室副主任）

# 新时代高校无人机航拍课程建设探索

◎王鸿涛

**摘　要**：2016年，笔者开始讲授无人机航拍技术课程，当时使用的航拍无人机是大疆的“精灵4”。七年间，随着无人机技术的不断发展，航拍的技术和方法也在不断改变。2023年5月国务院颁布《无人驾驶航空器飞行管理暂行条例》，对无人机的使用有了更明确的规范和要求。本文围绕无人机技术的发展，结合笔者多年使用无人机开展高校无人机航拍教学的经验，总结和展望未来无人机航拍课程建设的方向。

**关键词**：无人机航拍；民族自信；思想政治；建设

2014年作为公认的国内无人机民用市场元年，随着大疆无人机的横空出世，越来越多的国人使用无人机进行航拍和飞行实践。笔者于2016年参加了中国航空器拥有者及驾驶员协会举办的无人机机长培训，第一次接触到无人机的使用，同时笔者一直从事摄影教学工作，所以在通过无人机机长培训后，笔者承担了学院无人机航拍技术课程的讲授工作。七年来，笔者从一个无人机使用“小白”成长为一名合格的无人机航拍飞手。随着对无人机领域的不断学习实践，笔者对无人机应用与教学也有了更多的理解和思考。

## 一、无人机航拍人才培养的目标

党的十八大以来，以习近平同志为核心的党中央高度重视高校课程建设，习总书记在看望参加全国政协会议的教育界委员时提出了“大思政课”的概念，他强调，“‘大思政课’一定要跟现实结合起来”。笔者认为，无人机航拍技术课程的人才培养应注重三个方面：一是培养学生具有深切的爱国主义情怀，目前，全球70%的无人机民用市场被我国的无人机企业占据，这是一个足以令国人骄傲的数字；二是培养学生掌握扎实的无人机操作技术，能够完成多机型、复杂环境的飞行工作；三是培养学生具有熟练的摄影功底，掌握曝光、用光、构图等专业技能。

### （一）深切的爱国主义情怀

高校人才培养首先要培养学生具有爱国主义精神，面对复杂多变的国际形势，更应坚定理想信念，提高政治站位，增强民族自信。

无人机的起源可以追溯至 1910 年军事工程师查尔斯·科特林发明的“空中鱼雷”。该无人机其实就是插上机翼并带有简单控制装置的炸弹。1935 年，英国人研制出第一架可飞回复用的无人机，形成了现代无人机的雏形。可见，无人机的出现和很多技术的起源相同，最早都是应用于战争。现如今在战场上，无人机的使用也发挥着巨大的作用。虽然我国的无人机研制起步时间相对较晚，但近几年发展迅速，作为军用的国产“翼龙”系列无人机已经在世界军事领域占有非常重要的位置。而在民用市场，“大疆”公司的无人机占据了全球 70% 的市场份额，可谓国货之光，其在收购传统相机企业“哈苏”之后，在摄像设备和镜头的研发上已经缩小了同世界老牌企业的差距，目前市面上很多无人机的拍摄单元使用的都是大疆自主研制的部件。

这些内容的讲授不仅可以增进学生对于无人机航拍技术的了解，而且能够培养他们具有强烈的爱国主义情怀，使其具有坚定的理想信念和强大的民族自信。

### （二）扎实的无人机驾驶技能

无人机航拍在技术上包括两个方面：一个是“航”，一个是“拍”。“航”指的是无人机的操作技能。目前，国内主流的无人机驾驶员培训考核大都针对的是无人机的驾驶。而对于高校无人机教学来说，如何在场地、设备有限，同时上课的学生较多（每堂课大约有 50 人）的情况下完成教学，是摆在笔者面前不小的难题。另外，禁飞区域的限制也使得无人机操作很难在北京六环内开展。针对上述问题，笔者将部分课程的授课教室改为计算机机房，学生在电脑上进行模拟器的练习，并通过课内的模拟器操作进行考核。

学生通过模拟器考核后就可以进行真实无人机的操作了。课上，笔者将学生分为六人一组，并给组里的每个学生安排了相应的工作岗位，如驾驶员、安全员、技术人员等。学生在完成一组操作后进行组内轮岗，这样每个学生都能深刻理解航拍过程中不同岗位人员的职责。

### （三）熟练的拍摄技能

拍摄技能的训练相对于飞行操作就容易了很多。在理论课上，笔者会讲解曝光、用光、构图的摄影基础知识，结合无人机的操作界面，演示在航拍中如何处理曝光，如何运镜。近几年航拍无人机推陈出新，很多无人机都配备了长焦镜头，可以实现长焦拍摄和变焦拍摄，技术的发展也对教师提出了新的要求，教师必须不断学习新技术，才能适应设备的发展。

航拍课程最终的落脚点是考核学生航拍的综合能力。在课程结束时，笔者会要求每个学生提交一部航拍短片，其中包括环绕飞行、渐远飞行、侧向横飞等运镜画面，根据学生提交的结课作品，对学生的航拍能力进行综合评定。

## 二、无人机航拍课程建设

自 2016 年中国传媒大学信息与通信工程学院开设无人机航拍技术课程至今，课程内容经过几次调整，从最初限于师资能力及场地设备等原因选择了“重拍摄、轻飞行”，到现在课程中设置了多个具有针对性的实践环节。该课程的 32 学时被分为理论学习 12 学时、模拟飞行 10 学时、真实飞行 10 学时。从近几年学生提交的结课作品来看，教学效果较好，绝大多数学生通过这门课程的学习都能够掌握基础的航拍技术，部分学生的航拍作品质量较高。每年都有几名学生利用寒暑假考取了民航局无人驾驶航空器驾驶员执照，为今后的就业发展增加行业竞争力。

课程建设与人才培养的另一个有力抓手是竞赛，随着无人机应用技术的飞速发展，各类无人机应用竞赛层出不穷。近年来，我们选拔了多名优秀学生组成团队参加无人机航拍竞赛，并取得了较好的成绩。通过参与竞赛，学生们收获了宝贵的经验，也增强了团队协作意识。

课程的建设离不开学校的大力投入，作为全国最早一批开设无人机相关课程的高校，中国传媒大学先后建立了无人机应用技术中心、无人机学生社团等单位和组织，这为教师在行业内开展交流活动提供了有力的保障。同时中国传媒大学信息与通信工程学院还与大疆公司签署了合作协议，并成功举办了第一届高校无人机教学经验交流会，邀请中国人民大学、北京航空航天大学、北京电影学院等国内知名院校从事无人机教学的专家、教授进行交流，针对无人机课程的建设展开了广泛深入的探讨。

随着师资队伍的不断扩充、软硬件条件的不断改善，高校无人机航拍课程建设将会越来越好。

**参考文献：**

[1] 孙毅. 无人机驾驶员航空知识手册 [M]. 北京：中国民航出版社，2014.
[2] 大疆传媒. 无人机商业航拍教程 [M]. 北京：科学技术出版社，2020.

（王鸿涛，中国传媒大学信息与通信工程学院高级实验师）

# 面向数字孪生的跨学科教学模式设计

◎靳 聪 王 晶

**摘 要：** 数字孪生是以数字化方式创建物理实体的虚拟实体，模拟、验证、预测、控制物理实体全生命周期过程的技术手段。近年来，数字孪生得到越来越广泛的传播，发展前景十分广阔。数字孪生的不断发展为教学方式变革提供了新的方向，如多维度课堂、研讨式教学和实践教学等。为了帮助学生利用所学解决实际问题，我们提出了产教融合的新型教学方式，包括研究型和项目型教学实践，以实现培养真正创新的数字人才的教学理念。

**关键词：** 数字孪生；教学设计；教学改革；产教融合

党的十八大以来，特别是习近平总书记亲自主持召开学校思想政治理论课教师座谈会以来，思政课在党中央治国理政战略全局中的地位日益凸显，发展环境和整体生态发生根本性转变，习近平新时代中国特色社会主义思想铸魂育人成效明显，思政课建设、日常思想政治工作、课程思政全面推进。但与此同时，也有部分学校对“大思政课”建设的重视程度不够，开门办思政课、调动各种社会资源的意识和能力还不够强，课程教材体系还需要进一步完善。有的学校教师数量不足、质量不高，对实践教学重视不够；有的课堂教学与现实结合不紧密，大中小学思政课一体化建设亟须深化；有的学校第二课堂重活动轻引领，课程思政存在“硬融入”“表面化”等现象。

全面推进“大思政课”建设，要坚持以习近平新时代中国特色社会主义思想为指导，聚焦立德树人根本任务，推动用党的创新理论铸魂育人，不断增强针对性、提高有效性，实现入脑入心。坚持开门办思政课，强化问题意识、突出实践导向，充分调动全社会力量和资源，建设“大课堂”、搭建“大平台”、建好“大师资”，建设全国高校思政课教研系统，设立一批实践教学基地，推出一批优质教学资源，做优一批品牌示范活动，支持建设综合改革试验区，推动思政小课堂与社会大课堂相结合，推动各类课程与思政课同向同行，教育引导学生坚定“四个自信”，成为堪当民族复兴重任的时代新人。[①]

## 一、数字孪生

“数字孪生”的概念首次出现于2010年前后，又被称为“数字化映射”“数字镜像”等，是以数字化方式创建物理实体的虚拟实体，借助历史数据、实时数据以及算法模型等，模拟、验证、预测、控制物理实体全生命周期过程的技术手段。数字孪生被认为是一种实现制造信息世界与物理世界交互融合的有效途径，具有虚实等体、信息同步、自我进化和交互聚敛的核心特征。近年来，得益于新一代信息技术的发展，数字孪生被广泛应用于电力、船舶、农业、建筑、制造、城市管理、石油天然气、健康医疗、环境保护等多个行业，尤其是智能制造领域。《数字孪生应用白皮书（2020版）》描绘了数字孪生在智能制造、智慧交通、智慧建筑等多个领域的应用场景，为推进数字孪生的实现提供了多种发展方向[②]；而《数字孪生城市白皮书（2020版）》强调数字孪生技术与各产业的深入融合能够有力推动各产业智能化发展进程，成为信息化时代产业变革的强大助力。[③]虽然目前数字孪生技术整体仍处于初级阶段，面临各方面挑战，但是随着数字孪生技术在各个领域中的不断应用和发展，相关产业的发展前景十分广阔，具有极大的研究价值。在此背景下，高校在回应社会重要需求、培养数字孪生产业创新人才等方面承担着重要的历史使命和社会责任。

## 二、面向数字孪生的教学模式现状

数字孪生时代的到来，为教育教学方式变革提供了新的发展方向。当前，国内外已经开始了数字孪生教育应用的理论探究和实践应用。从多数学校采用的教学模式来看，“问题解决→项目学习→探究性学习”是教学要素序列结构的内在逻辑。学生通过

① 教育部等十部门关于印发《全面推进“大思政课”建设的工作方案》的通知教社科〔2022〕3号［EB/OL］.（2022-07-25）［2022-08-24］.https://www.gov.cn/zhengce/zhengceku/2022-08/24/content_5706623.htm?eqid=d83c3528000b7f2500000002645cd193

② 赵波，程多福，贺东东.数字孪生应用白皮书（2020版）［R］.北京：中国电子技术标准化研究院与树根互联技术有限公司，2020：1-205.

③ 余晓辉，胡坚波，王爱华，等.数字孪生城市白皮书（2020版）［R］.北京：中国信息通信研究院，2020：1-45.

与数字孪生体和数字孪生环境的反复交互来完成“问题分析→研究假设→观察探索→验证假设→改进方案”等一系列活动，之后在实体学习环境中进行实践探索；在整个活动过程中，教师负责讲授新内容和指导学生。从多数学校采用的教学模式来看，学习者、教师、学习内容和数字孪生体是其共同的构成要素，而主要差异在于教与学的方式。在数字孪生教育应用过程中，学习者学习活动的分布会因课程类型、学习目标、时空安排等方面的不同而有所差异。

## （一）“大思政课”理念要求思政课实践教学必须认真做好系统构建

**1. 以数字孪生设计、开发为主的学习活动**

此类学习活动是将数字孪生体作为学习活动的工具和材料，学习者通过自己设计、开发和测验数字孪生体来深入了解并掌握相应的专业知识，如虚拟无人机仿真。此类学习活动将数字孪生作为学习活动的工具、项目材料和任务对象，学生通过实际操作能大大提升学习体验，实现理论到实践的转化。

**2. 以观察、体验和反思为主的学习活动**

这类学习活动以数字孪生体为观察、操作、实践对象，学习者不亲自设计和开发数字孪生体学习资源，而是利用已有的数字孪生体资源开展学习活动。这些学习活动有助于引导学习者理解相应的知识，探索事物运行的特点，验证方案设计的科学性。

**3. 以解决问题为目的、项目创设为主要形式的学习活动**

在以解决问题为目的的学习活动中，教师根据课程内容、教学目标等要素创设问题，之后学习者基于问题与同伴一起开展问题解决方案的调查、设计、撰写、验证等活动。数字孪生学习环境为学习者提供了可重复检验问题解决方案的功能，使其能够持续进行问题解决方案的设计、验证、改进和再次验证。学习者通过不断的完善和优化，创造出问题的最终解决方案，并在真实的物理环境中观察问题解决方案的应用，提高了在虚实环境间的知识迁移能力。

## （二）“大思政课”理念要求思政课实践教学必须注重选择社会和时代内容

尽管数字孪生在教育领域具有广阔的发展空间，但当前其在教育中的应用尚处于起步阶段，并面临着许多挑战。一方面，数字孪生作为一门新兴技术，集成多物理、多尺度、多学科属性，关键技术涉及物联网、人工智能、云计算等多方面内容，极具复杂性，且目前国内数字孪生仍处于发展初期，数字孪生标准化研究相关专业人才较为缺乏；另一方面，面对这一具有前瞻性、创新性和复杂性的学科领域，如何将跨学科的教学理念贯穿于教学的各个方面，包括课程内容、资源开发和实施，以实现培养符合时代和社会发展要求的高水平人才的目标，是一个极具挑战性的问题。由此可见，结合当前数字孪生教育应用存在的不足以及高校创新创业人才培养和创新型工程技术人才培养的实际需求，面向数字孪生的教学模式的改革升级极具研究价值。

## 三、面向数字孪生的跨学科教学设计

数字孪生是充分利用物理模型、传感器更新、运行历史等数据，集成多学科、多物理量、多尺度、多概率的仿真过程，在虚拟空间中完成映射，从而反映相对应的实体装备的全生命周期过程。数字孪生是一种超越现实的概念，可以被视为一个或多个重要的、彼此依赖的装备系统的数字映射系统，其作为普遍适应的理论技术体系，可以在众多领域应用。虽然数字孪生目前仍处于初期，但其未来发展前景已经得到广泛认可，且其学科交叉性强，符合当前高校致力于培养跨学科复合人才的教学目标。因此，本研究在此课题的基础上开展教学改革，希望提供数字孪生教育的新思路，致力培养出理论知识与实践操作并重的“新工科”人才。

数字孪生与虚拟仿真实践技术课程是中国传媒大学信息与通信工程学院基于数字孪生学科开设的一门实践与双创课，教学内容重点是数字孪生理论知识与实践的融合，旨在构建一个新的“多交叉、多融合、宽口径”的智能制造专业群人才培养方案和课程体系，从认识和理解的角度出发回答“何为数字孪生”。从研究和技术的角度出发，从事基础理论的研究者对数字孪生是否存在或存在什么科学问题非常关注。从应用和实践的角度出发，受数字孪生热潮影响，很多企业期望使用数字孪生技术来实现数字化转型，进而提升智能化水平。

### （一）综合实践课程化

在教学模式方面，采取多维度的课堂教学，包括线下线上混合式、讨论辩论式、实验制作展示式、安装调试运维式、成果报告论文等形式。线下重点是讲授方法、推演过程、传授技术；线上主要是对线下内容的补充和强化。线下实际动手实验实训，能够使学生将理论与实践结合，唤醒工程意识，提升工程素养。针对一些核心课程，建设在线课程以及元宇宙对话实践课堂（见图1），学生可以依托大学生慕课或在线资源库弥补课堂上的不足，特别是一些“碎片化”“颗粒化”的内容被放在线上学习，能够起到事半功倍的效果。然后，采取案例导入、情景教学等新型教学方法，合理运用信息技术、教学资源、设施设备等进行辅助教学，因材施教，提升课堂教学效果，凸显先进的教学理念。

图 1　UE4 搭建实现元宇宙对话等教学实践活动的会议室场景

### （二）课内实践主题化

在教学内容组织方面，强化“应用场景”的剖析，把繁琐枯燥的知识结合具体的实际应用场景进行讲授，高阶认知和低阶认知良性互动，提升学习主动性。

在教学活动方面，要求学生构造相对完整的案例。学生的模型构建往往具有创新性，教师可以把学生反馈的思路整合到教学内容中，实现对教学内容的优化。这一步完成了“教与学”的共同构建。

### （三）校园实践立体化

在教学方法与手段方面，应用研讨式教学，教师充当“主持人”的角色，在构建演示案例的基础上，引导学生团队协作进行案例构建，在教与学的两个环节都进行案例的设计、优化（这就是“共同构建”），促使学生运用知识去主动完成较为复杂的整合过程。

在教学评价方面，每次作业设计团队协作共同完成一个项目，结合信息化技术能力等定性评价的指标，对学生的综合素养进行评估。教学评价应注重体现过程与结果、定量与定性、个人与团队、科学与人文、能力与潜力。

### （四）实践成果可视化

除了理论知识外，数字孪生与虚拟仿真实践技术是提供智能装备和智能制造的自主可控技术保障。在技术上，课程创新性引入模型定义装备的基础架构，采用国际先进的数字孪生设计技术与基于模型的系统工程（MBSE）方法，实验平台采用英伟达omniverse 虚拟仿真平台和国内自主研发的数字孪生平台，教授学生掌握基于MBSE 的数字孪生设计的相关理论基础，动手实践操作智能制造领域数字孪生设计的应用前景，诸如虚拟舞台、音乐厅等（见图 2）。实践课程的教学重点在于解决实际问题，课程将以创新实践形式展开，最终使学生能综合运用数字孪生的基本原理在英伟达 omniverse 平台进行虚拟仿真，实现最终的教学目标。

图 2　搭建数字孪生西洋音乐厅

此外，教学团队带领学生进行 PaaS 虚拟仿真平台实践（见图 3）。教学采用系列案例构建法，强化对“应用场景”的剖析，把烦琐枯燥的知识结合具体的实际应用场景进行讲授，高阶认知和低阶认知良性互动，提升学习主动性。教师在现场教学环节最核心的作用是“带领学生进行碎片化知识的有机整合”，展示如何将碎片化知识点整合到一起分析和解决问题。学生在学习过程中，从模仿到独立完成再到创新，实现了本质的蜕变。

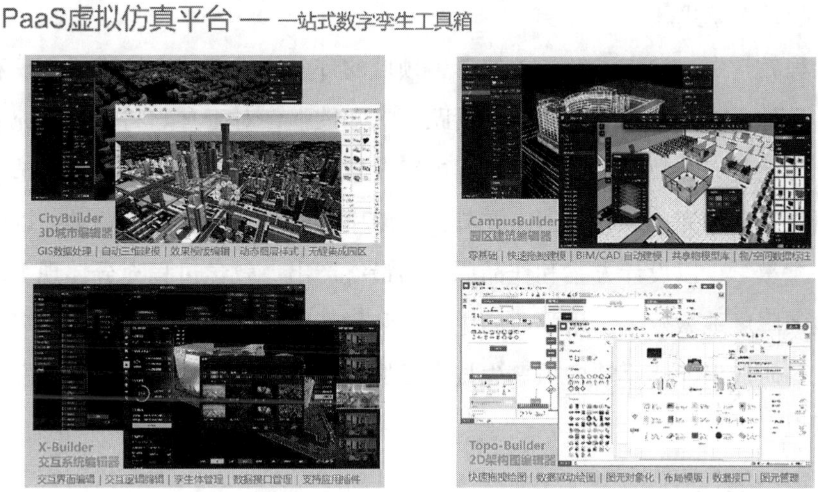


图 3　PaaS 虚拟仿真平台

## 四、产教融合的教学实践模式

课程设计为数字孪生的教学实践提供了坚实的理论基础和丰富的实践机会，围绕基础理论体系，我们构建了一套相对完整、前瞻、开放、多元的知识体系。为了践行“培养真正创新的数字人才”的课程理念，围绕课程内容的教学不能简单地将理论知识毫无逻辑进行一层层的叠加，而应该以实际需求产生的问题为教学出发点，让学生能够利用所学到的理论知识解决实际问题，这样一方面加强了教学效果，另一方面也有利于学生形成知识链。教学不应止步于向学生单向输出知识内容，而应以产教融合为行动框架，用理论指导教学实践，实现浅层学习向深度学习的转变。

### （一）研究型教学实践

研究型教学强调的是打破传统被动接受式教学，以学生为中心，充分调动和激活学生的创新意识和探究能力，将科研与教学进行有机结合，形成以探索知识和发现、分析、解决问题为导向的教学模式。中国传媒大学信息与通信工程学院依托虚拟现实技术与系统国家重点实验室和数字媒体北京市重点实验室，将所承担的国家级科研项目引入教学，采用多种教学实践模式使教学与科研形成良性互动，提升了育人效果。同时，在面向数字孪生的教学实践中，教学团队采取了组建科研小组作业、用微课题实践驱动的教学模式。

在课程教学中，学生了解了虚拟孪生领域的许多前沿知识，完成了知识和科研能力储备。另外，本科阶段的学生思维活跃、求知欲强，对于参与科研项目充满了兴趣和渴望。因此我们在教学中，根据课程内容设置了若干微课题，学生自主选题，在微课题的研究过程中完成课程学习。在具体实施中，以微课题任务为驱动、以问题为导向开展课堂教学，以设计方案和作品原型为最终产出。教学过程充分体现了以学生为中心，最大限度地激发了学生学习的主动性和创新能力。同时，微课题大多来源于科研项目，科研成果能够反映虚拟孪生技术领域的前沿成果和进展，从而激发学生的科研创新意识。

### （二）项目型教学实践

项目型教学强调的是与经济发展、产业变革、劳动就业等内容相结合，帮助学生更好地提前去适应新技术和产业变革，拥抱数字化未来。数字孪生是一个应用广泛的理论技术体系，在产品设计、产品制造、医学分析、工程建设等领域均有所应用。因此，受数字孪生热潮的影响，很多企业期望使用数字孪生技术来实现数字化转型，进而提升智能化水平。由此产教融合的教学方式无疑是培养技术人才和推动产业发展的关键所在。项目型教学在教学过程中要以学生为中心，引导学生积极地收集信息、获取知识、探讨方案，以此来解决具有现实意义的问题。具有现实意义的问题可以是合作企业需要的数字产品，也可以是对领域前沿内容的探讨研究和进一步开发。具体来说，首先，引进项目并带领学生了解该项目的具体要求；其次，对项目内容进行细分，根据内容体量将学生分为人数合适的小组，组内学生可以根据自身兴趣和能力选择细分后的各个内容模块来合作完成一个完整的项目，每个小组的项目完成情况可以用作考核指标。

通过这样的项目式学习，学生不仅能够掌握并且应用所学到的学科知识，还能够锻炼自身的批判性思维、团队合作能力、决策能力、自主学习能力等。这也是项目式教学所具有的显著优势。

**参考文献：**

[1] 赵波，程多福，贺东东．数字孪生应用白皮书（2020 版）[R]．北京：中国电子技术标准化研究院与树根互联技术有限公司，2020：1-205.

[2] 余晓辉，胡坚波，王爱华，等．数字孪生城市白皮书（2020 版）[R]．北京：中国信息通信研究

院，2020：1-45.
[3] 李海峰，王炜. 数字孪生教育应用的教学模式探究：基于美国、瑞士和芬兰数字孪生教育应用的案例分析 [J]. 现代教育技术杂志，2021（7）：12-20.
[4] 李海峰，王炜. 面向高阶思维能力培养的数字孪生智慧教学模式 [J]. 现代远距离教育，2022（4）：51-61.
[5] 黄音，毛莉莎，庞燕，等. 基于数字孪生技术的校企合作实践教学创新模式研究 [J]. 高等工程教育研究，2021（4）：105-110.

（靳聪，博士，中国传媒大学信息与通信工程学院高级工程师；
王晶，博士，北京理工大学信息与电子学院副教授）

# “数字音频技术”英文课程建设探索 *

◎雷　玲

**摘　要**：随着人工智能技术的不断发展，数字音频技术的应用越来越广泛。本文围绕“数字音频技术”英文课程建设所面临的挑战和机遇进行了论述分析，探讨了课程建设的思路和发展框架，以提升学生运用数字音频技术的能力。

**关键词**：数字音频技术；教学改革；英文课程

## 一、引言

2017年7月20日，国务院正式发布《新一代人工智能发展规划》①，明确我国人工智能发展的三步走战略和具体的六大任务，标志着人工智能领域的国家行动正式全面展开。随着人工智能被提升至国家战略层面及顶层设计框架搭建完成，相关产业发展有望持续提速，与之密切联系的相关课程也要跟上国际形势的发展。为了实现我国高等教育与世界一流大学的接轨，作为高等教育国际化中的关键环节，全英文专业课程建设应运而生。

“数字音频技术”是在多门学科基础上发展起来的一门课程，涉及语音学、语言学、生理学、认知科学、数字信号处理以及人工智能等许多学科领域，是目前发展最为迅速的信息科学技术之一，其研究涉及语音识别与合成等一系列前沿课题。② 随着人工智能的不断发展，许多高校都开设了“数字音频技术”英文课程。中国传媒大学信息与通信工程学院也于2023年度开始了本科教改项目“数字音频技术”英文课程的建设。

在课程建设的指导思想上，我们“坚持德育为先”，以培养学生的思想道德素质

---

* 本文系2023年度中国传媒大学本科教改项目“数字音频技术”英文课程建设（JG23104009）的阶段性成果。

① 国务院印发《新一代人工智能发展规划》[EB/OL].（2017-07-20）[2023-03-26].https://www.gov.cn/xinwen/2017-07/20/content_5212064.htm.

② 赵力.语音信号处理（第三版）[M].北京：机械工业出版社，2019.

为首任，注重培养学生的跨文化理解能力和国际视野，帮助学生树立正确的世界观、人生观和价值观。其次，“坚持能力为重”，表明英文课程建设应以提升学生的语言应用能力为重点，注重对学生听、说、读、写、译等技能的培养，帮助学生提高英语应用能力。最后，“坚持全面发展”，以培养学生的综合素质为目标，包括提高学生的文化素养、审美情趣和创新精神等。

## 二、建设思路

“数字音频技术”是中国传媒大学信息与通信工程学院继“信号与系统”“数字信号处理”课程之后开设的一门重要的信息类专业必修课程。近年来，随着全球人工智能技术的迅速发展，在语音信号处理领域，人们实现了语音识别、自然语言处理、语音合成等关键技术的重大突破。对于高校来说，人工智能的发展不仅意味着挑战，同时也创造了机遇。传统课堂教学要不断引入新的教学方法，吸纳前沿学科知识和应用，焕发出新的生命力。本门课程特别适合英文教学，既能提高学生的学习兴趣，又能培养学生追踪新知识的习惯。课程建设以实际应用为出发点，以提高学生的技术素养和英语水平为目标，具体建设思路包括以下几个方面：

### （一）教学目标设定

本课程旨在让学生掌握数字音频技术的基本概念、原理和方法，并能够运用所学知识解决实际问题。同时，提升学生的英语沟通能力，为国家培养高素质国际化人才。

### （二）教学内容组织

教学内容涵盖数字音频技术的各个方面，包括声音的基本属性，数字音频的采样、压缩、存储和传输等。此外，还可以融入音乐制作、语音识别等相关内容，以扩展学生的知识面。

### （三）教学方法实施

教学方法应以提高学生的实际应用能力和英语沟通能力为核心。具体包括：

**1. 理论教学**

重点参考美国斯坦福大学计算机网络学院2022年的《口语处理》（*Spoken*

*Language Processing*）和 2023 年的《语音与语言处理》（*Speech and Language Processing*）中的英文原版教材和课件，结合中国传媒大学信息与通信工程学院在音频技术处理方向的培养特色，制定本门课程的英文授课内容及相应的课件（见图 1）。

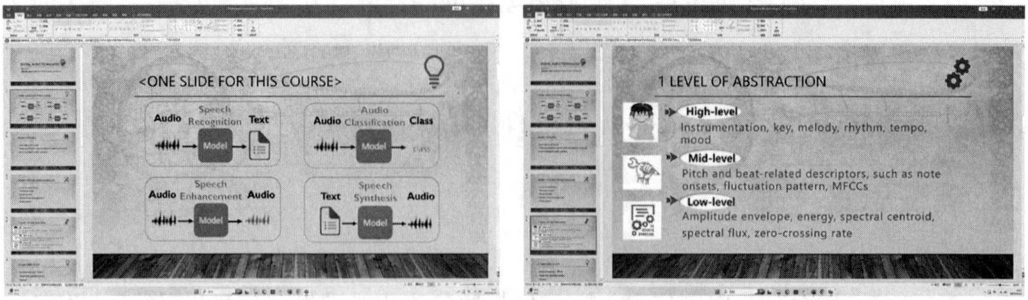


图 1　部分英文课件展示

**2. 实验教学**

通过 Matlab 及 Python 实验，学生深入理解了数字音频技术的原理和应用，如声音的采样、音频文件的编辑等。如图 2 所示，利用 Matlab 软件对变音前后的声音文件分别进行时频域的分析，帮助学生解决在理论课程中遇到的各种痛点和难点。

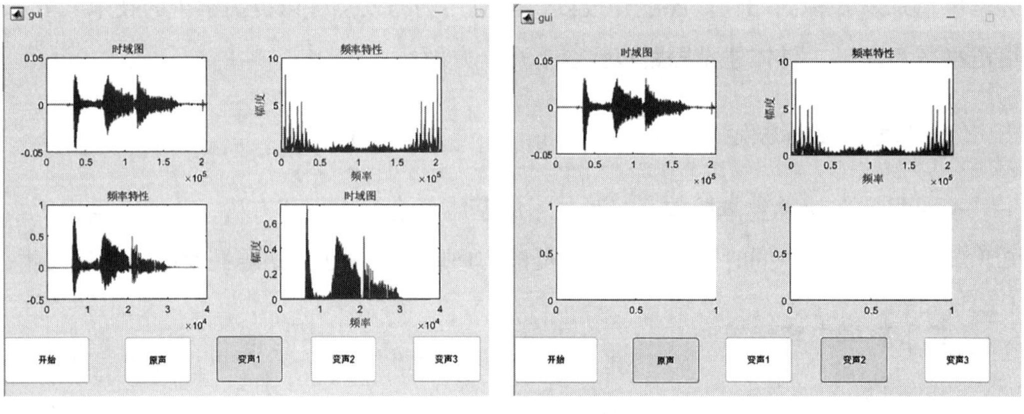


图 2　可视化实验演示

**3. 项目实践**

组织学生参与实践项目（特别是利用国内外先进的开发套件或者 API 完成一个完整可演示的项目），提高学生的实际应用能力。比如，采用分组形式，让学生分工合作完成一个完整的音乐制作或语音识别项目。图 3 为分别利用 ChatGPT 和百度 API 完成的智能对话和语音识别项目。

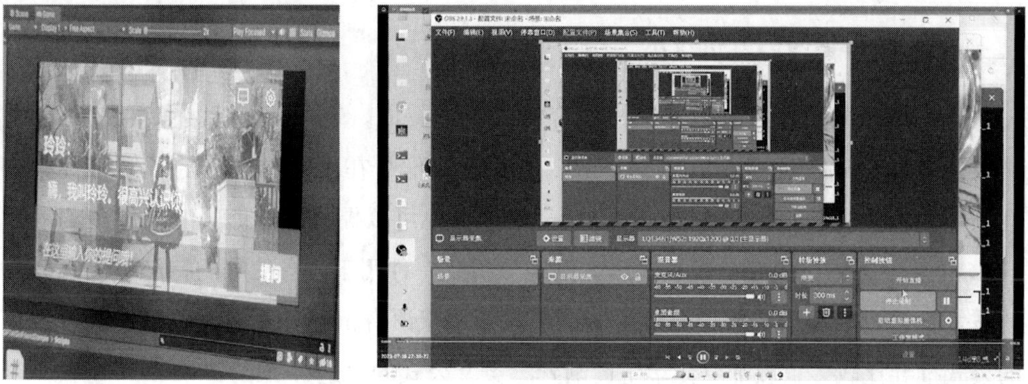

图 3　小组结合项目演示

**4. 互动交流**

在课堂上，加强与学生的互动，鼓励学生提问和发表观点，同时定期组织学生进行小组讨论，加强学生之间的交流与合作。

**5. 课外辅导**

通过线上答疑、学习讨论群等方式，及时帮助学生解决在学习和实践中遇到的问题。

围绕以上思路，我们旨在构建一个既注重理论教学又强调实际应用的“数字音频技术”英文课程。

## 三、教学内容

### （一）音频信号的基础知识

此部分重点介绍声音的基本物理属性，包括频率与音高、声压和压强等。通过实验演示和案例分析，学生理解了这些属性对声音感知的影响。此外，教师在课堂上还会介绍人类听觉系统的机理，包括耳朵和听觉神经的工作方式，以及如何感知声音。语音信号的数字处理基础也是学习的重要部分，包括声音的采样和量化，以及数字信号处理的基本概念和工具。这一部分是学习课程的基础，教师要特别重视结合英语原版教材和课件，让学生掌握相关词汇和表达方式。

### （二）语音信号的分析技术

这一部分主要涉及对语音信号的分析和特征提取。短时傅里叶变换（STFT）是分析语音信号的一种常用方法，它可以提供语音信号在不同时间点的频谱特性。线性预测编码（LPC）是一种分析语音信号的工具，可以提取语音信号的线性预测系数（LPC 系数），用于语音合成和编码。倒谱分析是一种用于语音信号的特征提取和分析的技术，它可以将语音信号分解为倒谱系数，用于语音识别和语音编码等。这一部分的公式推导比较多，教师要让学生逐渐熟悉英文公式的表达方法。

### （三）隐马尔可夫模型技术

隐马尔可夫模型（HMM）是一种统计模型，可用于描述隐藏的随机过程。在语音信号处理中，HMM 被广泛应用于语音识别、语音合成和语音特征提取等领域。参数估计是 HMM 中的重要问题，包括前向—后向算法、Baum-Welch 算法等。通过 HMM 的应用，可以实现语音信号的动态特征提取和分析。

### （四）语音编码

语音编码是将模拟语音信号转换为数字信号并压缩数据的技术。在通信系统中，语音编码技术可以用于提高通信质量和效率。在音频处理领域，语音编码技术可以将原始的音频数据进行压缩和编码，以减小文件大小并方便存储和传输。常见的语音编码算法包括脉冲编码调制（PCM）、增量脉冲编码调制（ΔM）和线性预测编码（LPC）等。这一部分要加强英语听说训练，熟悉相关词汇和表达方式。

### （五）语音识别

这一部分要讲解语音识别的基本原理和方法，以及在智能家居等领域的应用。通过分析不同语音识别技术的优缺点，学生了解了语音识别的前景和面临的挑战。学生分组开发简单的语音识别应用，并尝试用英语讨论不同算法和应用场景对语音识别效果的影响。

### （六）语音合成

语音合成是将计算机生成的数字信号转换为人类可听的语音信号的技术。基于规则的语音合成方法通常基于语言学和声学规则来生成合成语音。统计语音合成方法则是基于大量的语料库数据进行训练，以生成自然的合成语音。端到端语音合成方法是将语音信号视为一个整体，通过神经网络模型进行训练和合成。

## 四、结语

通过“数字音频技术”英文课程的建设，我们深刻体会到以下几点：首先，选择合适的教材是至关重要的。我们选用了具有权威性和前沿性的英文原版教材，并辅以大量的课外阅读材料，确保学生能够接触到最前沿的数字音频技术。同时，我们鼓励学生在课外阅读中寻找自己感兴趣的主题，并与其他学生分享和讨论。其次，实践环节的安排也是非常关键的。通过实验教学和项目实践，学生可以深入地理解和掌握数字音频技术。再次，互动交流是课程建设不可或缺的环节。我们定期组织学生进行小组讨论，鼓励学生提出问题，引导他们进行思考并尝试解决问题。最后，英语水平的提高是课程建设的另一个目标。我们通过全英文的教学内容，提高了学生的专业英语水平。在课程中，学生需要阅读大量的英文资料，撰写英文实验报告和项目报告，并参与英文讨论和交流，无形中提升了英语阅读、写作和口语交际能力。

在未来的教学中，我们将继续完善“数字音频技术”英文课程的教学内容和方法，以适应数字音频技术的不断发展和应用需求。同时，我们也会关注学生的个性差异和发展需求，为其提供个性化的辅导和支持，最大限度地发挥学生的潜力和才能。

**参考文献：**

[1] 国务院印发《新一代人工智能发展规划》[EB/OL].(2017-07-20)[2023-03-26].https://www.gov.cn/xinwen/2017-07/20/content_5212064.htm.

[2] 赵力.语音信号处理（第三版）[M].北京：机械工业出版社，2019.

[3] 黄青华，人工智能时代“语音信号处理”课程改革[J].电气电子教学学报，2020，42(3)：49-52.

（雷玲，博士，中国传媒大学信息与通信工程学院副教授）

# 基于信息网络技术的"智能媒体网络传输技术"课程实践探索

◎胡　峰

**摘　要**：为贯彻二十大科教兴国战略，使学生得以学以致用、好学深思，充分调动学生的能动性，发掘学生的潜力，学校在深化课程内涵、优化授课手段等方面做出了应用型改革。本文以"智能媒体网络传输技术"课程为例，基于信息网络技术对实践能力和创新能力的要求，通过对项目式教学和案例库教学的规划和实践，探索教学内容的深化和应用性改革，以此培养学生的能动性和创造力，提升课程的吸引力和实操性，使教、学、研三者相辅相成，形成良性循环。

**关键词**：课程改革；科技创新训练；教学实践

## 一、学以致用——项目式教学的探索与总结

习近平总书记在党的二十大报告中提出，实施科教兴国战略，强化现代化建设人才支撑，突出强调"统筹职业教育、高等教育、继续教育协同创新，推进职普融通、产教融合、科教融汇，优化职业教育类型定位"，为深化现代职业教育体系建设、增强职业教育适应性指明了重要方向。① 为了认真贯彻科教兴国战略，强化现代化建设人才支撑的战略定位，我们结合中国传媒大学信息与通信工程学院的教学实践改革，总结探索了产教融合、科教融汇的教学思路和方法。

"智能媒体网络传输技术"课程讲述的是存在于我们周围随处可见而又隐秘于无形的各式各样的网络设施与信息覆盖技术。对于工科生而言，该课程既是一门基础课，也是未来工作和科学研究的立身之本。如果课程教学单纯以锻炼学生的思维和认知能

① 专家解读丨深化产教融合改革 赋能支撑高质量发展［EB/OL］.（2023-06-29）［2023-08-30］.https://baijiahao.baidu.com/s?id=1770001980308940522&wfr=spider&for=pc

力为目标则是远远不够的，我们需要做的是帮助学生打开“黑盒”、熟知脉络继而学以致用。

基于对项目式教学的探索，我们将课程教学划分为三个模块。以“物联网”这一章为例：物联网使万物智能互联成为可能，为智能社会诸多领域带来了创新突破。①

### （一）课堂讲授

熟悉物联网的原理，通过对传统协议和架构的讲解，使学生熟知信息结构和信息传输的理论基础，充分了解物联网发展、应用的现状和趋势。

### （二）媒体网络实践平台的建设

在班级范围内成立视觉物联网项目小组，进行视觉物联网的应用实战，深入信息社会的诸多场景，打破传统课堂教学和封闭实验教学的框架，从生活和生产的场景获取数据，融合应用。通过市场调研，每个小组自主选购最新的物联网开发平台，利用所掌握的开源信息，系统地调试和运行物联网模块、视频终端各级芯片，打通整个数据链路层；通过特定传感器采集各类物理和地理信息；利用物联网传输芯片上联到 4G/5G 网络云平台；手机或电脑移动终端从云平台下载数据，通过开发手机电脑软件对数据进行分析、量化和可视化；根据数据分析结果对特定的环境进行预警和数据应用。

### （三）加强学生自主学习和创新

在掌握了物联网的数据传感和传输原理、建立了物联网平台的数据通道之后，基于已有技术手段，项目小组自拟了以下应用场景（2023 年度），并在实际场景中进行了验证开发：

**1. 大型设备电子围栏防盗技术开发**

利用物联网模块自带的卫星定位芯片完成设备的实时精确定位，在网络地图中根据实际场馆的地理信息设计电子围栏，一旦定位的设备偏移电子围栏划定范围，立即反馈并激活预警功能，实现大型设备防盗应用，同时利用传感器监控设备的温湿度等物理信息，实现防火、防电的监控和预警。

① 黄宇红 .NB-IoT 物联网技术解析与案例详解［M］. 北京：机械工业出版社，2019.

**2. 演艺设备管理**

针对演出行业装备管理复杂和落后的现状，通过物联网RFID数字标签技术为演艺设备提供数字化智能管理平台，应用物联网RFID读写设备精确记录演艺设备的物理、地理和身份信息，并利用手机电脑软件深度关联，完成演艺设备的清点、冲突查询等业务管理。

**3. 展馆客流管理系统**

利用门票的RFID识别标签，完成游客身份信息存储，在各处场馆挂置读写天线，记录游客的游览路线和时间信息，进行实时定位并绘制时空地图；统计分析场馆空间的拥堵情况，进行预警和疏散，结合公共场所的监控视频对人员和物品进行安全管控。

**4. 5G LoRa智能电网物联网监控系统**

针对输配电隧道、山区等无人场景有线组网困难，5G监测网处于移动信号盲区，实施5G通信与LoRa融合网络；充分应用5G与LoRa联合组网的优势，使网络连接质量、组网灵活度大幅度提升，同时降低对5G基站设施的依赖度及运营成本，将输配电通信终端以多级LoRa级联的方式接入5G通信网络至中心站，突破带宽和距离约束，构建5G智能电网全网无死角的监控体系，将5G大连接、低时延、安全接入等功能进行扩展和延伸。

**5. 基于5G的配网远程状态监测和超高清视频监视技术**

研究基于5G网络的配网远程状态监测和超高清视频监控技术：通过现场传感器、超高清监控和网络传输通道，完成对配电系统运行的环境参数、设备状态等数据的采集；基于边云协同的5G网关优化技术，将大连接、大带宽、低时延等异构需求的监测数据资源进行虚实汇聚和动态适配，解决不同类型资源的多维数据的处理与融合、分析与研判，通过动态资源处理能力调度实现底层资源的高效利用；建立基于配网设备业务状态信息、环境信息、服务品质主观评价等多维数据融合的设备信息模型，为配网设备群状态诊断、预测、故障溯源提供依据；研制面向配网设备群的远程监测系统，同时以数据可视化的方式实时显示现场的各种测量值，完成整个配电系统的全网态势感知和数据分析等功能；建立5G信号覆盖输配电线路状态全天候实时监测网络系统，有效解决智能配电网及智能巡检等通信业务“卡脖子”问题。

在项目实践和研发过程中，不仅学生的参与积极性得到了极大的提升，而且学生的独立自主解决问题的能力、创新能力以及搜集、整合、处理信息的能力均得到了锻炼，加深了对专业的认识和认同。

## 二、理论联系实际——案例教学的规划与设计

在文科类课堂上，教师往往引用案例进行启发式教学。与之相比，工科专业的案例教学有着本质的不同。这里以“无线通信网络”这一章为例，介绍工科专业的案例教学规划与设计。

以无线通信网络为例，在实际的系统开发过程中，主要包含以下流程（见图 1）：

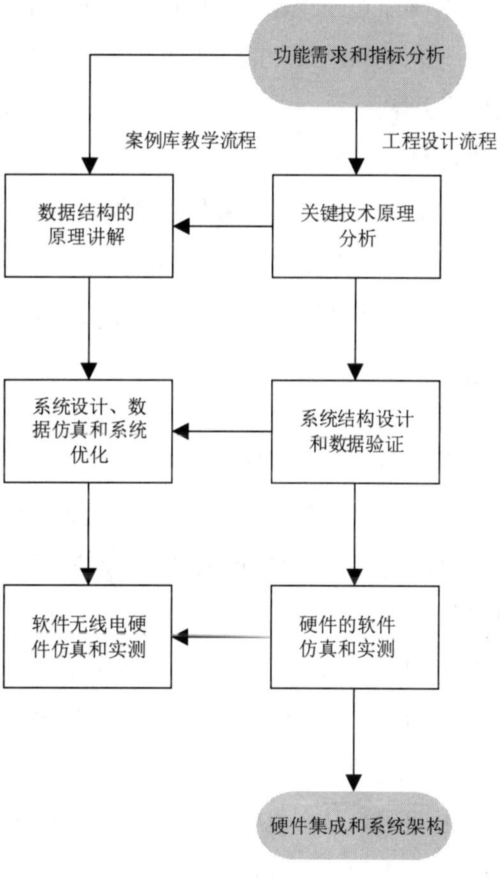


图 1 利用案例教学法模拟工程研发流程

### （一）利用案例教学法模拟工程研发流程

#### 1. 功能需求和指标分析

比如，传输环境复杂度、接收复杂度和功耗、发射 / 接收机尺寸和天线设计；业

务需求，如多媒体业务特征和性能指标、针对业务有效划分无线资源；网络需求，对发射机组网的方式的选择，如蜂窝式和微蜂窝式、单频网和多频网。

**2. 关键技术原理分析**

在确定了功能需求之后，选择满足传输容量、传输环境和精度需求的传输关键技术，分析其原理、优缺点、实现复杂度和系统化特征。

**3. 系统结构设计和数据验证**

通过集成传输系统关键技术，确定整体系统设计方案和方法，将系统分解为若干子模块 / 子系统，确定各子系统的目标、功能、指标及其相互关系，决定对各子系统的兼容和控制方式进行技术设计和性能评估。在系统分析的基础上，设计出能满足预定目标的系统。在实际系统集成和调试之前，需完成系统的数据结构可行性分析、精度分析、性能评估以及优化方案。

**4. 硬件的软件仿真和实测**

数据结构的软件仿真完成的是对数字信号处理结构的系统设计验证，而硬件设计主要是通过具体的芯片和模块实现数字信号处理的每一步信号运算过程，进而实现功能需求。在实际测试过程中，验证设备的有效性、可行性和稳定性。

### （二）案例教学步骤

如图 1 所示，笔者在无线通信部分设计了基于工程开发流程的教学案例库。案例库依托目前商用的无线系统，拟定了基于欧标 DVB-T 系列和国标 DTMB 系列的两套地面数字电视系统平台，以及基于 4G LTE 和 5G 移动通信系统平台的开发流程。

**1. 数据结构的原理讲解**

4G/5G 移动通信和数字电视第二代标准的核心传输技术是 OFDM 调制和大规模 MIMO 多天线技术[①]，本案例库建立的系统平台专注于大规模 MIMO-OFDM 技术的发射机系统、信道模型和接收系统的设计和开发。对于工程师和科研人员而言，数学语言才是最直接、最理性、最通俗、最有说服力和便于研究优化的语言，因此，基于数字信号处理的课程讲授才是深入理解工程技术细节的最有效的方法，可以通过算法特征阐明技术的性能和优势。本课程理论环节详细推导了 MIMO-OFDM 系统的信号格式和数字处理算法，直观阐述了其原理、实现复杂度和优缺点，详细分析了传输容量特征以及复杂环境下的传输能力、接收精度、频谱效率等。

① 赵亮．面向 5G 的“通信原理”课程仿真教学研究［J］．工业和信息化教育，2023（1）：65-68.

**2. 系统结构设计和数据仿真**

笔者首先在案例库中将无线传输系统分成三大子系统，并整合了子系统中的关键技术：

（1）发射机系统：主要完成信道编码、MIMO-OFDM 基带调制、数模转换和功率放大器射频放大。除此之外，针对 OFDM 发射机的最大缺陷，加入了峰均比抑制和非线性校正的优化设计。

（2）构建信息传输信道模型：模拟复杂传输场景的信道模型、便携移动场景的信道模型、高速移动场景的信道模型。

（3）接收机系统：主要完成信号同步、信道估计和信道补偿以及纠错解码等关键技术在接收端的集成，扩展到 5G 大规模 MIMO 的系统框架，完成信道估计与接收解调。

之后笔者将无线传输系统模块和子模块分解成具体的数字信号处理算法，并整合其数据结构，进行系统验证、性能分析和系统优化：

（1）发射系统。利用 LDPC 算法模拟信道编码过程，完成星座映射，并利用 IFFT 变换、空间编码算法和升采样算法模拟大规模 MIMO-OFDM 发射调制过程，将调制信号代入 Rapp 函数，完成功率放大器模拟。在引入峰均比抑制和非线性校正优化函数之后，发射系统的主要评价指标包含容量效率、频谱效率、实现复杂度、功放效率、峰均比、调制误差率和带肩比等。

（2）信道模型。利用多径、多普勒效应的数学公式构造复杂环境和高速移动场景的频率选择性衰落和时间选择性衰落，并升级到 MIMO 空间分集的场景。信道模型的主要评价指标为时延、频偏和信道容量等。

（3）接收系统。依靠时延、频偏的估计和补偿算法完成信号同步；利用发射系统预设导频估算信道在时间—频域维度的衰减系数；利用信道衰减系数进行信道均衡或基于软检测的信道译码。接收系统主要的评价指标为信噪比、误码率、能耗、复杂度、时延和待机能力。

数据仿真评价了系统性能、可行性，并给出了优化的方向，是硬件平台搭建的数据映射。

**3. 基于软件的硬件仿真**

由于实现复杂度和成本的约束，案例库无法完成硬件集成和调试能力的培养，硬件部分的验证和近似实际的测试，可以通过高新技术手段弥补。通过将地面数字电视和移动通信系统的数据结构输入软件无线电中，利用现代化软件来操纵、控制、模拟传统的"纯硬件电路"的无线通信技术，打破了有史以来设备通信功能的实现仅仅依赖于硬件发展的格局。虚拟化软件仿真可以真实地验证实际技术和实际设备在实际传输环境中的性能表现，给出比数据结果更真实、更细腻、更有说服力的测试结果。①

## 三、总结

将课程教学中偏工程应用的部分与实践相结合，并侧重于对学生创造能力的培养，符合当前工科课程改革的要求。通过项目式教学、工程研发式的案例教学与课堂教学，学生们加强了对于信息技术的认知和认同，提高了信息技术专业课的教学效率，学生们的科研能力和应用水平均有所提高。

**参考文献：**

[1] 黄宇红 . NB-IoT 物联网技术解析与案例详解 [M] . 北京：机械工业出版社，2019.
[2] 赵亮 . 面向 5G 的"通信原理"课程仿真教学研究 [J] . 工业和信息化教育，2023（1）：65-68.
[3] 陈甜，鞠冀军 . 虚拟仿真在电工实践教学改革中的应用 [J] . 装备制造与教育，2019（2）：71-74.

（胡峰，博士，高级工程师，中国传媒大学信息与通信工程学院信息网络技术系主任）

① 陈甜，鞠冀军 . 虚拟仿真在电工实践教学改革中的应用 [J] . 装备制造与教育，2019（2）：71-74.

# 探究工程教育专业认证和课程思政相融合的电路实验教学改革 *

◎李　晨　赵　宇　鲍南海

**摘　要：** 本文主要探究工程教育专业认证和课程思政相融合的电路实验教学改革，课程思政包括弘扬科学家精神、加强学生的爱国主义教育、提升学生的社会责任感、培养学生的工匠品质等。科学家精神是科技工作者在长期的科学实践中逐渐形成并积累的宝贵精神财富，弘扬科学家精神可以提升学生的家国情怀、培养学生的求真务实与奉献精神。

**关键词：** 课程思政；科学家精神；工匠品质；工程教育专业认证

## 一、工程教育专业认证的背景

2006 年，我国启动了工程教育认证试点。2016 年，经过 10 年努力，我国正式加入国际工程教育《华盛顿协议》组织，标志着工程教育质量认证体系实现了国际实质等效，工程专业质量标准达到国际认可，成为我国高等教育的一项重大突破。① 要达到工程教育专业认证的要求，高校必须构建完整的教学管理和质量监控体系，制定完备的人才培养方案，形成毕业生、校外实践平台与用人单位多方参与的质量跟踪评价机制。②

工程教育专业认证遵循的是以学生为中心的产出导向培养理念，重点关注学生的学习成果，其中包含学生对基础知识体系的掌握、综合实践技能的提升、创新能力和

* 本文系 2023 年度中国传媒大学校级实践教育教学改革创新项目“课程思政和工程教育认证融合的电路实验教学改革”（项目编号 JG23101101）的阶段性成果。

① 近千专业进入全球工程教育“第一方阵”——我国工程教育缘何赢得世界认可［N/OL］.（2018-06-14）［2023-03-26］. 光明日报，https://baijiahao.baidu.com/s?id=1603207139904261496&wfr=spider&for=pc.

② 张玲，张鹏展，陈泽龙 . 模拟电子技术实验课程思政教学探索与实践［J］. 科教文汇，2022（24）：115-118.

工程意识的建立等。要遵循这个理念并且实现成果互认，必须建立开放和透明的培养体系。目前来看，这种成果导向教育模式是世界各国高等教育改革的主流，也是工程教育专业认证国际互认的基础。①②

## 二、基于工程教育专业认证的电路实验教学改革

近几年，中国传媒大学信息与通信工程学院把工程教育专业认证作为一项重要任务予以落实并得到了学院领导的高度认可。本课程组作为学院工程认证专班人员，及时获取了学院工程教育专业认证的工作要求，指导项目有序进行，对标工程教育专业认证标准，对电子电路基础实验课程的教学大纲、教学方法、育人模式、考核方式等进行了改革。

工程教育专业认证的核心教育理念是以产出为导向，以满足社会需求、能够解决复杂工程问题来确定学生的培养目标，围绕培养目标制定培养方案，实施教学活动。其考查重点是实践教学，而实验课程是高校实践教学环节的基础，是培养学生的动手实践能力、独立分析问题和解决问题能力的重要途径。③ 电子电路基础实验课程是一门承上启下的工程类必修基础课程，该课程主要培养学生的实验规范操作能力、实验故障排除能力、实验方案设计能力、实验报告撰写能力、团队合作能力等，同时为以后的专业实验课程打下基础，在工程认证过程中占据重要地位。④

为了符合工程教育认证的标准，电子电路基础实验课程需要重新评价其在专业课程体系中的地位和作用，并按照工程教育认证标准对学生的培养要求进行分解，根据人才培养要求制定课程的各项规范指标，从而有针对性地进行教学设计改革。

2022 年上半学年电子工艺实习，因为疫情，学生没有返校，课程组教师制定了混合式教学模式。具体来说，教师提前一周把课程理论知识和操作步骤在线推送给学生，学生阅读资料，熟悉实验内容，利用仿真软件进行虚拟实验。如果学生在虚拟实验过程中遇到问题，可以与教师进行线上交流。秋季开学后，学生重返实验室进行线下实

① 解海，马洪丽，李爽．专业认证背景下地方高校工程文化育人工程实践研究［J］．哈尔滨学院学报，2020（41）：128–130．

②④ 张玲，张鹏展，陈泽龙．模拟电子技术实验课程思政教学探索与实践［J］．科教文汇，2022（24）：115–118.

③ 吴彤，陈树越，孙广辉．课程思政背景下电类实验教学的路径探究［J］．产业与科技论坛，2023（22）：184–186.

验操作，包括实验设备、仪器仪表的使用，焊接电路等。实践结果表明，这种混合式教学取得了良好的教学效果。

此外，课程组建立了涵盖基础型、技能训练型、综合设计型和创新实践型等实验的多层次专业实验教学体系：课内面向全校理工科专业，把实践教育作为教学计划的重要环节，实现因材施教；课外建立了各种机制，鼓励优秀学生参加各类、各级科技创新竞赛、科技兴趣小组，使优秀学生脱颖而出。为了适应培养新工科人才的新形势，我们开设了部分创新实践选修课程；联合政府、企业建设创新型人才培养基地，协同培养创新型人才；建设课外科技活动基地，把课内教学深度延伸到课外；充分利用社会智力资源，引进业界大师进入实验室。同时，课程组研究了基于工程认证的电路实验课程翻转课堂教学方法，以学生为中心，设置了课前预习、实验预约、小组讨论、课堂互动、实验操作、课后复习等环节，各环节对标工程教育专业认证毕业要求中的指标点，满足学生的个性化发展需求。

## 三、电子电路基础实验教学融入课程思政元素

### （一）弘扬科学家精神

科学家精神是科技工作者在长期科学实践中积累的宝贵精神财富，2019 年 6 月，中共中央办公厅、国务院办公厅印发《关于进一步弘扬科学家精神加强作风和学风建设的意见》①，对科学家精神作出全面概括。2021 年 9 月，科学家精神被纳入中国共产党人精神谱系，成为第一批伟大精神之一②，加强大学生的科学家精神培养已成为当前高校的紧迫任务。

在电子电路基础实验教学中，为学生讲述电学方面的科学家典型事迹是必不可少的一环。比如，我们在教学中引入了著名的物理学家欧姆的背景介绍。欧姆（1787—1845）生于德国埃尔兰根城，父亲是锁匠，但自学了数学和物理方面的知识，并教给了少年时期的欧姆，唤起了欧姆对科学的兴趣；欧姆长期担任中学教师，缺少仪器设备给他的研究工作带来了不少困难，但他在孤独和困难的环境中始终坚持不懈地进行

① 中共中央办公厅 国务院办公厅印发《关于进一步弘扬科学家精神加强作风和学风建设的意见》[ EB/OL ].（2019-06-11）[ 2023-03-26 ] .https://www.gov.cn/zhengce/2019-06/11/content_5399239.htm.

② 中国共产党人精神谱系第一批伟大精神正式发布 [ EB/OL ].（2021-09-29）[ 2023-03-26 ] . http://www.news.cn/politics/2021-09/29/c_1127917872.htm.

科学研究，自己动手制造仪器。科学家的典型事迹，无疑让学生产生了极大的触动，激发了学生的学习热情。

### （二）电子电路发展史

科学技术的发展离不开基础技术，电子技术就是其中的基石。现今95%以上的设备当中都有电子器件，还包括集成电路。1904年，弗莱明利用热电效应制作成了二极管；1906年，德弗雷斯特发明了电子三极管，二极管和三极管是电子电路的基本元器件。在此基础上，1948年，美国贝尔实验室的几位研究人员发明了晶体管……在课堂上，教师为学生讲解电子电路发展史，可以让学生对行业背景有充分的认知。

### （三）加强爱国主义教育，提升社会责任感

近年来，我国半导体产业虽然面临着技术与国际政治的双重挑战，但在全球巨大的市场需求下，我国半导体产业依然强势增长。随着芯片行业的发展，国外政策的演变，中国芯片产品需求量攀升，这为课程思政提供了丰富的资源。教师在教学中为学生介绍芯片前沿领域的应用及发展动态，深入挖掘与整合有关的思政元素，不但能够丰富实验教学内容，拓宽学生的知识体系，还可以激发学生对知识的渴望和学习热情，培养学生的爱国主义精神，提升社会责任感，勇担时代赋予自身的使命。

### （四）培养学生的工匠品质

在中国芯片行业的发展过程中涌现出了一大批杰出人物（如中国半导体开山鼻祖黄昆、半导体功勋李爱珍等），从大国工匠到时代楷模，这些杰出人物的典型事迹是课程思政的最佳元素。依托科学家的优秀事迹，挖掘和整合忠于职守、专注奉献品质等思政元素，用前辈们的精神鼓励学生做大国工匠的传承者，激发学生积极向上的热情和动力，掀起学习科学家精神的热潮。

**参考文献：**


[1] 李婷婷，陈丽，师帅．科学家精神融入临床免疫学检验技术课程思政教学的探索与实践［J］．中国免疫学杂志，2023（39）：1195-1198.

[2] 解海，马洪丽，李爽．专业认证背景下地方高校工程文化育人工程实践研究［J］．哈尔滨学院学报，2020（41）：128-130.

[3] 张玲，张鹏展，陈泽龙．模拟电子技术实验课程思政教学探索与实践［J］．科教文汇，2022（24）：115-118.

[4] 吴彤，陈树越，孙广辉．课程思政背景下电类实验教学的路径探究［J］．产业与科技论坛，2023（22）：184-186.
[5] 董明杰，余悦．智能制造体系电工学课程改革与课程思政实践［J］．教育教学论坛，2023（6）：44-47.
[6] 李飞，王昆，季薇，等．红色文化融入研究生课程思政的价值意蕴与实践逻辑［J］．研究生教育研究，2023（4）：46-52.

（李晨，中国传媒大学信息与通信工程学院高级实验师；
赵宇，中国传媒大学信息与通信工程学院高级实验师；
鲍南海，中国传媒大学信息与通信工程学院高级实验师）